VOCÊ NASCEU PARA LIDERAR

VOCÊ NASCEU PARA LIDERAR

O MAIOR TREINADOR DE LÍDERES DA ATUALIDADE ENSINA OS SEGREDOS PARA DESENVOLVER O LÍDER QUE EXISTE EM VOCÊ

JOHN C. MAXWELL

Tradução
Elenice B. Araujo

THOMAS NELSON
BRASIL®

Rio de Janeiro, 2025

Título original: *Developing the Leader Within You 2.0*

As citações bíblicas são da *Nova Versão Internacional* (NVI), da Biblica, Inc., a menos que seja especificada outra versão da Bíblia Sagrada.

Os pontos de vista desta obra são de responsabilidade de seus autores e colaboradores diretos, não refletindo necessariamente a posição da Vida Melhor, da HarperCollins Christian Publishing ou de sua equipe editorial.

Publisher	*Omar de Souza*
Gerente editorial	*Samuel Coto*
Editor	*André Lodos Tangerino*
Assistente editorial	*Bruna Gomes*
Copidesque	*Davi Freitas*
Revisão	*Gisele Múfalo e Jean Carlos Xavier*
Diagramação	*Abreu's System*
Capa	*Douglas Lucas*

CIP–BRASIL. CATALOGAÇÃO NA FONTE
SINDICATO NACIONAL DOS EDITORES DE LIVROS, RJ

M419v
2. ed.
Maxwell, John C.
Você nasceu para liderar / John C. Maxwell; tradução Elenice B. Araujo. – 2. ed. – Rio de Janeiro: Thomas Nelson Brasil, 2018.
240 p. ; 23 cm.
Tradução de: *Developing the leader within you 2.0*
ISBN 9788578602505

1. Liderança. 2. Administração. I. Araujo, Elenice B. II. Título.

18-47947 CDD 658.4092
CDU 005.322:316.46

Thomas Nelson Brasil é uma marca licenciada à Vida Melhor Editora S.A.

Rua da Quitanda, 86, sala 601A – Centro
Rio de Janeiro – RJ – CEP 20091-005
Tel.: (21) 3175-1030
www.thomasnelson.com.br

Este livro é dedicado a Mark Cole,
diretor executivo das minhas empresas.
Ninguém foi tão dedicado a mim do que ele e
ninguém também me ajudou mais do que ele.
Ele compartilha a minha visão com clareza,
conduz a minha missão com equilíbrio
e dirige os meus negócios com integridade.
Em outras palavras: ele me ama!

Sumário

Prefácio da edição comemorativa

Mal dá para acreditar que já se passaram 25 anos desde que escrevi o primeiro manuscrito de *Você nasceu para liderar*. Quando comecei a escrever com minha caneta de quatro cores, eu pensava estar escrevendo meu *único* livro sobre liderança pessoal, uma vez que, aos quarenta e cinco anos de idade, eu já havia percorrido uma jornada e tanto como líder. No início de minha carreira ministerial na área rural de Indiana em 1969, eu não pensava sobre liderança. Eu apenas trabalhava duro. Foi somente durante meu segundo ministério, no início da década de 1970, que me dei conta de que tudo começa e se encerra com liderança. Naquela ocasião, dei início à minha jornada intencional de crescimento e coloquei como meta crescer na área de liderança. Enquanto estava à frente daquela segunda igreja em Ohio, comecei a lecionar sobre liderança a outras pessoas e, no início da década de 1980, assumi a liderança de uma igreja em San Diego. Com o tempo, ela passou a ser considerada uma das dez igrejas mais influentes dos Estados Unidos, e foi justamente naquele período que escrevi *Você nasceu para liderar*. Na mesma época, também passei a aceitar mais convites para palestrar e, assim, fundei uma empresa para me ajudar a treinar líderes e a divulgar ferramentas de treinamento. As exigências da minha agenda e as oportunidades de ministrar treinamento a líderes numa escala nacional e também internacional me levaram a abrir mão do ministério eclesiástico em 1995. Desde então eu me dedico a escrever, dar palestras e treinar líderes.

Mas, relembrando o momento em que comecei a escrever a primeira edição deste livro, quando eu me preparava para fazê-lo, pude refletir bastante sobre a maior descoberta que havia feito ao liderar aquelas três organizações: que é possível desenvolver a liderança. Afinal, eu consegui desenvolver o líder que havia em mim. E o meu maior desejo era compartilhar a minha jornada de liderança com outras pessoas e ensinar-lhes o que havia aprendido para que elas pudessem fazer o mesmo.

Eu considerava que tinha muito a compartilhar com base nos primeiros 25 anos da minha experiência em liderança, mas, hoje, olhando para trás, fico impressionado com o quanto mais pude aprender nos 25 anos subsequentes. Isso não deveria me surpreender, visto que escrevi diversos outros livros sobre liderança, no entanto, às vezes você não se dá conta da distância que percorreu até parar, olhar para trás e ver onde estava. É como retornar à casa onde a gente cresceu, 25 anos depois, e ver que ela é bem menor do que a gente se lembrava!

Eu estou muito entusiasmado para compartilhar as coisas que aprendi desde que escrevi a primeira versão deste livro, e tenho tanto para contar que mal consigo me conter – vai ser difícil me limitar a dez capítulos.

Eu reescrevi e ampliei este livro em detalhes, mas ele continua incluindo os ensinamentos básicos para aquele que deseja tornar-se um bom líder e continua sendo o livro que recomendo como primeira leitura para quem vai iniciar sua jornada de desenvolvimento rumo à liderança. No entanto, precisei de um esforço e tanto para me aprofundar mais, dando ênfase às necessidades de um líder. Por exemplo, em vez de ensinar sobre os conceitos de integridade e de atitude em sentido geral, como havia feito na versão original, abordei com mais especificidade como tais características podem contribuir para o aprimoramento de um líder.

Além disso, também retirei dois capítulos que se referiam ao desenvolvimento da equipe (assunto abordado melhor em outros livros) e que foram substituídos por outros dois contendo tópicos vitais para a sua evolução no papel de líder: servir, a essência de um líder, e crescimento pessoal, a expansão da liderança. Refletindo sobre o passado, eu me pergunto, "*Como pude deixar isso de fora da primeira vez?*".

Caso você tenha lido a versão original deste livro, apreciará ainda mais o conteúdo e as abordagens inéditas que incluí nesta reedição comemorativa especial que celebra o vigésimo quinto aniversário do livro. Não consigo imaginar uma proposta melhor para o aprimoramento de sua liderança.

Se este é o seu primeiro contato com o livro, você terá um prato cheio, pois receberá tudo de que precisa para dar um passo significativo na sua jornada de liderança. E se você fizer tudo que está sugerido nos exercícios práticos ao final de cada capítulo, vai ficar surpreso com o quanto sua influência, sua eficácia e seu poder de impacto vão aumentar num curto período.

Portanto, vamos lá. Vire a página e mãos à obra para desenvolver o líder que há dentro de você.

Agradeço a:
Charlie Wetzel, minha redatora.
Stephanie Wetzel, por revisar o primeiro esboço.
Carolyn Kokinda, por digitar as notas do meu manuscrito.
Linda Eggers, minha assistente executiva.

UM

A DEFINIÇÃO DE LIDERANÇA: INFLUÊNCIA

Todos falam sobre ela; poucos a compreendem. A maioria das pessoas deseja cultivar uma alta capacidade para exercê-la, mas poucos de fato conseguem. Sou capaz de apontar mais de 50 definições e descrições sobre ela em meus arquivos pessoais, e uma busca sobre o termo no Google retorna com mais de 760 milhões de resultados. Sobre o que estou falando? *Liderança.*

Quando escrevi a primeira edição deste livro, em 1992, o foco das pessoas que buscavam o sucesso nos negócios e em outras organizações era o gerenciamento. A cada ano, uma nova modalidade de gerenciamento entrava em evidência, mas poucas pessoas prestavam atenção na questão da liderança, isto é, ela passava despercebida pela maioria das pessoas.

Eu tenho certificação nos três níveis: graduação, mestrado e doutorado, mas, mesmo assim, em todo meu período acadêmico eu não tinha visto uma única disciplina sobre liderança até 1993, com a publicação de *Você nasceu para liderar*. Por quê? Porque nenhuma das universidades que frequentei oferecia disciplinas sobre o tema.

Hoje, no entanto, *liderança* é o tópico do momento no currículo de escolas e universidades, e quem quiser pode fazer um curso avançado sobre o tema em mais de uma centena de universidades credenciadas. Todas as três universidades onde estudei oferecem cursos sobre liderança atualmente.

E por que o conceito de liderança ganhou tanto destaque? Porque as pessoas concluíram que se tornar um líder melhor produz mudanças na vida das pessoas. Em outras palavras, cresce ou sucumbe segundo a liderança, e o mundo se torna um lugar melhor com líderes melhores. Logo, capacitar-se para se tornar um líder bem-sucedido traz consigo o potencial de mudar *tudo* ao seu redor, pois aumentará sua eficácia, reduzirá suas fraquezas, dividirá sua carga de trabalho e multiplicará seu poder de impacto.

POR QUE MUITOS LÍDERES NÃO EVOLUEM

Mais e mais pessoas reconhecem o valor da liderança, ainda assim poucos trabalham para se tornarem líderes melhores. Qual a razão disso? Apesar da abundância de livros e de cursos sobre o tema, muitos acham que a liderança não é para eles, provavelmente por considerarem um dos equívocos seguintes:

Não sou um "líder nato", logo, não sou capaz de liderar

Líderes não nascem assim. Na verdade, sim, *nascem*. Nunca conheci um líder não nato – e nem gostaria); na verdade, o que quero dizer é que nossa habilidade para liderar não é determinada no nascimento. Embora seja verdade que alguns nasçam com mais talentos natos que irão ajudá-los a liderar num nível mais alto, todos têm o potencial de se tornarem líderes. Além do mais, a liderança pode ser desenvolvida e melhorada por todos aqueles dispostos a se esforçar.

Um título e longevidade no cargo automaticamente farão de mim um líder

Creio que esse tipo de raciocínio era mais comum na minha geração e na dos meus pais, mas ela ainda persiste hoje em dia, uma vez que as pessoas acham que precisam ser designadas para um posto de liderança quando, na realidade, tornar-se um bom líder requer determinação e algumas ferramentas básicas. Você pode ter um título e estar há anos num cargo e, ainda assim, ser incapaz de liderar, e pode também não ter nenhuma dessas duas coisas e ser um ótimo líder.

A experiência de trabalho fará de mim automaticamente um líder

Liderança é como maturidade, ou seja, não vem com a idade. Às vezes a idade chega sozinha. E mais: a estabilidade num cargo não desperta a habilidade da liderança; na verdade, essa permanência representa, antes de tudo, um direito conferido, e não a capacidade de liderar.

Estou esperando até conseguir um cargo para começar minha evolução como líder

Essa última premissa tem sido a mais frustrante para mim como professor de liderança. No início, quando comecei a fazer palestras sobre o tema, as pessoas diziam "Se eu um dia me tornar um líder" – referindo-se ao fato de um dia serem designadas a um cargo de liderança –, "então daí assistirei a um de seus seminários". Qual é o problema? Como bem disse o lendário técnico de basquete da UCLA, John Wooden, "Quando a oportunidade surge, é tarde demais para se preparar". Se você começar a aprender sobre liderança agora, não apenas terá mais oportunidades, mas também tirará mais proveito delas quando aparecerem.

COMO DESENVOLVER O LÍDER DENTRO DE VOCÊ?

A verdade é que, se você nunca fez nada para se desenvolver como líder, pode começar hoje. E se já começou sua jornada de liderança, você tem a chance de se aprimorar ainda mais ao buscar intencionalmente desenvolver o líder dentro de você.

O que é preciso para isso? Esse é o tema deste livro. Os dez capítulos seguintes contêm o que para mim são os dez *elementos essenciais* para essa capacitação.

Vamos começar com o conceito mais importante dentre os dez: *Influência*. Depois de mais de cinco décadas observando líderes pelo mundo todo e de muitos anos aprimorando meu próprio potencial de liderança, cheguei a uma conclusão: *Liderança é influência*. É isso – nem mais, nem menos. Por isso meu provérbio favorito sobre liderança é: "Quem acha que lidera, mas não tem quem o siga, está apenas dando um passeio"; em outras palavras, para alguém ser um líder, precisará ter alguém a segui-lo. Adorei o que James C. Georges, fundador e presidente do grupo PAR, disse, em uma entrevista que li anos atrás: "O que é liderança? Deixando de lado por um instante os aspectos morais envolvidos, resta apenas uma definição: *Liderança é a capacidade de atrair seguidores*".[1]

Todo aquele que – por bem ou por mal – consegue atrair seguidores é um líder. Isso significa que Hitler era um líder. (Você sabia que, em 1938, a revista *Time* atribuiu a Hitler o título de Homem do Ano por ter sido quem mais exerceu influência no mundo na ocasião?) Osama bin Laden foi um líder. Jesus de Nazaré foi um líder. Assim como foi Joana D'Arc. Abraham Lincoln, Winston Churchill, Martin Luther King Jr., e John F. Kennedy foram líderes. Embora as escalas de valores, capacidades e objetivos de todas essas pessoas fossem extremamente diferentes, cada uma delas atraiu seguidores, e todas elas exerciam influência.

Influência é o princípio da verdadeira liderança. Se você equivocadamente define liderança como a capacidade de atingir uma posição em vez

> Liderança é a capacidade de atrair seguidores.
>
> — JAMES C. GEORGES

de a capacidade de atrair seguidores, então vai se dedicar a buscar uma posição, um *status* ou título, no intuito de tentar se tornar um líder. Entretanto, esse tipo de raciocínio resulta em dois problemas comuns. Para começar, o que você faria se conquistasse uma posição de liderança, mas experimentasse a frustração de não ter nenhum seguidor? Segundo, e se você nunca chegar a conquistar um título "apropriado"? Você vai continuar esperando para tentar exercer um impacto positivo no mundo?

Meu objetivo com este livro é ajudá-lo a entender como a influência funciona e usar esse conhecimento como ponto de partida para aprender a liderar com maior eficácia. Cada capítulo foi criado para facilitar a aquisição das habilidades e capacidades necessárias para você se aprimorar como líder; sendo assim, ao incorporar cada conjunto de habilidades, você vai se tornar um líder melhor.

INSIGHTS SOBRE INFLUÊNCIA

Antes de entrarmos nos pormenores sobre como funciona a influência sobre os outros e como desenvolvê-la, vamos esclarecer alguns insights sobre o tema:

1. Todas as pessoas exercem influência sobre as demais

Meu amigo Tim Elmore, fundador da empresa *Growing Leaders* [Cultivando líderes], certa vez me disse que sociólogos estimam que até mesmo os indivíduos mais introvertidos podem influenciar dez mil outras pessoas durante o curso da vida. Isso não é incrível? Todos os dias você influencia outros e por eles também é influenciado, o que significa que ninguém está excluído de ser tanto um líder quanto um seguidor.

Em qualquer tipo de situação envolvendo um grupo de pessoas, a dinâmica da influência está sempre em ação. Deixe-me exemplificar: digamos que uma criança esteja se arrumando para ir à escola, e, durante esse processo, sua mãe costuma ser a influência dominante e possivelmente escolherá o que a criança vai comer e vestir. Quando chegar à escola, é provável que a criança passe a influenciar seu grupo de amigos, e, quando a aula começar, sua professora se torna a influenciadora dominante. Depois da aula, quando sai para brincar, o coleguinha que pratica o *bullying* talvez exerça a maior influência, e, na hora do jantar, enquanto todos comem, a mãe ou o pai responde pela maior influência à mesa.

Uma pessoa observadora consegue determinar o líder proeminente em qualquer grupo, ou seja, cargos não importam; basta, para isso, observar as pessoas conforme elas se reúnem. Quando se mobilizam para resolver uma questão ou tomar uma decisão, a opinião de quem tem o maior peso? Quem é a pessoa a quem os outros mais ouvem quando a questão é discutida? Com quem as pessoas logo concordam? Quem é a pessoa cuja opinião é acatada e a quem os demais seguem? As respostas para essas perguntas indicam quem é o verdadeiro líder em determinado grupo.

Você exerce influência neste mundo, mas *alcançar o seu potencial* como líder é responsabilidade sua. Em outras palavras, se você se esforçar em se aprimorar como líder, você tem o potencial para influenciar mais pessoas e fará isso de formas mais significativas.

2. Nós nem sempre sabemos quem ou o quanto influenciamos

Uma das formas mais significativas de entender o poder de influência é pensar em quantas vezes na vida você foi comovido por um evento ou por pessoas. Acontecimentos importantes deixam marcas em nossa vida e em nossa memória: por exemplo, pergunte aos americanos nascidos antes de 1930 o que eles estavam fazendo em 7 de dezembro de 1941, quando ouviram que Pearl Harbor tinha sido bombardeado, e eles descreverão em detalhes sua reação e toda a comoção com a terrível notícia. Peça a alguém nascido antes de 1955 para descrever o que estava fazendo em 22 de novembro de 1963, quando a notícia do assassinato de John F. Kennedy foi divulgada, e novamente não faltarão palavras para descrever o episódio. Cada geração lembra os acontecimentos que a marcaram: o dia em que o ônibus espacial Challenger explodiu, a tragédia de 11 de setembro. E a lista não acaba. Qual o acontecimento que mais marcou sua vida? Como ele continua influenciando sua forma de pensar e suas ações?

Agora pense nas pessoas que lhe influenciaram de um modo profundo ou nos pequenos detalhes que são importantes para você. Posso falar de como um acampamento que frequentei quando criança me marcou e de como essa influência me ajudou a decidir que carreira seguir. Minha professora do sétimo ano, a senhorita Glen Leatherwood, despertou minha atenção para uma vocação na minha vida que eu continuo a sentir até hoje, aos setenta e poucos anos. Quando minha mãe comprou um cordão de luzes para enfeitar nossa árvore de natal, ela nem desconfiava que elas viriam a despertar em mim o espírito natalino a cada ano. A nota alta que recebi de um professor na faculdade serviu para me encorajar numa época em que eu estava inseguro. Minha lista é interminável. E a sua também.

Somos influenciados todos os dias por diversas pessoas. Às vezes, as pequenas coisas deixam marcas profundas. Essas influências nos tornaram quem somos, e nós moldamos outras pessoas, em geral, quando menos esperamos. O autor e educador J. R. Miller foi feliz ao dizer: "Há encontros momentâneos que causam impacto que duram a vida toda até a eternidade. Nenhum de nós consegue entender esse fator misterioso chamado influência... ainda assim, todos nós continuamos a influenciar pessoas, seja para curar, abençoar, imprimir marcas de beleza; ou, no extremo oposto, para ferir, magoar, envenenar ou macular a vida dos outros".[2]

3. O MELHOR INVESTIMENTO NO AMANHÃ É DESENVOLVER SUA INFLUÊNCIA HOJE

Qual a sua melhor alternativa de investimento para o futuro? O mercado de ações? Imóveis? Mais estudo? Todas essas opções agregam valor. Mas eu insisto em dizer que um dos melhores investimentos que você pode fazer em você mesmo é desenvolver seu potencial de influência. Por quê? Porque, se você deseja conquistar um objetivo, vai estar numa condição mais favorável se tiver a ajuda de outros para alcançá-lo.

Em seu livro *Leaders* [Líderes], Warren G. Bennis e Burt Nanus observam, "A verdade é que há uma profusão de oportunidades de liderança ao alcance da maioria das pessoas".[3] Isso de fato ocorre em empresas, instituições de trabalho voluntário e grupos sociais. Para um empreendedor, essas oportunidades se multiplicam exponencialmente. Mas a questão é: você estará pronto quando elas se apresentarem? Para tirar o máximo proveito delas, você precisa se preparar para liderar hoje, e aprender a desenvolver sua influência e a fazer uso dela positivamente para fazer diferença.

Robert Dilenschneider, fundador e diretor do Dilenschneider Group e ex-diretor executivo da empresa de relações públicas Hill and Knowlton Strategies, é considerado um dos corretores mais influentes do país há vários anos. Em seu livro *Power and Influence* [Poder e influência], ele compartilha o conceito do "triângulo do poder" para ajudar líderes a serem mais eficientes, cujos três componentes são a comunicação, o reconhecimento e a influência. Segundo Dilenschneider, "Se você se comunicar efetivamente, vai atrair o reconhecimento positivo por parte do público que está tentando influenciar com sua mensagem, o que significa que as pessoas vão achar que o que você faz é certo e que você está agindo corretamente. Ao conquistar o reconhecimento positivo, sua influência aumenta. Você passa a ser considerado competente, eficiente, digno de respeito – poderoso. O poder deriva de lembrar-se e usar o elo entre a comunicação, o reconhecimento e a influência."[4]

Quando era um jovem líder, segui esse caminho em busca do aprimoramento da liderança porque a comunicação é um dos meus talentos. Conforme me tornei um comunicador mais experiente, obtive o reconhecimento, e não demorou e fui convidado para lecionar sobre liderança. No entanto, percebi que a liderança envolvia algo bem mais complexo que apenas a comunicação, o reconhecimento e a influência, e comecei a refletir sobre como eu poderia criar um modelo que ajudasse os outros a compreender como a influência opera, e principalmente, como desenvolver a influência na vida particular. Eu sabia que, se as pessoas que ajudei investissem em sua influência, elas conseguiriam exercer um impacto positivo em sua realidade onde quer que elas estivessem.

OS CINCO ESTÁGIOS DA LIDERANÇA

Comecei a me aprofundar no estudo da influência, a refletir sobre a minha própria experiência como líder, e também a observar os líderes que eu respeitava e admirava. E acabei por concluir que a influência pode ser conquistada em cinco etapas. Então, transformei essas etapas em uma ferramenta a qual chamei de 5 Estágios da Liderança. Ela oferece um modelo de influência capaz de facilitar a compreensão da dinâmica da liderança, e ainda possibilita criar um roteiro a ser seguido para desenvolver a influência sobre os outros. Nos mais de 30 anos em que ensino esse modelo de liderança, inúmeras pessoas se beneficiaram dele, e espero que você seja mais uma a se beneficiar.

Os Cinco Estágios da Liderança

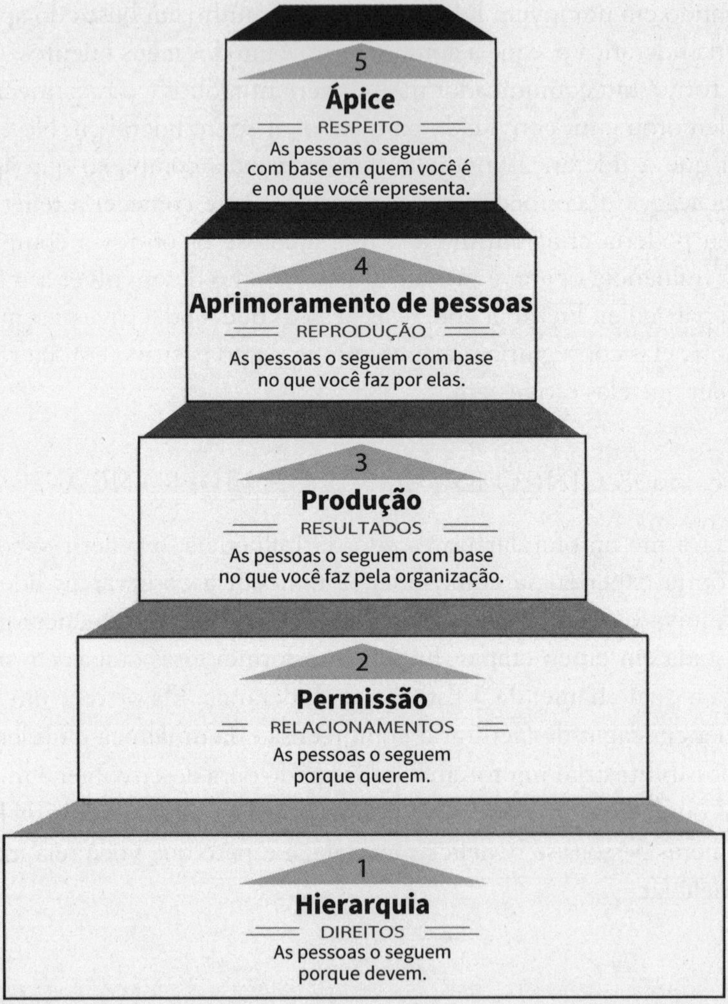

Vamos examinar cada estágio em particular, e você rapidamente vai entender como eles funcionam.

Estágio 1: Hierarquia

Esse é o ponto de partida elementar da liderança. E por que este estágio corresponde ao nível mais baixo? Porque a hierarquia representa a liderança *antes que* um líder tenha de fato desenvolvido a influência sobre os quais lidera. Em gerações antigas, as pessoas seguiam os líderes simplesmente por terem um título ou um posto de autoridade, no entanto, isso não é muito comum na cultura norte-americana atual. na qual as pessoas seguem um líder por questões de hierarquia apenas se isso lhes for indispensável.

Quando assumi meu primeiro cargo de liderança, em 1969, as pessoas me tratavam respeitosamente, e eram gentis, mas eu não exercia influência de fato, até porque tinha apenas 22 anos. Eles percebiam antes de mim que eu tinha ainda muito a aprender, e constatei o quanto a minha influência era mínima ao comandar minha primeira reunião de diretoria. Dei início à reunião com a pauta em mãos, e então Claude começou a falar. Ele era um velho fazendeiro humilde, mas todos na sala confiavam em sua liderança e tudo o que ele dizia tinha um peso maior. Claude não era insistente nem faltava com o respeito, tampouco usava estratégias de poder, até porque isso não era preciso, pois tinha o poder nas mãos, e tudo o que ele queria era ver o trabalho realizado.

Hoje está evidente que, naquele primeiro emprego, eu era um líder vivendo no Estágio 1, e tudo o que me favorecia no início era a hierarquia do cargo – acompanhada de uma boa dose de ética de trabalho e a vontade de fazer a diferença. Aprendi mais no primeiro estágio do que em qualquer outra época dos meus anos inicias como líder e concluí rapidamente que um título e um cargo não fazem ninguém avançar muito no quesito liderança.

As pessoas que foram designadas para um cargo podem ter autoridade, mas tal autoridade se restringe à definição daquele posto de trabalho. Os líderes por hierarquia possuem certos *direitos*: têm o direito de aplicar as regras, de instruir seus funcionários a desempenharem seu trabalho e de fazer uso do poder limitado que receberam.

Mas a liderança de fato não se restringe à autoridade conferida. Ser um líder implica ser alguém a quem os demais seguem com prazer e confiança. Um líder de fato sabe discriminar a hierarquia da influência.

Veja a diferença entre ser chefe e ser líder:

Chefes comandam os funcionários; os líderes os treinam.
Chefes se firmam na autoridade; os líderes se firmam na boa vontade.
Chefes inspiram medo; os líderes inspiram entusiasmo.

Chefes dizem "Eu"; líderes dizem "Nós."
Chefes apontam a culpa pelas falhas; líderes apontam uma solução para as falhas.
Chefes sabem fazer; líderes mostram como.
Chefes dizem "Vá"; líderes dizem "Vamos!"

A hierarquia é um bom ponto de partida para a liderança, mas é um péssimo local de permanência, e todos que não lideram além da posição hierárquica que ocupam acabam na dependência de direitos territoriais, protocolos, tradições e fluxogramas. Tais aspectos não têm uma conotação negativa natural – e a menos que representem a base da autoridade são substitutos fracos para a capacidade de liderança.

> A hierarquia é um bom ponto de partida para a liderança, mas um péssimo local de permanência.

No caso de já ter ocupado uma posição de liderança por certo período de tempo, como saber se você está confiando demais na sua posição hierárquica para liderar? Veja aqui as três características comuns aos líderes hierárquicos:

Líderes hierárquicos buscam segurança mais com base no título do que no talento

Há uma história sobre um soldado da Primeira Guerra Mundial que, ao ver uma luz em sua trincheira no campo de batalha, gritou: "Apague esse fósforo!". Para seu espanto, o soldado ficou sabendo que o infrator era o general "Black Jack" Pershing, então, temendo uma possível e severa punição, o sodado tentou se desculpar gaguejando, mas o general Pershing deu-lhe um tapinha nas costas e disse: "Não tem problema, filho. Mas fique feliz por eu não ser um segundo-tenente".

Quanto maior o grau de capacidade de uma pessoa e sua respectiva influência, mais segura e confiante ela se torna. Um segundo-tenente novato poderia se sentir tentado a reforçar sua posição hierárquica e a usá-la como uma arma, mas um general não precisa desse expediente.

Líderes hierárquicos se respaldam na influência de seus líderes em vez de em sua própria

Leo Durocher, jogador integrante do Hall da Fama do beisebol e que dirigiu o time dos Giants de 1948 a 1955, treinava na primeira base em uma partida amistosa disputada na Academia Militar norte-americana em West Point. Durante o jogo, um ruidoso cadete ficou gritando para Durocher, tentando irritá-lo.

"Ei, Durocher," – ele gritou. – "Como é que um franzino atrevido feito você foi aceito nas grandes ligas?"

Durocher respondeu vociferando: "Meu deputado me indicou!"[5]

Não é porque as pessoas foram designadas para um cargo de autoridade que elas vão automaticamente desenvolver o poder de influência. Muitos líderes hierárquicos não conseguem desenvolvê-la e não apresentam nenhuma autoridade pessoal, mas se apoiam na autoridade conferida por seus superiores ou pelas pessoas que o elegeram. Sempre que temem que seus companheiros de equipe deixem de segui-los, eles rapidamente dizem: "Temos de fazer isso porque o chefe mandou". Esse tipo de autoridade tende a se desgastar com o passar do tempo.

Líderes hierárquicos não conseguem que os subordinados os sigam além de sua esfera de autoridade

Uma reação normal dos seguidores dessa categoria de líderes é limitar-se a fazer apenas o que é exigido e nada além. Sabe aquela situação em que um líder pede a um subordinado para fazer algo extra, como ficar até mais tarde ou fazer algo fora do rotineiro, e recebe uma recusa do tipo: "Isto não é atribuição minha"? Bem, então você conhece as consequências de uma liderança hierárquica. Aqueles que definem sua liderança pelo posto ocupado acabam descobrindo que as pessoas farão apenas o que foi solicitado com base nos direitos conferidos àquele posto. Os subordinados não se comprometem com o ponto de vista de um líder hierárquico nem com as causas defendidas por este.

Se você se enquadra em uma dessas três características, é possível então que esteja confiando demais no posto ocupado por você, o que significa que precisará esforçar-se mais para desenvolver seu poder de influência. Até fazer isso, a equipe que você lidera vai demonstrar falta de disposição, logo, vai parecer que toda tarefa é um sacrifício enorme. Para mudar isso, será preciso se concentrar no próximo estágio de liderança.

Estágio 2: Permissão

Meu amigo e mentor Fred Smith diz: "Liderar é fazer com que os subordinados trabalhem para você sem serem obrigados a isso".[6] Essa é a essência do segundo estágio da liderança, a Permissão.

Líderes que permanecem no estágio da hierarquia e não desenvolvem sua influência costumam liderar por meio por intimidação. Eles são como as aves que o psicólogo norueguês Thorleif Schjelderup-Ebbe estudou para formular o princípio da hierarquia do poleiro, "o mais forte bica o mais fraco", e que normalmente se aplica a todos os tipos de grupos. Ebbe constatou que, em qualquer bando, uma galinha sempre domina as demais; em outras palavras, essa ave dominante bica as outras que não revidam. A segunda na escala pode bicar todas as outras, exceto a galinha mestre. As restantes ocupam uma hierarquia descendente, até chegar a uma pobre galinha desafortunada, bicada por todos, mas que não pode bicar as demais.

O estágio da permissão contrasta com essa realidade, sendo caracterizado por bons *relacionamentos*. O lema aqui poderia ser descrito como "as pessoas não se importam com o quanto você sabe até saberem o quanto você se importa". A verdadeira influência começa no coração, não na cabeça, e floresce por meio de ligações pessoais, não por meio de regras e regulamentações. O intuito no estágio da permissão não é a ordem no galinheiro, mas sim o relacionamento pessoal. Os líderes bem-sucedidos nesse estágio concentram seu tempo e sua energia nas necessidades e nos desejos dos indivíduos em sua equipe e se conectam com eles.

O exemplo clássico de alguém que não fez isso foi Henry Ford nos primórdios da empresa Ford Motor. Ele queria que seus funcionários fossem máquinas de trabalhar e tentou controlar suas interações de fora do trabalho com regras e regulamentações. O centro da atenção de Henry Ford era o produto, o Modelo T, que ele julgava ser o carro perfeito e que queria que nunca mudasse. Quando as pessoas passaram a encomendar modelos em outras cores que não preto, ele dava sua famosa resposta: "Você pode escolher a cor que quiser, contanto que seja o preto".

As pessoas que não estão abertas ou dispostas a construir relacionamentos sólidos e duradouros logo descobrem que também não conseguem manter sua liderança de modo efetivo e duradouro. Nem é preciso dizer que é possível preocupar-se com as pessoas sem liderá-las, mas é impossível liderá-las sem lhes dar a devida importância, pois as pessoas não vão acompanhá-lo se não houver empatia entre vocês. É assim que as coisas funcionam.

No Estágio 2, conforme você se conecta com as pessoas, firma um relacionamento com elas e conquista sua confiança, poderá, de fato, exercer influência sobre elas. Isso serve de estímulo ao trabalho conjunto, torna todos mais colaborativos e cria um ambiente mais positivo, aumentando a disposição geral. Além disso, no ambiente de trabalho, as pessoas permanecem por mais tempo e trabalham com mais afinco.

Quem não está aberto ou disposto a construir relacionamentos sólidos e duradouros, logo descobre que não conseguirá sustentar sua liderança de modo efetivo e duradouro.

Se você foi colocado em um posto de liderança, significa que recebeu a permissão de seu superior para liderar, e se você conquistou a influência no Estágio 2, significa que recebeu a permissão dos seus subordinados para liderar. Isso é animador. Entretanto, devo fazer um alerta: permanecer por muito tempo neste estágio sem acrescentar o Estágio 3 vai fazer com que pessoas motivadas se tornem inquietas, portanto, vamos falar um pouco sobre Produção.

Estágio 3: Produção

Praticamente qualquer pessoa pode ser bem-sucedida nos dois primeiros estágios de liderança, visto que as pessoas podem ser indicadas a uma *posição hierárquica* e desenvolver *permissão* com pouca ou nenhuma capacidade de liderança nata. É fato que, se você se preocupa com as pessoas e tem disposição para aprender como trabalhar com elas, pode começar a adquirir influência. Todavia, essa influência não vai muito longe; sendo assim, para fazer com que as coisas evoluam, você terá de conquistar o estágio da Produção.

No Estágio 3, as pessoas colocam as coisas em ação e ajudam os membros de sua equipe a cumprir as tarefas, e juntos eles produzem *resultados*. Nesse momento, coisas boas começam realmente acontecer para a organização: a produtividade aumenta, as pessoas atingem seus objetivos, os lucros crescem, o moral fica elevado, a rotatividade diminui e a lealdade da equipe aumenta.

Organizações com líderes que são eficientes em sua função nos três primeiros estágios da sua liderança se tornam altamente bem-sucedidas. Os líderes começam vencendo, e, quando o fazem, passam a se beneficiar do que eu chamo de "o Grande Mo" – momento. Eles crescem, resolvem problemas mais facilmente. Vencer vira rotina, e liderar se torna mais natural. Assim, a jornada com seus liderados é mais divertida e o ambiente de trabalho fica mais animado.

Mas note que as pessoas costumam mover-se entre o estágio de Permissão e o estágio de Produção, dependendo de para onde estão voltados, se aos *relacionamentos* ou aos *resultados*. Se as pessoas naturalmente formam relacionamentos, elas gostam de se reunir, e fazem isso com o único objetivo de interagir e aproveitar a companhia uns dos outros. Se você já trabalhou em um ambiente em que as reuniões são prazerosas e todos se dão bem – mas pouco é realizado –, então deve ter trabalhado com alguém que conquistou o Estágio 2, mas não o Estágio 3. (E se você já trabalhou num lugar onde as reuniões são produtivas, mas os relacionamentos revelam-se deficientes, você deve ter trabalhado com um líder que atingiu o Estágio 3, mas não o Estágio 2!). Contudo, no papel de líder, se você consegue unir *resultados* e *relacionamentos*, e também formar uma equipe de pessoas que interagem bem e são produtivas, você criou uma combinação poderosa.

Empresas no mundo buscam pessoas que produzam resultados, pois entendem o impacto que podem produzir, e uma das minhas histórias favoritas é sobre um vendedor externo recém-contratado chamado Gooch e a reação dos superiores da empresa quando ele enviou o primeiro relatório de vendas ao escritório central. O chefe do departamento de vendas ficou espantado. Gooch escreveu:

> "Vi que eles *comprava* um item da gente que era uma merreca *di* nada e vendi uns produto pra eles. Agora vou pra Chicago."

Antes que o homem recebesse o comunicado de dispensa do gerente de vendas, chega uma nova mensagem vinda de Chicago:

> "Eu vim aqui e vendi *mei* milhão pra eles." [sic]

Com medo de despedir o vendedor ignorante – e com mais medo ainda de não fazê-lo –, o gerente de vendas transferiu o problema para o presidente da empresa.

Na manhã seguinte, os membros do departamento de vendas, que ficava no edifício de mármore branco, foram surpreendidos ao ver o comunicado no quadro de avisos logo acima das duas mensagens escritas pelo vendedor ignorante, com a instrução escrita pelo próprio presidente:

> "*Nóis tamo* perdendo tempo demais preocupado em *soletrá* em vez de *vendê*. *Vamo* nos *concentrá* em *vendê*. Acho que todo mundo deveria ler essas

cartas do Gooch que está a caminho de *fazê* um *grandi negóço pra nóis* e que deveriam saí e segui o exemplo dele". [sic]

Eu gosto tanto dessa história que mandei plastificá-la e a levo comigo junto com outros itens indispensáveis às minhas palestras. É verdade que, ao liderar um grupo de vendedores, os profissionais devem, preferencialmente, ser bons de português e de vendas. Mas você entendeu: os resultados falam mais alto – seja para nossos superiores ou para nossos subordinados.

Ao coordenar uma equipe produtiva de pessoas que gostam de colaborar umas com as outras, você oferece a elas uma razão para querer trabalhar com você, para segui-lo. Por exemplo, digamos que você e um amigo estivessem escalando jogadores para um jogo de basquete e pudesse escolher entre o LeBron James e eu; não há dúvidas que você escolheria o cara que ganha campeonatos, e não o cara que jogou basquete no colégio há mais de 50 anos, certo? Você vai preferir o cara apto a produzir e a inspirar seus companheiros de equipe a ter um alto desempenho junto com ele.

Estágio 4: Aprimoramento de pessoas

Se você adquirir influência sobre sua equipe nos Estágios 1, 2 e 3, as pessoas vão achá-lo um líder fantástico, terá realizado muito e será considerado bem-sucedido. Mas há níveis mais elevados de liderança, porque os maiores líderes fazem mais do que simplesmente realizar tarefas.

Existem tantos tipos diferentes de líderes, tanto masculinos como femininos, e eles vêm em todas as formas e tamanhos, idades e graus de experiência, raças e nacionalidades, desde o gênio até a inteligência média. Mas o que diferencia o bom do ótimo?

Os líderes não se tornam excelentes pelo poder que possuem, mas por sua habilidade de capacitar os outros. O sucesso sem um sucessor é, em última instância, um fracasso. Para construir algo duradouro, para criar uma equipe ou organização com vistas para o futuro, a principal responsabilidade de um líder é desenvolver outras pessoas: ajudá-los a alcançar seu potencial pessoal, ajudá-las a fazer seu trabalho com maior eficácia e a aprender como

> Um líder se torna excelente não pelo poder que tem, mas por sua habilidade de capacitar os outros.

se tornarem líderes – essa modalidade de desenvolvimento de pessoas leva à reprodução.

O desenvolvimento de pessoas tem um efeito multiplicador. Equipes e organizações passam para um estágio totalmente novo quando os líderes se dedicam a aprimorar outros. Uma equipe desenvolve líderes suficientes para criar equipes adicionais, e uma divisão, operação ou sede prepara líderes suficientes para criar outras. Uma vez que tudo se resume a liderança, contar com um número maior e com melhores líderes sempre resulta no aprimoramento da empresa ou organização.

O nível de aprimoramento de pessoas tem outro efeito colateral positivo: a lealdade ao líder. As pessoas tendem a ser leais ao mentor que contribui para seu progresso. Ao observar um líder desenvolver influência através dos níveis, você pode acompanhar o progresso do relacionamento. No Estágio 1, o membro da equipe *deve seguir* o líder; no Estágio 2, o membro da equipe *tem vontade de seguir* o líder; no Estágio 3, o membro da equipe *aprecia* e *admira* o líder pelo que ele fez pelo grupo; e, no Estágio 4, o membro da equipe se torna *leal* ao líder por conta do que ele fez para o subordinado na esfera pessoal. Como se pode ver, você ganha o coração e a mente das pessoas ajudando-as a evoluir.

> Se você não acredita no mensageiro, não acreditará na mensagem.
>
> — JAMES M. KOUZES E BARRY Z. POSNER

Nem todo bom líder trabalha para desenvolver influência no Estágio 4; na verdade, a maioria dos líderes nem mesmo sabe da existência desse estágio, pois estão tão concentrados em sua própria produtividade e em sua equipe que não percebem que deveriam estar preparando pessoas. Se essa descrição inclui você, eu posso ajudar; para isso, criei algumas perguntas sobre o desenvolvimento de pessoal que você deve se fazer e que podem auxiliá-lo a obter o sucesso no Estágio 4:

1. *Sinto entusiasmo pelo meu crescimento pessoal?*

Somente pessoas em evolução são efetivas ao estimular o crescimento de outros, portanto, caso ainda tenha essa chama acesa dentro de você, as pessoas ao seu redor vão perceber. Tenho 70 anos e continuo focado no crescimento.

2. *Minha jornada de crescimento tem credibilidade?*

A primeira coisa que as pessoas se perguntam quando você se oferece para ajudá-las a crescer é o que você tem a contribuir para tornar isso possível, e a chave para essa resposta é sua credibilidade. Em seu livro O *desafio da liderança*, James M. Kouzes e Barry Z. Posner explicam o que eles chamam de A Primeira Lei de Liderança Kouzes-Posner: 'Se você não acredita no mensageiro, não acreditará na mensagem'. E seguem falando de credibilidade: "Lealdade, compromisso, disposição e produtividade dependem dela".[7]

3. *Eu atraio as pessoas por causa do meu crescimento?*

As pessoas que querem aprender com os líderes estão constantemente se aprimorando e aprendendo. Certo ano, durante a oficina Leadership Open, que minha organização sem fins lucrativos EQUIP promoveu em Pebble Beach, muitas pessoas comentaram que haviam reparado na evolução espantosa de Mark Cole, meu diretor executivo. Esse tipo de crescimento vertiginoso, mas cercado de humildade, atrai muito as pessoas.

4. *Sou bem-sucedido nas áreas nas quais pretendo preparar outras pessoas?*

Não se pode dar o que não se possui. Quando desenvolvo pessoas, tento ajudá-las principalmente em áreas nas quais tenho sucesso: apresentar, escrever e liderar. Você sabe sobre quais áreas eu jamais daria conselhos? Música. Tecnologia. Golfe. Ninguém quer ouvir o que tenho a dizer sobre esses assuntos, então, eu estaria desperdiçando o tempo dos outros e o meu.

5. *Será que ultrapassei o limite entre tempo gasto/tempo de investimento?*

A maioria das pessoas passa tempo *com* outras, mas poucas investem seu tempo *em* pessoas. Para alcançar o sucesso no Estágio 4, é preciso se tornar um *investidor* em pessoas, e isso implica não apenas agregar valor, mas também esperar um retorno sobre seu investimento – não em termos de ganho pessoal, mas de impacto. O retorno que você busca é o crescimento pessoal dos outros, o aprimoramento da sua liderança, o impacto do seu trabalho, o valor que ele soma à equipe e à organização. Aprendi essa lição aos quarenta anos, quando percebi que meu tempo era limitado e não conseguia trabalhar mais horas nem com mais afinco do que vinha fazendo. (Falarei mais sobre isso no capítulo 2.) A única solução foi me reproduzir pelo investimento em outros, e, à medida que eles evoluíram, a equipe melhorou, inclusive eu.

6. *Eu levo uma vida de aprendizado?*

Os bons alunos são os melhores professores, ou seja, para desenvolver pessoas, eu preciso continuar a me aprimorar. Isso significa querer aprender, prestar atenção ao novo conteúdo, compartilhar o que aprender e saber com quem dividir esse aprendizado.

7. *Estou disposto a ser um mentor e um exemplo vulnerável?*

Investir nas pessoas buscando seu aprimoramento não significa fingir que temos todas as respostas, mas sim ser autêntico, admitir o que sabemos e o que não sabemos, e aprender ao máximo com as pessoas, lembrando sempre que aprender é uma via de mão dupla. Continuar o próprio desenvolvimento enquanto ajudo a capacitar outros produz em mim grande alegria.

8. *As pessoas que capacito são bem-sucedidas?*

O objetivo final no desenvolvimento de pessoas é ajudá-las a transformar suas vidas, uma vez que ensinar contribui para *melhorar* a vida de alguém. O verdadeiro desenvolvimento promove a *transformação* pessoal. Mas a pergunta é: como distinguir se isso aconteceu? A pessoa na qual você investiu se torna bem-sucedida, o que não apenas é o maior sinal de transformação, como também é a maior recompensa para um líder que capacita pessoas.

Como você se saiu? Quanto mais respostas afirmativas você deu ao responder com sinceridade essas oito perguntas, mais bem preparado estará para capacitar pessoas. Se suas respostas negativas superaram as positivas, não desanime. Faça do crescimento uma meta para alcançar o sucesso no Estágio 4 e não se arrependerá porque é aí que ocorre o sucesso permanente. Seu compromisso com a capacitação de líderes assegurará o crescimento contínuo da organização, dos subordinados que você lidera e do impacto da sua liderança, então, faça o possível para alcançar esse estágio e permanecer nele.

Estágio 5: Ápice

O estágio final de liderança é o Ápice. Se você ler a versão original deste livro, vai se lembrar de que eu havia chamado este estágio de 'Personalidade', mas acho Ápice é o termo que melhor o descreve, pois esse estágio mais alto se baseia na reputação. Esse é um espaço seleto, e apenas algumas pessoas alcançam esse estágio. Aqueles que lideraram e comprovaram sua liderança ao longo da vida investiram e treinaram novos líderes até o Estágio 4, e desenvolveram influência não somente em suas próprias organizações, mas vão além delas.

As pessoas no estágio do Ápice são conhecidas não só fora da própria organização, mas fora de sua área, de seu país e até mesmo de seu tempo de vida. Por exemplo, Jack Welch é um líder de Estágio 5 no mundo dos negócios. Nelson Mandela era um líder de governo de Estágio 5. Martin Luther King Jr. foi um líder de Estágio 5 entre os ativistas sociais. Leonardo da Vinci era líder de Estágio 5 nas artes e na engenharia. Aristóteles era líder de Estágio 5 na educação e na filosofia.

Todos podem alcançar esse estágio de liderança? Não. Devemos nos esforçar para isso? Certamente, mas não devemos nos concentrar nisso. Por quê? Porque não podemos fabricar o respeito dos outros, tampouco exigi-lo, pois o respeito nos deve ser conferido pelos outros voluntariamente, portanto, ele foge ao nosso controle. Por esse motivo, devemos nos concentrar em adquirir a influência nos Estágio 2, 3 e 4 e trabalhar com afinco para mantê-la dia após dia, ano após ano, década após década, pois, fazendo assim, teremos feito tudo ao nosso alcance.

NAVEGANDO PELOS ESTÁGIOS DE LIDERANÇA

Espero que você possa usar os 5 Estágios de liderança como uma clara lembrança visual de como funciona a influência, pois eles são um paradigma *de* liderança e um caminho *para* liderança. Agora que você consegue visualizar o modelo, quero oferecer alguns insights para auxiliar não só a adotá-lo, mas para usá-lo para percorrer seu trajeto como líder:

- Os 5 Estágios de liderança podem ser aplicados em todas as áreas da sua vida, nos âmbitos pessoal e profissional.
- Você ocupa um Estágio diferente com cada indivíduo em sua vida.
- Cada vez que você adiciona um estágio ao seu relacionamento com outra pessoa, seu grau de influência aumenta.
- Você nunca deixa um estágio anterior ao conseguir um novo, pois os níveis são conquistados e adicionados uns aos outros, pois não são substituídos.
- Se você pular um estágio tentando acelerar o processo, terá de voltar no ciclo e conquistar o nível em questão por conta da longevidade do relacionamento.
- Quanto mais elevado o estágio a subir, mais tempo isso leva.
- Cada vez que você muda de emprego ou se junta a um novo círculo de pessoas, começa no estágio mais baixo e tem de recomeçar.
- Uma vez que um estágio é alcançado, ele deve ser mantido. Ninguém jamais começa como líder e nada é permanente na liderança.
- Assim como você pode acumular influência em um estágio, também pode perdê-la.
- Leva menos tempo para perder um estágio do que para conquistá-lo.

Neste ponto da minha vida e carreira, os 5 Estágios de Liderança tornaram-se uma segunda natureza para mim. Assim que conheço pessoas, começo a investir no relacionamento, e, desenvolvida uma conexão, tento adicionar Produção e realizar algo em conjunto, e sempre busco maneiras de agregar valor às pessoas e investir nelas. Acredito que você pode adquirir influência da mesma forma que eu, só é preciso vontade e propósito.

Certa vez eu li um poema chamado *My influence* [Minha Influência]. Não sei quem é o autor, mas sua mensagem me marcou:

> Minha vida deve tocar uma dezena de vidas
> Antes que este dia termine,
> Deixar inúmeras marcas por bem ou por mal,
> Antes que o sol se ponha;
> Este é o desejo reiterado.
> O clamor suplicado:

Senhor, que minha vida sirva outras vidas,
Por ela tocadas, como esperado[8]

Se você é como eu, tem objetivos e deseja não apenas alcançar o sucesso, mas também ser relevante. Você quer que sua liderança faça a diferença, e o estágio que você alcança depende mais da sua influência do que de qualquer outro fator, por isso que a influência é tão importante. Você nem imagina quantas vidas vai tocar, e tudo o que você pode fazer é intensificar a sua influência para que, quando as oportunidades vierem, você possa tirar o máximo proveito delas. Nunca duvide do poder de uma pessoa influente. Pense em Aristóteles, que orientou Alexandre Magno, e este, por sua vez, conquistou o mundo.

DESENVOLVENDO O *INFLUENCIADOR* DENTRO DE VOCÊ

Um dos grandes desafios da adoção dos 5 Estágios de Liderança é que você deve conquistar cada um deles com cada pessoa em sua vida. Embora seja verdade que seu grau de influência sobre os outros aumente ou diminua todos os dias, será bom concentrar sua atenção em restringir o aumento intencional da sua influência a um número limitado de pessoas no início.

Por essa razão, sugiro que você escolha duas pessoas na sua vida agora mesmo com quem estabelecer intencionalmente sua influência. Escolha uma pessoa importante da sua vida profissional, talvez seu chefe, um membro da equipe principal, um colega ou um cliente, e uma pessoa importante de sua vida particular, talvez seu companheiro/a, seu filho, seu pai, mãe ou um vizinho. (Sim, é possível estar apenas no primeiro estágio com seu marido, esposa ou filho, e, sim, você terá de adquirir ou readquirir a influência nos níveis mais altos.) Caso você seja uma pessoa de capacidade elevada e com muita ambição e disposição, pode escolher *três* pessoas.

Primeiro, determine em qual o estágio atual de liderança você está com cada pessoa, e, em seguida, use as seguintes diretrizes para começar a conquistar o estágio imediatamente superior e fortalecer sua influência nos estágios que já alcançou.

Estágio 1: Hierarquia – influência com base nos direitos

- Conheça detalhadamente a sua função ou a descrição do seu trabalho.
- Faça o seu trabalho com excelência permanente.
- Faça além do esperado.
- Assuma a responsabilidade por si mesmo e por sua liderança.
- Aprenda com todas as oportunidades de liderar.
- Tome ciência da história que impacta a dinâmica pessoal.
- Não se apoie em sua posição ou título para liderar.

Estágio 2: Permissão – influência com base no relacionamento

- Valorize o outro.
- Aprenda a partir do ponto de vista do outro fazendo perguntas.
- Importe-se mais com a pessoa do que com as regras.
- Inclua a outra pessoa em sua jornada mudando o foco do '*eu*' para '*nós*'.
- Torne o sucesso da outra pessoa sua meta.
- Pratique a liderança do apoiador.

Estágio 3: Produção – influência com base em resultados

- Inicie e aceite a responsabilidade pelo seu próprio crescimento pessoal.
- Assuma a responsabilidade pelos resultados, começando por você mesmo.
- Dê o exemplo e produza resultados.
- Ajude a outra pessoa a descobrir como contribuir da melhor maneira.

Estágio 4: Aprimoramento de pessoas – influência com base na reprodução

- Internalize que as pessoas são o seu bem mais valioso.
- Seja aberto e honesto sobre sua jornada de crescimento.
- Exponha a outra pessoa às oportunidades de crescimento e liderança.
- Insira a pessoa no melhor caminho para o sucesso.

Estágio 5: Ápice – influência com base no respeito

- Concentre sua influência nos 20% de subordinados mais promissores.
- Oriente-os e estimule-os a capacitar outros líderes de alto nível.
- Use seu poder de influência para o progresso da organização.
- Use sua influência fora da organização para fazer a diferença.

DOIS

A CHAVE PARA A LIDERANÇA: PRIORIDADES

Você tem tempo de sobra para fazer tudo o que quer e precisa fazer no curso de um dia? Imagino que a resposta seja não. Ainda estou para conhecer um líder ocupado que acha que tem tempo mais que suficiente para fazer o que quiser. No capítulo 1, mencionei que, aos quarenta anos, concluí que não podia trabalhar com mais afinco e nem por mais horas sozinho, por isso comecei a investir em pessoas. E percebi também que precisava melhorar a maneira como eu organizava a minha vida e administrava o meu tempo.

É comum as pessoas falarem muito sobre gerenciamento de tempo, mas a realidade é que é impossível administrar o tempo, pois gerenciar algo significa controlá-lo, alterá-lo, e, quando se trata de tempo, não há nada para gerenciar. Todo mundo recebe 24 horas por dia, e não podemos adicionar ou subtrair uma hora, por exemplo, assim como não podemos atrasar o tempo nem acelerá-lo. O tempo é o que é.

O instrutor e palestrante Jamie Cornell escreveu: "O tempo não pode e não será gerenciado, e você nunca conseguirá mais dele. O problema está nas escolhas que você está fazendo com relação aos outros e nas suas próprias escolhas. Você decide como usar cada momento todos os dias, quer acredite ou não."[1]

Para quem lidera, a questão não é: "Será que meu calendário estará lotado?" mas sim, "Quem e o que vai preencher meu calendário?" Quando sinto que não tenho tempo suficiente, preciso fazer uma autoavaliação – minhas escolhas, meu calendário, minhas *prioridades*, pois essas são as coisas que estão sob nosso controle, não o tempo. Precisamos determinar como passaremos as 24 horas que temos todos os dias, e, para tanto, devemos priorizar nosso tempo para produzirmos mais nesse período, o que é especialmente verdade para os líderes, já que nossas ações afetam tantas outras pessoas.

Numa conferência, ouvi uma vez um palestrante dizer: "Há duas coisas muito difíceis de convencer as pessoas a fazer: pensar e executar as coisas por ordem de importância". Ele estava falando de prioridades. Os bons líderes sempre pensam adiante e priorizam suas responsabilidades. Diz-se que:

- As pessoas práticas sabem como obter o que querem.
- Os filósofos sabem o que devem querer.
- Os líderes sabem como obter o que devem querer.

É por isso que quero ajudá-lo a identificar o que você deve querer como líder – não de acordo com as minhas prioridades, mas de acordo com as suas – e quero ajudá-lo a levar essas prioridades a cabo efetivamente para melhorar sua vida e aprimorar sua liderança.

PRESSÕES PRIORITÁRIAS

Ninguém escapa às pressões da vida moderna, e porque lidamos com demandas, prazos e dificuldades, podemos nos confundir com referência às nossas prioridades. Aqui estão algumas verdades que eu constatei:

A maioria superestima a importância de boa parte das coisas

Todos os dias podemos fazer uma longa lista de coisas que queremos fazer, deveríamos fazer e devemos fazer, pois nem tudo é importante. Segundo o psicólogo William James: "A arte de ser sábio é saber quando fazer vista grossa."[2] Pequenas tarefas comuns ameaçam roubar grande parte do nosso tempo, e, se não tivermos cuidado, podemos passar a viver para as coisas erradas.

Muitas prioridades nos paralisam

Um dos números circenses mais populares durante muitos anos foi a apresentação do domador de leões. O artista de circo entrava numa gaiola cheia de leões perigosos e conseguia fazer o que bem entendia. Uma vez eu li uma explicação sobre por que muitos deles levavam um banquinho ou uma cadeira para dentro da gaiola. O intuito era o domador segurar a cadeira pelo encosto, com as pernas viradas para o leão, e o animal tentar se concentrar nas quatro

> A arte de ser sábio é saber quando fazer vista grossa
>
> – WILLIAM JAMES

pernas ao mesmo tempo, pois esse foco dividido do animal o dominava, causando uma paralisação por indecisão e reduzindo, assim, sua agressividade.

Esse mesmo tipo de coisa pode acontecer conosco. Praticamente todos nós temos dias com uma lista longa de tarefas a cumprir, a caixa de entrada cheia de e-mails, o telefone celular tocando e as pessoas entrando em nosso escritório para exigir alguma coisa. Se você é como a maioria das pessoas, todas essas demandas podem deixá-lo sem ação.

Anos atrás, uma das nossas funcionárias mais produtivas, Sheryl, veio me ver. Parecia exausta, e, depois de conversarmos, fiquei sabendo que ela estava se sentindo muito sobrecarregada com uma lista extensa de responsabilidades. Pedi-lhe para relacionar todas as suas tarefas e projetos, e, então analisamos uma a uma, eu e ela, estabelecendo as prioridades. O efeito foi imediato: era como se um peso gigante tivesse sido removido de seus ombros. Eu ainda consigo me lembrar da expressão de alívio de Sheryl ao perceber que ela poderia se concentrar no mais importante e deixar as outras coisas esperando.

Quando pequenas exigências recebem atenção demais, grandes problemas emergem

Muitas vezes, somos enganados por pequenas coisas na vida. Um exemplo trágico é o acidente ocorrido com o voo 401 da Eastern Airlines, na noite de 29 de dezembro de 1972. O avião, transportando 163 passageiros e 13 tripulantes, que vinha de Nova York, apresentou um problema ao se aproximar de seu destino em Miami. A luz indicativa do trem de pouso do nariz não acendeu, e o piloto colocou o avião em um padrão de espera enquanto outros membros da tripulação tentavam descobrir se trem de pouso dianteiro havia baixado.

Enquanto três experientes comissários de voo tentavam resolver o problema, a tripulação perdeu o controle de algo muito mais importante: a altitude. A aeronave estava voando no piloto automático e foi perdendo a altitude gradualmente. Dez segundos depois de notarem o problema, o avião caiu no pântano de Everglades, e, infelizmente, 101 pessoas morreram. No final, os investigadores constataram que o único problema era apenas uma lâmpada defeituosa.

Segundo Robert J. McKain observou: "A razão pela qual os principais objetivos não são alcançados é que passamos nosso tempo fazendo primeiro as coisas secundárias."[3] Ou as coisas que viriam em terceiro ou em quarto lugar. Sempre que pequenas demandas ou tarefas insignificantes nos desviam de tarefas importantes, podemos nos meter em problemas.

Tornar tudo uma prioridade significa que nada é prioridade

Uma família que se cansou do barulho e do trânsito da cidade juntou dinheiro e, finalmente, realizou seu sonho: eles venderam o apartamento apertado, compraram uma fazenda e se mudaram para o Oeste. Seu desejo era se mudar para o campo para aproveitar a vida ao ar livre e criar gado.

Cerca de um mês depois, alguns amigos da cidade foram fazer uma visita a eles e quiseram saber que nome eles tinham dado ao rancho.

"Bem...", o fazendeiro novato explicou: "Eu queria chamá-lo de Flying W, mas minha esposa disse que preferia chamá-lo de Suzy-Q. Nosso filho mais velho escolheu o nome Bar-J, e nosso caçula esperava que o chamássemos de Lazy Y. Então, todo mundo cedeu e chegamos a um acordo. Ficou 'Rancho Flying Lazy Y-W-Bar-J Suzy-Q'".

"Uau", disse o amigo. "Posso dar uma olhada no gado?".

"Nós não temos nenhum", respondeu o fazendeiro. "Nenhum deles sobreviveu ao ferrete!"

Ok, admito: essa é uma piada muito ousada e de mau gosto, mas eu a aprecio muito, pois ela ilustra o fato de que, quando você define *tudo* como prioridade alta, no final *nada* tem o status de prioridade alta, e isso indica que você não está disposto a ou não consegue tomar uma decisão, ou seja, revela que você não conseguirá fazer coisa *nenhuma*.

Às vezes, só mesmo uma emergência para forçar as pessoas a priorizarem

Para muitos, apenas uma crise consegue fazer com que elas repensem suas prioridades. Foi o que aconteceu na noite de 14 de abril de 1912, quando o famoso navio Titanic bateu contra um iceberg no Atlântico. Uma das histórias mais curiosas desse desastre foi a de uma moça que tinha lugar garantido em um dos botes salva-vidas, e, no último minuto, pediu para voltar à sua cabine para buscar algo. Disseram a ela que teria apenas três minutos, então, ao cruzar apressadamente os corredores, ela pisou por sobre dinheiro e outros objetos de valor que outros haviam derrubado na pressa para fugir e, ao chegar à sua cabine, ela ignorou as próprias joias e, em vez disso, pegou três laranjas e voltou correndo para tomar seu lugar no bote.

> Quando você define *tudo* como prioridade alta, no final *nada* tem o status de prioridade alta.

Poucas horas antes, ela não teria trocado sua joia menos valiosa por um vagão cheio de laranjas, mas as circunstâncias exigiram um ajuste nas prioridades, assim como pode acontecer com qualquer um de nós.

PRINCÍPIOS DE PRIORIDADE

Alguém certa vez afirmou: "O bebê nasce com o punho cerrado; um adulto morre com uma mão aberta. A vida costuma dar de graça as coisas que consideramos as mais importantes". Se você quiser desenvolver o líder dentro de você, não espere por uma tragédia para realinhar suas prioridades, isto é, seja proativo sobre o processo todo a partir de hoje e comece reconhecendo os princípios a seguir:

1. Trabalhar de modo mais inteligente dá um retorno maior do que trabalhar mais

O romancista Franz Kafka disse: "A produtividade é capaz de produzir coisas que você nunca conseguiu fazer antes". Mas como colocar isso em ação? Fazer exatamente as mesmas coisas apenas com maior intensidade raramente funciona. Como Albert Einstein supostamente apontou, a definição de insanidade é fazer a mesma coisa seguidas vezes esperando resultados diferentes.

Então, como obter melhores resultados? Você tem de *repensar* como agir. Precisa trabalhar de forma mais inteligente, o que significa encontrar métodos de trabalho mais eficientes e aproveitar ao máximo os momentos de que dispõe. O especialista em marketing Dan Kennedy diz: "O uso disciplinado do tempo que todos os outros desperdiçam pode representar uma vantagem."[4] Que líder não deseja isso?

O uso disciplinado do tempo que todos os outros desperdiçam pode representar uma vantagem.

— DAN KENNEDY

2. Você não pode ter tudo

Quando meu filho Joel era pequeno, toda vez que entrávamos em uma loja eu precisava dizer a ele: "Você não pode ter tudo". Assim como muitas pessoas, ele teve dificuldades em resumir sua lista de desejos, mas eu acredito que 95% das chances de conseguir realizar os desejos é saber o que se quer, e isso é especialmente vital para alguém que está liderando outros.

Anos atrás, li uma história sobre um grupo de pessoas que estava se preparando para escalar o topo do Mont Blanc nos Alpes franceses. Na noite da véspera da escalada, o guia francês insistiu no principal pré-requisito para o bom desempenho. Ele disse: "Para chegar ao topo, você deve transportar apenas o necessário para escalar; ou seja, vocês devem deixar para trás todo o restante, pois essa é uma escalada muito difícil".

Um jovem inglês ignorou o alerta do especialista e, na manhã seguinte, além do equipamento básico, trouxe consigo vários outros itens: um cobertor colorido, pedaços grandes de queijo, uma garrafa de vinho, mais de uma câmera e várias lentes, e barras de chocolate.

"Você não chegará ao topo se levar tudo isso", disse o guia. "Leve apenas o básico indispensável para a subida".

Mas o inglês era jovem e teimoso e partiu sozinho na frente do grupo para provar que conseguiria.

No caminho até o topo do Mont Blanc, o restante do grupo, que estava carregando somente o equipamento básico, conforme a orientação do guia, começou a notar os itens deixados ao longo do caminho: primeiro, havia o cobertor colorido; depois, uma garrafa de vinho e alguns pedaços de queijo; mais adiante, uma câmera, e, por fim, barras de chocolate.

Quando chegaram ao topo, encontraram o inglês. Sábio, ele foi descartando pela trilha tudo do que não precisava para completar a escalada.

Há muitos anos eu li um poema de William H. Hinson que resume uma excelente lição sobre prioridades:

> Aquele que almejar uma coisa, e somente uma,
> Pode esperar alcançá-la antes de a vida terminar.
> Mas aquele que almejar tudo por onde passar.
> Deve colher o que semeou ao seu redor.
> Um belo quinhão de arrependimento.

Se você deseja se tornar bem-sucedido como pessoa e como líder, terá de fazer escolhas. Você deve priorizar, pois nem você nem ninguém pode ter tudo.

3. O BOM SEMPRE É INIMIGO DO MELHOR

A maioria das pessoas sabe priorizar entre o bem e o mal ou entre o certo e o errado, mas o verdadeiro desafio surge quando nos deparamos com duas boas escolhas. O que escolher?

Um ótimo exemplo disso pode ser encontrado em uma parábola sobre um faroleiro que trabalhava em um trecho rochoso do litoral antes do advento da eletricidade e que, uma vez por mês, recebia um suprimento de óleo para manter a luz do farol acesa.

Como não morava longe da cidade, ele recebia visitas frequentes, e, certa noite, uma idosa da aldeia pediu um pouco de óleo para manter a família aquecida. Com pena dela, ele lhe deu um pouco de óleo. Em outra ocasião, um pai pediu um pouco de óleo para acender uma tocha e procurar seu filho desaparecido; outra pessoa precisou de óleo para garantir o funcionamento de seu maquinário e o trabalho dos empregados. Todos os pedidos eram para o bem, e o faroleiro deu o óleo para a causa válida de todos eles.

Próximo do final do mês, ele notou que o suprimento de óleo estava muito baixo e, no último dia do mês, o óleo acabou e a chama se apagou. Naquela mesma noite, houve uma tempestade, um navio se espatifou nas pedras e muitas vidas foram perdidas.

Durante a investigação pelas autoridades, o homem revelou um remorso enorme, e não havia outra explicação a ser dada: "Você recebeu o óleo com um único objetivo – manter a chama do farol ardendo!".

Conforme você se torna mais bem-sucedido e ocupado, precisa aprender a escolher com razão entre duas boas opções, pois nem sempre é possível optar por ambas. E como se decidir? Lembre-se de que o bom muitas vezes tem de ser sacrificado em função do melhor.

4. Ser proativo supera o ser reativo

Com relação ao planejamento, as pessoas se dividem entre dois grupos: os que tomam a iniciativa e os que reagem. Em minha opinião, você pode escolher ou pode perder. Ser proativo significa escolher, ao passo que ser reativo significa perder. A questão não é "será que terei o que fazer?", mas sim "Minhas atitudes farão alguma diferença?". Para se tornar um líder eficiente, é indispensável ser proativo. Veja a distinção entre *proativos* e *reativos*:

Proativos	Reativos
Preparar	Reparar
Planejar com antecedência	Viver o momento
Pegar o telefone e contatar	Esperar o telefone tocar
Antecipar os problemas	Reagir aos problemas
Começar a agir	Esperar pelo momento certo
Agendar as prioridades	Agendar as solicitações dos outros
Investir em pessoas	Passar tempo com as pessoas

Caso ainda tenha dúvidas a respeito do impacto do antecipar-se *versus* reagir sobre a sua produtividade, pense sobre a semana que antecede suas férias. Provavelmente é a sua semana mais produtiva e eficiente no trabalho. Por quê? Porque você tem prioridades definidas e um prazo apertado. Antes de deixar o escritório ao sair de férias, devemos tomar decisões, terminar projetos, limpar a mesa, retornar ligações e deixar tudo acertado com os colegas.

> Você pode escolher ou pode perder.
> Ser proativo significa escolher.
> Ser reativo significa perder.

Por que não administramos nossa vida sempre dessa forma? Na verdade, isso é viável, mas requer uma mudança de mentalidade. Em vez de nos concentrarmos na eficiência, que é uma mentalidade de sobrevivência, devemos focar a eficácia, que é uma mentalidade de sucesso. Em vez de buscar fazer as coisas corretamente, devemos nos concentrar em fazer apenas as coisas certas. Em suma, devemos nos tornar proativos, entusiastas e persistentes.

5. As necessidades vitais devem ter prioridade sobre as urgentes

Quanto mais responsabilidade você assume como líder, mais se espera de você. A capacidade de tocar múltiplos projetos de alta prioridade com sucesso é algo que todo líder bem-sucedido deve aprender a fazer; sendo assim, conforme a lista de tarefas aumenta, você pode agonizar ou se organizar – eu prefiro me organizar.

Aqui está uma maneira simples e eficaz de classificar as tarefas, de modo a tornar mais fácil priorizá-las rapidamente, quando necessário. O objetivo é determinar o status de relevância e a urgência de cada tarefa. Líderes ineficientes colocam as tarefas urgentes em ação de modo automático, ao passo que os eficientes analisam os dois fatores referentes a cada tarefa e agem de acordo. Veja como:

- ***Alta relevância / alta urgência:*** dê prioridade a essas tarefas.
- ***Alta relevância / pouca urgência:*** defina os prazos para a conclusão e encaixe essas tarefas na sua rotina diária.
- ***Pouca relevância / alta urgência:*** encontre um modo rápido e eficiente de realizar essas tarefas com um mínimo de envolvimento pessoal e de tempo. Se possível, delegue-as.
- ***Pouca relevância/ pouca urgência:*** caso essas tarefas possam ser eliminadas, livre-se delas; se puderem ser delegadas, designe alguém

para cuidar delas; no entanto, se você precisar se encarregar delas, reserve um intervalo semanal de uma hora para finalizá-las, mas nada de agendá-las durante seu horário principal.

Revisar sua lista de tarefas pela manhã e avaliar cada tarefa segundo os critérios de relevância/urgência não requer nem muito tempo nem grande esforço e é uma maneira eficaz para estabelecer prioridades, colocar as coisas em ordem rapidamente e planejar seu dia.

Ter uma estratégia para avaliar sua lista diária de tarefas por prioridades é inestimável, afinal, uma vida em que *qualquer coisa está bom* é, resumindo, uma vida em que *nada vai bem*. Mas, no caso de você não conseguir solucionar como determinar suas prioridades, corre o risco de continuar sendo um líder mais reativo que proativo, por isso vou lhe oferecer algumas ferramentas que o ajudarão com as prioridades numa perspectiva mais ampla.

SOLUÇÃO PROATIVA DE PRIORIDADES Nº 1: O PRINCÍPIO DE PARETO

Um veterano em tomada de decisões me ofereceu este conselho simples e direto: decida o que fazer e faça; decida o que não fazer, e não faça. Eu acho isso incrível; contudo, estabelecer prioridades nem sempre é tão simples assim, pois muitas vezes saber o que fazer não é nem preto nem branco, mas apresenta diversos tons de cinza.

Há muitos anos, enquanto eu estava fazendo um curso de negócios, fui apresentado ao princípio de Pareto (também é conhecido como princípio 80/20), em homenagem ao economista italiano Vilfredo Pareto. Eu logo reconheci a relevância desse conceito e passei a aplicá-lo à minha vida, e quarenta e cinco anos depois, ainda o considero uma ferramenta muito útil para estabelecer prioridades, seja para mim, para meus alunos, seja para qualquer organização. Quando aplicado a empresas, o princípio de Pareto determina:

> 20% das suas prioridades responderão por 80% da sua produção CASO você invista seu tempo, sua disposição, seu dinheiro e seu pessoal nos 20% de prioridades no topo.

A seguir, apresento alguns exemplos de como o princípio de Pareto aplica-se à sua rotina; alguns são hilários, mas todos são verdadeiros:

Tempo: 20% do nosso tempo produzem 80% dos nossos resultados
Aconselhamento: 20% das pessoas ocupam 80% do nosso tempo
Produtos: 20% dos produtos rendem 80% dos lucros
Livros: 20% do livro contêm 80% do conteúdo
Empregos: 20% do nosso trabalho garantem 80% da nossa satisfação
Discursos: 20% da apresentação produzem 80% do impacto
Doadores: 20% dos doadores dão 80% do dinheiro
Impostos: 20% das pessoas pagam 80% dos impostos
Liderança: 20% das pessoas tomam 80% das decisões
Piqueniques: 20% das pessoas consomem 80% da comida

Observe praticamente qualquer situação e notará que a regra 80/20 se aplica. Por quê? Nem imagino. Mas a verdade é que se aplica.

Como líder, você precisa compreender esse princípio, porque ele permeia tudo o que você faz ao liderar. Graficamente, é assim que a regra 80/20 vai parecer, supondo que você tenha dez prioridades:

O princípio de Pareto

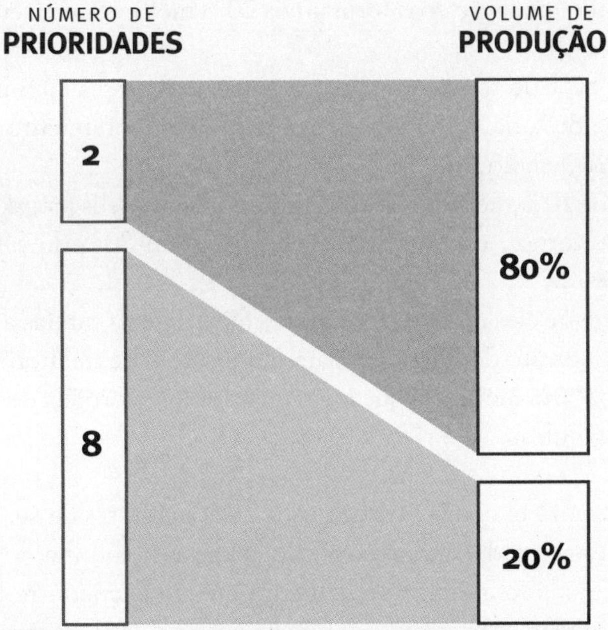

As linhas contínuas na ilustração representam as duas principais prioridades. Investir tempo, disposição, dinheiro, pessoal, e assim por diante nesses dois itens resultaria em um retorno de quatro vezes na produtividade. Entretanto, os oito itens restantes produziriam um retorno mínimo.

As implicações são óbvias: como os 20% de itens do topo da sua lista de tarefas lhe dão um retorno de 80%, você deve se concentrar nelas. Os 20% melhores da sua equipe lhe dão um retorno de 80%: concentre seu tempo e disposição neles. Seus 20% principais clientes lhe garantem 80% das suas vendas: concentre-se em atendê-los. Os 20% de produtos-chefe representam 80% do seu lucro: concentre-se em vendê-los.

A esfera na qual esse princípio produz um impacto maior sobre os líderes é em relação a seus subordinados, uma vez que os funcionários não impactam uma organização de forma igual. Os 20% melhores têm uma carga de trabalho maior e fazem a diferença, mas, infelizmente, as pessoas que exigem mais tempo e atenção são em geral as que estão entre os 20% inferiores. Por outro lado, as pessoas no topo costumam exigir o mínimo de seus líderes por serem motivadas e demonstrarem autonomia. E em quem você deve investir seu tempo? Nos 20% melhores.

Veja como aplicar o princípio de Pareto aos membros da sua equipe:

- Determine quais pessoas formam os 20% melhores em termos deprodução.
- Invista 80% do tempo que dedica ao pessoal nesses 20% melhores.
- Aplique 80% da verba que possui para desenvolvimento em pessoal nesses 20% melhores.
- Ajude os 20% melhores a determinar quais os seus *próprios* 20% melhores retornos, e permita que eles invistam 80% do tempo nesses projetos.
- Permita que eles deleguem os outros 80% de suas tarefas a outras pessoas, no intuito de liberá-los para o que fazem de melhor.
- Peça aos 20% melhores que treinem durante a jornada de trabalho os 20% seguintes.

Mas a pergunta é: como identificar os 20% melhores de sua equipe, de seu departamento ou de sua organização? Há uma planilha ao final deste capítulo para ajudá-lo a fazer isso, e insisto que você encontre tempo para usá-la, pois é fundamental que você invista em seus 20% melhores.

Se houver cinco pessoas em sua equipe, sua pessoa número um é o seu 20% superior; havendo 10, então o primeiro e o segundo da lista; se forem 20, então os quatro primeiros. Você entendeu o conceito. Os seus 20% do topo são as pessoas nas quais você deve investir, oferecendo recursos e oportunidades de liderança, pois deles dependem o sucesso ou o fracasso da equipe.

SOLUÇÃO PROATIVA DE PRIORIDADE Nº 2: OS TRÊS RS

Os que pertencem à minha geração devem se lembrar da professora falando da importância das três competências básicas: leitura, escrita e aritmética, que são os pilares do desempenho escolar. Pois bem, eu vou falar de três conceitos básicos, todos começando pela letra 'R', que irão ajudá-lo a ser altamente proativo na hora de identificar e aplicar suas prioridades. Para fazer isso, você deve refletir sobre a sua vida a partir de uma perspectiva mais ampla, então, pense nisso como um ponto de vista a nove mil metros de distância. Os três Rs são: *requisito*, *retorno* e *recompensa*. E você pode definir suas principais prioridades fazendo-se três perguntas baseadas nesses três 'Rs':

O QUE EU DEVO FAZER?

Toda função inclui responsabilidades que não são negociáveis, isto é, há coisas que você deve fazer e não pode delegar a ninguém. Você sabe quais são elas? Quando assumi a liderança da Skyline Church em San Diego, perguntei ao conselho que estava me contratando: "Quais dentre as minhas atribuições só eu poderei executar sem delegar a ninguém?" Debatemos durante horas sobre isso e eles concluíram que havia apenas algumas coisas que eu deveria fazer exclusivamente, como ser o principal comunicador na maior parte dos domingos, divulgar a visão da igreja e conservar minha integridade pessoal. Essas eram minhas atribuições não negociáveis, que não poderiam ser cumpridas por ninguém além de mim.

> Atividade não significa realização; produtividade, sim.

No final das contas, um líder pode abdicar de qualquer coisa, exceto da responsabilidade final. Se você trabalha para um chefe ou para um conselho, eles podem ajudá-lo a definir quais são as exigências, contudo se você for autônomo ou possuir um negócio próprio, a questão pode ser mais difícil de responder, mas ainda assim é fundamental. Caso contrário, você acabará concentrando seus esforços nas coisas erradas e desperdiçando seu tempo, seu talento e sua disposição.

O que traz maior retorno?

Em que você é bom? Quero dizer, bom para valer. Esse é o cerne da questão do retorno. O que lhe garante o maior retorno do investimento de tempo e disposição que faz para sua organização? Essa é uma pergunta que me faço continuamente. Entendo que a atividade não significa realização; mas produtividade, sim. Sou produtivo ao máximo usando o que tenho de melhor em termos de talento, dotes e experiência fazendo três coisas: escrevendo, interagindo e liderando. Essas atividades dão o maior retorno para mim e para as minhas organizações, além de serem minha plataforma ideal; então, qualquer outra coisa que eu faça é desempenho de segunda categoria – ou pior.

Saber que atividades oferecem melhor retorno é fundamental. Por quais tarefas você costuma receber mais elogios das pessoas? Que atividades ou responsabilidades os colegas continuamente pedem para você assumir? Quais dentre suas realizações produzem o maior impacto positivo ou trazem a maior receita? Essas são pistas para ajudá-lo a definir a questão do retorno.

O que é mais recompensador?

A vida é curta demais para não ser divertida, e nosso melhor desempenho se concretiza quando sentimos prazer, uma vez que isso nos garante boas recompensas internas, quer sejam mentais, emocionais, quer sejam espirituais. E aqui está o padrão que muitas vezes ensino para ajudar os indivíduos a definirem a questão da recompensa: busque algo que você gosta tanto de fazer, que faria até de graça, e então, aperfeiçoe-se para realizá-lo tão bem, a ponto de as pessoas ficarem satisfeitas de lhe pagar por isso. Essa é uma pista para descobrir o que é mais gratificante. Em outras palavras, quando você faz algo e pensa "*eu nasci para isso*", significa que está no caminho certo.

Suas metas de carreira no longo prazo devem se alinhar às tarefas que atendam às questões de requisito, retorno e recompensa, e se o que você deve fazer, o que você faz bem e o que você gosta de fazer são coincidentes, então suas prioridades de carreira estão em sincronia e você terá uma vida produtiva e gratificante. No entanto, conciliar tudo isso requer tempo e muito esforço. Ao final deste capítulo há um roteiro para ajudá-lo a avaliar como você vem se saindo no momento com seus três 'Rs', para que você possa se dedicar a alinhá-los.

SOLUÇÃO PROATIVA DE PRIORIDADE Nº 3: CRIE ESPAÇO PARA A MARGEM

Durante anos, pratiquei a disciplina de passar algumas horas da última semana do mês planejando o meu cronograma do mês seguinte. Eu costumava de fato agendar minhas prioridades e requisitos em intervalos de hora a hora, dia a dia, e me orgulhava de como valorizava e priorizava meu tempo. Eu estava seguro de que, se conseguisse cumprir o agendado e trabalhasse rápido e com tempo suficiente, num determinado momento eu daria conta de tudo facilmente, e isso criaria uma margem na minha vida.

Depois de anos desse exercício inútil, descobri que estava me enganando e constatei que a lei de Parkinson é verdadeira: o trabalho se expande até consumir o tempo disponível para sua conclusão. Então, a menos que eu agisse intencionalmente para criar uma margem, não saberia o que é isso na vida.

O médico e autor Richard Swenson dedicou-se muito a escrever sobre o conceito de margem. Em seu livro *Margin: Restoring Emotional, Physical, Financial and Time Reserves to Overloaded Lives* [Margem: restaurando as reservas emocionais, físicas, financeiras e temporais em pessoas sobrecarregadas], ele escreveu: "Margem é o espaço entre nosso fardo e nossos limites. É o volume permitido além do necessário, uma reserva para contingências ou situações imprevistas. Margem é o hiato entre o repouso e a exaustão, o intervalo entre respirar livremente ou sufocar-se. Margem é o oposto da sobrecarga."[5]

> Margem é o espaço existente entre nosso fardo e nossos limites.
>
> – RICHARD SWENSON

Em vez de preencher todos os espaços do meu calendário, o que eu precisava fazer era deixar espaços em branco, e, se não o fizesse, ninguém mais o faria. As pessoas que trabalham continuamente dia e noite não são tão brilhantes quanto pensam que são. A mudança que eu precisava era criar uma margem em minha vida.

Em *As 21 irrefutáveis leis da liderança*, escrevi sobre a Lei das Prioridades, que determina: "Os líderes entendem que movimentação não é necessariamente realização".[6] Mesmo tendo escrito sobre essa lei, devo confessar que a vida tem sido um desafio contínuo para mim há mais de 20 anos, pois criar margem não é fácil para alguém que gosta de trabalhar, lida bem com prazos e sente uma pressão contínua para fazer as coisas acontecerem. Mas eu também aceito que, quanto mais responsabilidade um líder acumular, mais responsável será por criar margem em sua vida.

Não é possível seguir essa lei à risca, mas eu *de fato* busco incessantemente criar margem para mim. Se você quer ser um líder que vive de acordo com suas prioridades e atingir seu potencial, então você também precisa aprender a estabelecer margens. Eis as razões:

1. A margem melhora a autoconsciência

A inteligência emocional (IE) é a capacidade de reconhecer e entender as próprias emoções e as dos outros para, por meio dessa consciência, aplicar esse conhecimento na administração do próprio comportamento e dos relacionamentos com os demais. Existem poucas habilidades mais importantes que a IE em se tratando de liderança. A empresa de treinamento e consultoria TalentSmart fez testes para avaliar a IE em mais de um milhão de pessoas e constatou que 90% dos melhores desempenhos apresentam um nível elevado de IE.[7]

Uma das coisas incríveis sobre a IE é que, como acontece com a liderança, ela pode ser desenvolvida e tem como característica fundamental a autoconsciência. É possível desenvolver um intenso reconhecimento e uma profunda compreensão das próprias emoções em momentos de reflexão, em geral quando se está sozinho, mas essas janelas do tempo não aparecem quando você está sobrecarregado e com tempo escasso para fazer uma autorreflexão. A margem cria esses intervalos, que representam uma oportunidade de evoluir a sua IE.

2. A margem propicia o indispensável tempo de reflexão

A maioria dos líderes que conheci apresenta forte tendência à ação, e sei que isso é verdade no meu caso, mas, se eu passar o tempo todo atuando e nunca refletindo sobre o que estou fazendo, não serei um líder muito efetivo. Quando lidero outros, é minha responsabilidade tentar enxergar além e antes que outros vejam, ou seja, tenho de refletir mais e me antecipar aos meus subordinados. Truett Cathy, o fundador da rede de *fast-food* Chick-fil-A, uma vez me disse: "Precisamos ser líderes conscienciosos antes de poder atuar no mercado", e criar margens nos permite fazer isso.

É verdade que hoje estamos onde nossos pensamentos nos colocaram e amanhã iremos aonde nossos pensamentos nos levarem, por isso tenho me dedicado à reflexão e falei sobre isso em muitos dos meus livros. Para se tornar um pensador eficiente, você precisa dedicar um espaço livre na sua agenda para isso, não apenas se contentar com um minuto aqui e uns segundos ali. Você precisa agendar intervalos regulares de tempo para isso, pois, se você estiver constantemente pulando de uma atividade para outra, de sol a sol, você nunca se vai se aprimorar no hábito de refletir.

3. A margem proporciona energia renovada

Vivemos em uma cultura de ritmo frenético, e os líderes são em geral os mais ocupados de todos. O fundador e diretor executivo do Projeto Energia, Tony Schwartz, estudou e escreveu detalhadamente sobre disposição e desempenho. Em um artigo publicado no *New York Times*, ele escreveu: "Cada vez mais nos sentimos incapazes de conciliar o número excessivo de obrigações e de manter um ritmo aparentemente insustentável". A solução que ele propôs? "Paradoxalmente", explica ele, "a melhor forma de fazer mais talvez seja passar mais tempo fazendo menos. Um número crescente de pesquisas multidisciplinares inovadoras mostra que a renovação estratégica – incluindo exercícios diurnos, rápidos cochilos à tarde, mais horas de sono, mais tempo longe do trabalho e férias mais longas e mais frequentes – melhora a produtividade, o desempenho do trabalho e, obviamente, a saúde".[8]

Se você estiver constantemente pulando de uma atividade para outra, de sol a sol, você nunca se vai se aprimorar no hábito de refletir.

Todas as coisas que Schwartz descreveu como benéficas preveem a existência de uma margem, e, segundo ele, os seres humanos não foram criados para dispender um alto nível de energia continuamente, mas sim para se alternarem entre gastar e repor energia. Então, se você quiser estar na sua melhor forma, precisa encontrar maneiras de se reabastecer, e pode fazer isso abrindo espaço para relacionamentos, exercícios, recreação, viagens, música e muito mais. Tudo o que serve para recarregar suas baterias é considerado positivo, mas você precisa reservar uma margem para isso.

COMO CRIAR A MARGEM

Como afirmei antes, criar uma margem tem sido desafiador, mas eu continuo buscando essa margem porque sei que isso possibilita que eu dê conta das minhas prioridades e seja um líder melhor. A seguir, apresento duas atividades que faço e que, acredito também podem lhe ser úteis.

Avalie e elimine com frequência

Estou constantemente atento a maneiras de simplificar minha vida e procuro não gastar tempo com coisas que estão fora do meu melhor desempenho, delegando ou descartando qualquer coisa que não se encaixe nos três 'Rs' e aplicando o princípio 80/20 sempre que possível para reduzir o volume. Você pode fazer o mesmo. Comece por perguntar o seguinte:

- Quais dos meus pertences estão entre os 20% mais valiosos?
- Quais os 20% de roupas que uso em 80% das vezes?
- O que custa 20% do meu tempo de lazer e garante 80% da minha felicidade?
- Quais as pessoas próximas que constituem os 20% que me fazem mais feliz?

É bem possível que você tenha respondido todas essas questões com facilidade, mas provavelmente nunca deve ter refletido sobre essas áreas por esse ângulo. Concentre-se nas áreas onde você ganha mais e crie uma margem para as demais. Doe roupas e pertences, enfim, simplifique sua vida.

Esforce-se para manter 20% da sua agenda livre

Meus dias de preencher automaticamente minha agenda com tarefas ficaram para trás; em vez disso, incluo espaços em branco no meu calendário. Fazendo uma deferência a Pareto, minha meta é sempre deixar 20% do meu tempo livre, e sugiro que você se esforce para alcançar essa mesma porcentagem.

Como conseguir isso? Você pode, por exemplo, estabelecer uma margem diária. Considerando que temos em média oito horas de sono por dia, criar uma margem significa deixar três horas e doze minutos sem programação definida todos os dias; caso pensemos em termos semanais, equivaleria deixar 22 horas sem qualquer programação a cada semana.

Margem mensal: deixe seis dias totalmente em aberto. Anual: reserve 72 dias não programados.

Você deve estar pensando: "Não consigo fazer isso. Não posso separar três horas por dia nem seis dias por mês. E definitivamente não vou ficar mais de 70 dias de folga!" Eu também penso dessa maneira, por isso é tão difícil estabelecer uma margem. Tony Schwartz concorda: "Tirar mais tempo livre é contraintuitivo para a maioria de nós, e o conceito também conflita com a ética de trabalho predominante na maioria das empresas, nas quais o tempo de inatividade normalmente é considerado um desperdício. Por exemplo, mais de um terço dos funcionários almoça regularmente na própria estação de trabalho, e mais de 50% imaginam que devem trabalhar durante suas férias".[9]

No entanto, para estabelecer uma margem, precisamos compreender justamente que tirar folga é essencial, pois, sem folga, você não pode se manter suas prioridades por estar sobrecarregado com a falta de tempo.

Se você é um realizador com alto nível de energia, talvez seja difícil parar, fazer um balanço de suas atividades, ponderar suas prioridades e reavaliar o que e como executar as tarefas. Mas você precisa dar conta disso – não apenas uma vez, mas dia após dia, ano após ano. As prioridades mudam, no entanto, se você aprender a dominar os princípios de priorização e desenvolver a disciplina para aplicá-los continuamente, vai perceber uma melhora significativa em sua eficácia pessoal e profissional. Poucas coisas dão a um líder um retorno maior que as prioridades certas, por isso eu insisto que elas são a chave para a liderança.

> Poucas coisas dão a um líder um retorno maior que as prioridades certas.

DESENVOLVENDO O *PRIORIZADOR* DENTRO DE VOCÊ

A necessidade de lidar com as prioridades pode parecer estressante, sobretudo em nossa cultura, em que estar ocupado é desejável e sobrecarregar-se é louvável. Por isso, você deverá preferir fazer os exercícios práticos deste capítulo por etapas.

Adote os princípios de priorização

Comece por determinar as áreas onde você não viveu de acordo com as prioridades adequadas e pense sobre como você pode alterar seus hábitos de trabalho diário. Responda as cinco perguntas a seguir com base nos princípios de priorização do capítulo:

1. Em que preciso trabalhar com mais inteligência em vez de com mais esforço?
2. O que devo mudar para parar de tentar fazer tudo?
3. Que coisas boas posso deixar de fazer para me dedicar às melhores?
4. O que devo fazer para me tornar mais proativo em vez de reativo?
5. O que posso fazer para parar de fazer coisas urgentes sem importância?

Planilha de princípios de Pareto

O princípio de Pareto pode ser aplicado em quase todas as áreas de nossa vida particular ou profissional. Para os líderes, a aplicação mais importante envolve o investimento em pessoal. Você precisa identificar seus 20% melhores subordinados.

1. Escreva os nomes de todos os que compõem sua equipe nos espaços em branco.

ABC	Nº.	Nome

2. Na coluna da esquerda, ao lado de cada nome, escreva a letra que corresponde à alternativa que melhor completa esta frase: *Se esta pessoa deixar a equipe ou trabalhar contra mim...*
   a. Poderia pôr tudo a ganhar ou a perder na equipe, e isso impactaria muito a nossa eficácia. (Meu amigo Bill Hybels diz que, quando a gente imagina a perda de uma pessoa assim, sente vontade de vomitar.)
   b. Isso afetaria negativamente a nossa eficácia, mas não arrasaria a equipe.
   c. Isso não afetaria negativamente a equipe, e talvez até possa melhorá-la.

   Cada nome deve ter uma alternativa atribuída a ele.
3. Agora, classifique a importância dos seus 'As', escrevendo número 1 ao lado do nome da pessoa mais impactante, número 2 ao lado do segundo mais impactante, e assim por diante. Em seguida, classifique os seus 'Bs'. E por fim, os 'Cs'.
4. Coloque um asterisco (*) ao lado dos nomes dos 20% melhores (um nome caso tenha um total de cinco em sua lista, dois nomes se você tiver dez etc.).
5. Em outro pedaço de papel, relacione de duas a cinco formas de agregar valor às pessoas de destaque e, assim, aprimorá-las.
6. Verifique para quais pessoas você atribui um C. Se tiver autoridade suficiente, tente ajudar esses indivíduos a encontrar um lugar em outra equipe, onde possam contribuir mais.

Planilha dos três erres

Liste suas responsabilidades na próxima página e, em seguida, use cada coluna para avaliá-las. Começando com a coluna "Requisito", marque com número 3 (alta relevância), 2 (relevância moderada) ou 1 (pouca relevância). Em seguida, faça o mesmo para as colunas "Retorno" e "Recompensa". Depois de classificar cada item nas três colunas, acrescente as pontuações e, com base nelas, classifique suas responsabilidades na ordem decrescente na coluna da esquerda.

Nº.	Responsabilidades	Requisitos	Retorno	Recompensa	Resultados
					=
					=
					=
					=
					=
					=
					=
					=
					=
					=
					=
					=
					=
					=
					=
					=
					=
					=

Quando tiver concluído, você terá um resultado parecido com este:

Responsabilidades	Requisitos	Retorno	Recompensa	Resultados
Conseguir novos clientes	3	3	2	= 8
Fechar novos pedidos	3	3	3	= 9
Responder e-mails	1	1	1	= 3
Supervisionar o pessoal	3	2	1	= 6
Preparar novos líderes	1	3	3	= 7
Supervisão de projetos	2	2	2	= 6
Relatórios mensais	3	1	1	= 5

Observe as responsabilidades que obtiveram os melhores resultados, e em seguida, avalie se suas atividades diárias estão alinhadas com base nelas. Não deixe passar essa questão, isto é, reserve um tempo para refletir e, caso não tenha certeza sobre a resposta, pergunte a um amigo, a um membro da família ou a um colega de trabalho disposto a ser honesto com você. Depois de avaliar, elabore um plano de ação para alinhar sua vida com suas prioridades.

Chamada de margem

Examine sua agenda e responda: quantos espaços livres há nela? Se houver menos de 20%, você precisa começar a fazer cortes. (Se não está habituado a usar agenda, então passe a fazê-lo a partir um hoje, pois você tem um tipo particular de problema com prioridades.) Use o trabalho que já fez neste capítulo como guia para determinar o que cortar e o que manter.

TRÊS

A BASE DA LIDERANÇA: CARÁTER

No dia 12 de outubro de 2016, tive o privilégio de conhecer o Papa Francisco e passar alguns minutos com ele. Eu o admiro há vários anos, e sua humildade e seu caráter deixaram forte impressão em mim. Tradicionalmente, assim que um cardeal é eleito papa, quando perguntado se aceita sua nomeação, ele responde: "*Accepto*", que significa, "eu aceito". No entanto, as primeiras palavras de Francisco foram: "Eu sou um grande pecador, mas confio na infinita misericórdia e na paciência de nosso Senhor Jesus Cristo, e eu aceito com espírito de penitência".[1]

Esse homem liderou o caminho para apoiar a construção do caráter na liderança da igreja, e sua devoção pela transformação me incentivou a pedir-lhe para orar pela Fundação John Maxwell, a organização sem fins lucrativos que fundei com o objetivo de ser um catalisador de transformação positiva em países como a Guatemala e o Paraguai. Recebi sua afirmativa com humildade.

O CARÁTER NA LIDERANÇA

Na preparação para o meu encontro com o pontífice, li muito sobre ele. Um dos artigos que encontrei foi o de Gary Hamel, um consultor em gerenciamento e fundador da empresa de consultoria Strategos, na *Harvard Business Review*. Hamel escreveu sobre um encontro do Papa Francisco com um grupo de líderes de igrejas no qual ele delineou os problemas inerentes à liderança. Ele os chamou de "enfermidades". Havia 15 delas, e a maioria fazia referência ao caráter:

1. ***Senso de imortalidade, imunidade ou imprescindibilidade*** – os inimigos da humildade e do servir.

2. ***Ocupação excessiva*** – que desencadeia o estresse e a agitação.
3. ***"Petrificação" mental e [emocional]*** – que provoca a frieza.
4. ***Planejamento e funcionalismo excessivos*** – que levam à inflexibilidade.
5. ***Má coordenação*** – que promove a independência e a falta de cooperação.
6. ***"Liderança de Alzheimer"*** – na qual os líderes esquecem seus mentores e quem os incentivou.
7. ***Rivalidade e vaidade*** – pelas quais os títulos e as vantagens tornam-se o principal foco dos líderes.
8. ***Esquizofrenia existencial*** – que leva os líderes a ter vidas duplas descaradas.
9. ***Fofoca, lamúrias e calúnia*** – pelas quais líderes covardes falam mal dos outros pelas costas.
10. ***Idolatrar superiores*** – quando os líderes honram os superiores para ganharem vantagem e avançar.
11. ***Indiferença com os outros*** – *quando* os líderes pensam apenas em si mesmos.
12. ***Caras feias*** – quando os líderes tratam seus "inferiores" com grosseria.
13. ***Avareza*** – que envolve o acúmulo de bens materiais em busca de segurança.
14. ***Círculos fechados*** – quando os líderes colocam seus pares à frente da identidade e da cooperação comuns.
15. ***Extravagância e autoexposição*** – quando os líderes buscam maior poder e reconhecimento.[2]

Achei essa lista bastante perspicaz, e é claro que o Papa Francisco lidou com todos os tipos de líderes durante sua longa carreira de serviço. Essa lista me estimulou a examinar meu próprio caráter. *Sou um líder saudável?* Eu me perguntei. Li uma lista de perguntas incluídas no artigo que foram desenvolvidas para facilitar o processo de autoexame, que questionou, em que medida...

Eu me sinto superior aos que trabalham para mim?
Demonstro um desequilíbrio entre o trabalho e outras áreas da vida?
Substituo a formalidade pela legítima intimidade humana?

Confio demais nos planos e não o bastante na minha intuição e no improviso?
Passo pouco tempo rompendo o isolamento e construindo pontes?
Falho ao reconhecer regularmente a minha dívida para meus mentores e com os outros?
Valorizo em excesso minhas vantagens e privilégios?
Eu me isolo de clientes e funcionários de primeiro escalão?
Denigro as razões e as realizações dos outros?
Exibo ou incentivo a deferência e a subserviência indevidas?
Coloco meu próprio sucesso antes do sucesso dos outros?
Falho ao promover um ambiente de trabalho divertido e alegre?
Demonstro egoísmo em relação a dividir recompensas e elogios?
Incentivo o bairrismo e não a comunidade?
Dou a impressão de ser egocêntrico para aqueles que me rodeiam?[3]

Essas perguntas facilitam a minha conscientização sobre a necessidade de continuar a fortalecer o meu caráter, sobretudo no contexto da liderança, visto que a maior influência dos líderes aumenta seu impacto sobre os outros, tanto de forma positiva quanto negativa. A realidade é que liderar a nós mesmos geralmente é a tarefa mais difícil que enfrentamos todos os dias. É muito mais fácil dizer aos outros o que fazer do que fazê-lo nós mesmos, e, no meu caso, sei que isso é verdade.

A realidade é que liderar a nós mesmos geralmente é a tarefa mais difícil que enfrentamos todos os dias.

Para não perder o rumo, devo recordar continuamente a importância do caráter, e, sendo eu uma pessoa de fé, confio na sabedoria das Escrituras relativas ao caráter. Encontrei a seguinte lista no *Kit de recursos do líder* proposto por David Kadalie. Se você não se identificar com essas reflexões ou se ofender com elas, sinta-se à vontade para passar à próxima seção do texto.

- O coração é enganoso (Jeremias 17:9; Salmos 139:23,24).
- É muito fácil buscar o cargo de liderança pelas razões erradas (Mateus 20:17-28).
- O caráter é a área que será mais atacada (Romanos 7; Gálatas 5:16-24).

- O caráter é fundamental para a liderança cristã (1Timóteo 3:1-13; Tito 1:6-9).
- Sem caráter, agonizamos com as tentações que acompanham nossas habilidades, nossos talentos e nossos dons (Romanos 12:3-8).
- É muito fácil passar a levar uma vida de hipocrisia e esquecer que um dia teremos de prestar contas (Hebreus 4:13).
- Nós, naturalmente, negligenciamos essa parte e nos concentramos em outras áreas de crescimento (1Timóteo 4:7-8).
- Nós logo descobrimos que a força do caráter é o que importa em tempos difíceis (2Coríntios 4:16,17).[4]

Aprimorar o próprio caráter é um esforço interminável, mas absolutamente valioso. Mahatma Gandhi disse: “Um homem de caráter se torna digno de qualquer posição que receber”. Eu quero ser um líder digno, mas sei que, às vezes, falho, mas quero aprimorar meu caráter – e lhe encorajo a aprimorar o seu – não por me possibilitar obter o que eu quero, mas por me ajudar a me tornar o que eu quero. E penso que quanto mais eu me concentro em valorizar as pessoas, praticando a autoliderança e adotando bons valores, mais eu fortaleço o meu caráter.

DECLARAÇÕES DE VALOR DO CARÁTER

Possuir um bom caráter não lhe garante sucesso na vida ou na liderança, mas você pode ter certeza de que quem é fraco de caráter acaba se perdendo nos âmbitos pessoal e profissional. Entretanto, eis a boa notícia: se seu caráter não é como você gostaria, é possível mudar isso, independente do que tenha acontecido no seu passado, pois você pode escolher um trilhar um caminho melhor daqui por diante, a começar por hoje. Como diz um dos meus ditados favoritos: “Embora seja impossível voltar atrás e recomeçar, meu amigo, qualquer um pode começar a partir de agora a criar um novo final”.

Aqui estão três ótimas razões pelas quais vale a pena buscar a excelência de caráter:

1. O BOM CARÁTER CONSTRÓI GRANDE CONFIANÇA

Recentemente, pedi a um pequeno grupo de executivos para listar os nomes das três pessoas em que eles mais confiavam. Havia familiares e amigos na lista de todos, mas, surpreendentemente, ninguém incluiu o nome de um líder ou colega de trabalho dentre suas pessoas de maior confiança.

Em seguida, pedi-lhes que enumerassem três pessoas das quais dependiam seu bem-estar e felicidade, e todos apontaram o chefe ou um colega de trabalho.

Então, fiz mais uma pergunta: "Se eu estivesse fazendo esse exercício com seus subordinados e lhes pedisse para criar uma lista de pessoas de maior confiança, você estaria incluído entre um dos três apontados?" Houve um murmurinho, e isso chamou muito a atenção deles. "Que diferença faria se você estivesse incluído na lista de alguém?"

O consenso foi que, quando as pessoas confiam em seus colegas de trabalho e em seus líderes, o ambiente de trabalho se torna mais positivo; as pessoas, mais produtivas; e a rotatividade diminui. Isso é consistente com a minha observação particular de que são as pessoas, e não as empresas, que desistem das pessoas, e a principal razão da rotatividade nas organizações é a perda de confiança.

Stephen M. R. Covey, em seu livro *The Speed of Trust* [*A velocidade da confiança*], realçou que a falta de confiança custa tempo e dinheiro, e ele usou um exemplo fantástico para ilustrar isso. Após os ataques terroristas de 11 de setembro, a confiança geral na segurança aérea diminuiu. Segundo Covey, antes dos ataques, ele poderia chegar ao aeroporto vindo de casa 30 minutos antes do horário do voo e não tinha a menor dificuldade para passar pela inspeção e embarcar rapidamente. No entanto, depois que as agências de segurança aérea, sobretudo nos Estados Unidos, elevaram o alerta de segurança, passou-se a exigir que os passageiros chegassem ao aeroporto com pelo menos duas horas de antecedência nos voos domésticos e de três horas para os voos internacionais. "Na mesma proporção em que a confiança diminuiu", concluiu ele, "a velocidade também diminuiu e o custo aumentou".[5]

Muitas vezes falamos sobre a confiança como se fosse algo peculiar, mas não é um relacionamento entre um outorgante e um beneficiário. Da mesma forma que "quando um não quer, dois não brigam", são necessários dois para haver confiança. Nesse sentido, o papel do outorgante é assumir o risco de confiar; o papel do beneficiário é ser confiável. Quando ambos desempenham bem seu papel, o resultado é uma relação de confiança.

E a confiança é uma via de mão dupla. As pessoas trocam papéis, o beneficiário se torna o outorgante e vice-versa. Vai e volta. E quando alguma das partes falha com sua responsabilidade, a confiança desaparece.

Os autores James M. Kouzes e Barry Z. Posner explicam a importância do desenvolvimento da confiança nos líderes:

> No fim das contas, somente você pode decidir se corre o risco de confiar nos outros e se esse risco vale a pena. Isso significa que, para fazer os outros confiarem em você, é preciso agir e tomar a iniciativa, e não ficar esperando que outros o façam. Como muitos líderes comentam, "Confiar é um jogo de risco, e os líderes devem ser os primeiros a apostar". Os líderes sempre acham que vale a pena dar o primeiro lance. Espalhar sementes de confiança com as pessoas resulta em espaços de colaboração indispensáveis para fazer coisas extraordinárias nas organizações.[6]

Por anos, orientei líderes para que, em suas interações com outros, criassem "contas" de confiabilidade, uma vez que toda interação concretizada rende depósitos na conta dessa pessoa ou faz retiradas dela. A melhor maneira de realizar depósitos frequentes contínuos é exibir o bom caráter de forma consistente. Por quê? Porque as pessoas se convencem mais pelas ações de um líder do que de suas promessas. Eu acabei concordando com o pensamento de um industrial e filantropo Andrew Carnegie, que disse: "Quanto mais envelheço, menos atenção dou ao que os homens dizem e me limito a assistir ao que eles fazem". As palavras às vezes têm pouco valor. O jornalista Arthur Gordon estava certo quando disse: "Nada é mais fácil do que pronunciar palavras, e nada é mais difícil do que referendá-las no dia a dia. O que você promete hoje deve ser renovado e decidido novamente amanhã e a cada novo dia". É por isso que, ao liderar, um quilo de exemplos equivale a uma tonelada de conselhos.

> A confiança é um jogo arriscado. Os líderes devem ser os primeiros a fazer suas apostas.
>
> — JAMES M. KOUZES E BARRY Z. POSNER

No início de todo relacionamento, as palavras de um líder pesam mais do que suas ações, pois, como as pessoas ainda não o conhecem, elas podem presumir que suas ações estão de acordo com seu discurso. No entanto, conforme o relacionamento evolui, suas ações começam a pesar mais do que suas palavras, pois as pessoas observam o que o líder faz. A confusão ao liderar ocorre quando suas palavras e seus atos não

> Ao liderar, um quilo de exemplos equivale a uma tonelada de conselhos.

combinam. Se essa incongruência persiste, você não só confunde seus subordinados, como pode perdê-los. Mark Twain estava certo quando disse que: "Agir certo é maravilhoso, mas ensinar os outros a agirem corretamente é ainda mais incrível – e muito mais fácil." Mais fácil? Sim. Mais efetivo? Não.

Na outra ponta do espectro da inconsistência e da quebra de confiança está a autoridade moral, o estágio mais alto de liderança, que resulta de uma demonstração firme de bom caráter, somada aos depósitos frequentes nas contas de confiabilidade dos outros. O carisma pode fazer com que os líderes sejam seguidos logo de início, mas somente a credibilidade leva as pessoas a continuarem a segui-los. Quando um líder demonstra uma autoridade moral verdadeira, a única coisa que ele precisa dizer para que as pessoas se juntem a ele é "Sigam-me", pois elas sabem que seus atos estão consoantes com seu discurso e que ele está seguindo na direção certa. Todos nós podemos conquistar a autoridade moral como líderes? Talvez não, mas devemos nos esforçar para fazer o nosso melhor para desenvolver e demonstrar um bom caráter no intuito de nos tornarmos ao menos candidatos em potencial.

Devo confessar que minha visão sobre caráter e autoridade moral mudou ao longo dos anos. Eu costumava enxergar a confiança na forma do tudo ou nada, mas, com a idade, evoluí e passei a adquirir uma perspectiva mais abrangente sobre como a confiança funciona e como o caráter interfere nela. Gostaria de compartilhar com você alguns dos conceitos que mudaram na minha concepção para que você possa analisar e verficar se concorda com eles. É possível que concorde, ou que discorde, mas tudo bem. Outra coisa boa sobre envelhecer é que estou muito confortável com o fato de as pessoas nem sempre concordarem comigo.

Eu achava que a confiança era algo "bom de ter"

No início da minha jornada de liderança, eu não reconhecia a importância da confiança – para mim, ela era uma benesse. Quem afinal recusaria um voto de confiança? Hoje entendo que, na liderança, a confiança é fundamental, não é algo opcional, pois, se perderem a confiança em você, você perde a liderança.

A confiança afeta drasticamente as questões reais da liderança, como o contato, o retorno, a eficácia e o engajamento do subordinado, além de ser o alicerce da liderança. Além disso, uma base sólida não é um luxo e nemuma benesse, mas sim algo vital.

Eu achava que a confiança dependia outros

Alguns líderes, sobretudo aqueles que dependem de sua posição ou título para liderar, em vez de sua influência, adotam uma postura de quem é naturalmente passível da confiança de sua equipe, mas, por sua vez, é sua equipe que deve se provar digna de confiança do líder. Tais líderes colocam todo o ônus da construção da confiança nos outros e se eximem dela, todavia a construção da confiança é uma responsabilidade do líder. Se eu quiser me tornar um bom líder, a confiança não dependerá dos meus seguidores; dependerá de mim. Sendo assim, devo dar o primeiro passo para confiar nas pessoas que lidero e me esforçar para ganhar sua confiança. Além do mais, os bons líderes assumem o risco em ambos os sentidos. Se meus subordinados aprenderem a confiar em mim, terei o respeito deles; por outro lado, caso consiga despertar a confiança dos meus subordinados, eles serão levados a agir, e a essência da liderança de sucesso é fazer com que as coisas sejam concluídas.

Se meus subordinados aprenderem a confiar em mim, terei o respeito deles. Por outro lado, caso consiga despertar a confiança dos meus subordinados, eles serão levados a agir.

Eu achava que a confiança crescia a passos lentos

Embora seja verdade que a confiança aumenta em ritmo lento, nem sempre tem de ser assim. Por exemplo, quando indivíduos nos quais você confia asseguram-lhe que confiam em alguém, é provável que você garanta a essa nova pessoa o benefício da dúvida e confie nele ou nela. Por quê? Isso se dá pelo fato de que, como você já tem uma relação de confiança com essas pessoas, acaba ocorrendo uma transferência de confiança – pelo menos até encontrar uma motivação própria para não mais confiar.

Outra circunstância em que a confiança pode ser obtida rapidamente é quando alguém faz um gesto altruísta marcante. Eu vivenciei isso quando era um jovem líder e, num momento crucial, fui apoiado por outro líder. O endosso dele em uma reunião fez com que eu ganhasse a simpatia dos outros, e eu me senti grato, pois, além de não fazer nada para merecer, ele não ganhou nada com isso, senão a minha imediata confiança.

Aqui está um pensamento encorajador. Podemos ser a pessoa que faz algo altruísta e ajuda os outros ao longo do caminho, e isso torna o mundo um lugar melhor; mas quando fazermos isso pelas pessoas que lideramos e as ajudamos a serem mais bem-sucedidas sem nenhum interesses, podemos desenvolver uma relação de confiança rapidamente.

Eu achava que um único erro pudesse automaticamente destruir a confiança

Embora seja verdade que um único erro possa minar a confiança, nem sempre é assim. Quando o grau de confiança é baixo, então muitas vezes isso não faz diferença, mas, se o grau de confiança for elevado, um erro raramente destrói o que foi desenvolvido ao longo do relacionamento.

As pessoas da minha faixa etária se lembram dos dias do presidente Nixon e do caso Watergate. Logo após o escândalo, a confiança nos líderes nos Estados Unidos foi consideravelmente abalada. Na época, eu me lembro de ter ouvido Billy Graham, por quem tenho um grande respeito, dizer: "Todo mundo tem um pouco de Watergate em si". Isso foi um divisor de águas, uma vez que acrescentou uma dose de realidade no idealismo de todos com relação aos líderes, pois, se alguém do calibre de Billy Graham tiver um pouco de Watergate em si, então eu e você também temos.

Fazer sempre o certo, independentemente da situação, contraria nossa natureza, mas podemos nos esforçar para fazer o que é certo na maior parte do tempo. Além disso, podemos estar certos de que, enquanto continuarmos a fazer depósitos em nossa conta de confiabilidade com os outros, teremos a chance de sobreviver aos erros que cometermos. Saber disso permite que eu perdoe meu aspecto humano como líder, e isso me estimula a me empenhar mais para estender esse perdão a outros líderes quando fraquejam.

Hoje minha perspectiva sobre o caráter é bem mais abrangente do que era anos atrás, e reconheço que a construção do caráter é um processo que dura toda a vida. Em seu livro *Build Your Reputation* [Construa sua reputação], o especialista em networking, Rob Brown, descreveu esse processo contínuo.

> No mundo dos negócios, o status de "digno de confiança" não é conquistado do dia para a noite e nem acontece por acaso. Nele você está construindo sua plataforma, ou, se preferir, uma casa, tijolo a tijolo, comentário a comentário, conversa a conversa. E se você pudesse construí-la depressa, será que seria grande o bastante?...

> Você não vai querer ser um artista de um sucesso só, pois qualquer idiota pode ser contratado alguma única vez. Os melhores líderes, os mais solicitados e os principais candidatos a uma promoção não começaram ontem. O caminho é longo e implica pegar no pesado. Leva tempo, mas vale muito a pena!...
>
> Mas não se iluda, construir uma boa reputação requer muita determinação e persistência. A lebre e a tartaruga. Calma e constância vencem a corrida. O que vale é o percurso, não a arrancada, com algumas disparadas aqui e ali.[7]

A liderança depende em boa parte da força de caráter, pois a confiança é desenvolvida por meio dele, o talento é protegido por ele e a paz interior é estimulada por ele. As pessoas não conseguem ir além das limitações de seu caráter; além do mais, o limite para o sucesso de um líder é a magnitude de seu caráter. Bons líderes têm o potencial de produzir diferenças, e o caráter é um diferencial e uma proteção para eles. Os bons líderes são muitas vezes uma dádiva para o mundo, e o caráter protege essa dádiva.

2. Líderes de sucesso adotam as quatro dimensões do caráter

Segundo escreveu Tim Irwin, em seu livro *Derailed* [Descarrilhado], o caráter apresenta quatro dimensões: *autenticidade*, *autogerenciamento*, *humildade* e *coragem*.[8] Eu concordo com essa abordagem e pretendo usar essas quatro dimensões como pano de fundo para descrever o processo de construção do caráter. Vamos analisar cada uma delas:

Autenticidade

Tenho percebido que a autenticidade é um problema para muitos líderes, uma vez que muitos deles jamais deixam a guarda baixa e outros acham que é impossível vencer essa batalha. Esses líderes temem que, se deixarem suas falhas à mostra, perderão credibilidade e também que mesmo que encubram suas falhas, ficarão parecendo impostores. Se disfarçarem seu sucesso, temem conseguir menos credibilidade, mas, se derem destaque apenas a seus sucessos, passam a impressão de ser arrogantes e de estar distantes da realidade. A questão é: como um líder trafega por essas faixas?

O caráter apresenta quatro dimensões: autenticidade, autogerenciamento, humildade e coragem.

Meu conselho para os líderes é tentar viver entre as faixas. Explico. Enquanto percorro a estrada da liderança, à minha direita fica a faixa do sucesso. Quando estou próximo dessa faixa, significa que tudo está indo bem, que meu trabalho é bem-sucedido, e estou na dianteira. À minha esquerda fica a faixa do fracasso, e, quando me aproximo dela, nada parece dar certo, e parece que estou vivenciando a Lei de Murphy: tudo que pode dar errado vai se confirmar, e no pior momento possível. Descrevo assim esses dois extremos:

A faixa do fracasso	A faixa do sucesso
Fraqueza	Força
Ela me deprime	Fico impressionado com ela
Não quero que ninguém veja	Quero que todos vejam
Não quero isso nunca	Não quero que acabe nunca
Eu no meu pior	Eu no meu melhor

Na maioria das vezes, vivemos entre essas duas faixas. Quando as pessoas nos veem na faixa do sucesso, devemos ter cuidado para não pensarem que somos sempre assim, como um atleta que ganha uma medalha de ouro ou uma final de campeonato e passa a acreditar que ele é espetacular o tempo todo, em tudo o que faz, mas isso não corresponde à realidade. As pessoas podem tentar colocar esses indivíduos em um pedestal, mas eles certamente irão cair.

Há também os momentos em que trafegamos ao longo da faixa do fracasso. Todos cometemos erros, fazemos escolhas erradas. Todos e falhamos. Se acreditarmos que essa faixa representa quem somos, não vamos querer sair da cama, portanto, também não devemos acreditar nisso. Ambas as faixas – do sucesso e do fracasso – são extremos, pois não somos tão bons nem tão ruins quanto elas podem indicar.

Ser autêntico significa levar uma vida franca entre essas duas faixas. No início de minha carreira, eu só queria contar aos outros sobre minhas experiências na faixa do sucesso, queria impressionar as pessoas; no entanto, com a idade, sinto uma atração inversa por compartilhar meus fracassos, para que eu possa incentivar as pessoas. Como sou uma figura pública, as pessoas muitas vezes só me veem no meu melhor, nunca no meu pior, por isso algumas pessoas me dão mais crédito do que eu mereço, e isso me incomoda. Em vez de querer apontar os meus avanços, quero chamar a atenção das pessoas para a *quebradeira* que me *conduziu* aos meus avanços.

Gosto de pensar em mim mesmo como um mosaico, formado por diversas peças quebradas. A autora e blogueira Rosalina Chai escreveu um belo artigo sobre mosaicos que eu acho perspicaz.

> O mosaico é ao mesmo tempo intrigante e majestoso, e é precisamente sua fragmentação que confere ao mosaico a percepção de beleza frágil... E não é assim também com a nossa humanidade?... O que há de tão ofensivo na fragmentação?
>
> O que aconteceria se aceitássemos e assumíssemos que ser fragmentado é uma parte essencial do ser humano? O que aconteceria se deixássemos de rotular a fragmentação como ruim? O que será preciso para deixarmos de rotular a fragmentação como algo ruim? Posso imaginar algo com certeza... Aumento de paz.
>
> Aceitar e assumir a fragmentação não significa usar a fragmentação do outro para nos sentirmos melhor sobre nós mesmos. Muito pelo contrário, trata-se do reconhecimento da nossa própria humanidade. Ao aceitar minha própria fragmentação, sem me julgar com rigor extremo por isso, descubro que sou capaz de sentir mais compaixão pelos outros, independentemente de estar ciente da forma de fragmentação que eles experimentaram.[9]

Integridade não é sinônimo de perfeição. Significa assumir as fraturas como parte integrante da vida. Meu amigo Max Lucado diz: "Deus prefere nos ver mancar de vez em quando do que desfilando o tempo todo". Estou aprendendo a assumir o meu manquejar porque tenho aprendido muito.

> Deus prefere nos ver mancar de vez em quando do que desfilando o tempo todo.
>
> — MAX LUCADO

Ninguém é perfeito, ou seja, pessoas boas agem errado, pessoas inteligentes cometem estupidez, e todos nós enfrentamos momentos de tentação para fazer algo que, no fundo, sabemos que não é o certo. Todos nós nos desviamos do curso, mas isso é uma lição de humildade, e compartilhar isso com os demais é legítimo.

Autogerenciamento

A autora e palestrante Ruth Haley Barton diz: "Estamos condenando nossos jovens líderes ao fracasso quando os levamos a imaginar o que eles podem fazer antes de considerar o tipo de pessoa que devem ser". Ela está se referindo ao fortalecimento do caráter que se origina no bom autogerenciamento.

O caráter não tem a ver com inteligência. Trata-se de fazer escolhas corretas. David Gergen, comentarista político que trabalhou para diversos governos na Casa Branca, destaca que, se inteligência e caráter fossem a mesma coisa, Nixon e Clinton teriam sido dois dos melhores presidentes norte-americanos. O comentarista disse: "A capacidade conta, mas, assim que o candidato vence esse teste, o caráter passa a valer ainda mais".[10]

> Estamos condenando nossos jovens líderes ao fracasso quando os levamos a imaginar o que eles podem fazer antes de considerar o tipo de pessoa que devem ser.
>
> — RUTH HALEY BARTON

Muitos líderes apresentam quociente de inteligência (QI) elevado, mas um baixo QC – quociente de caráter. Para aumentar nosso QC, devemos praticar o autogerenciamento, e uma das maneiras mais efetivas de fazer isso é estabelecer barreiras próprias de caráter que nos impeçam de sair do curso. Elas funcionam como as barreiras de concreto em uma rodovia, proteções que evitam que os carros caiam num penhasco, e que, se bem posicionadas, você pode até colidir com elas, mas não vai se espatifar e morrer.

Em termos de caráter, creio que as melhores barreiras são as decisões tomadas *antes* de enfrentar situações de alta pressão, mas é mais fácil gerenciar-se depois de ter tomado as decisões difíceis relativas aos seus valores, mas é impossível manter o bom caráter sem ter definido o que você valoriza. Você valoriza a honestidade e a integridade? Então, qual é a sua barreira de proteção? O que você *não* faria? Decida-se sobre isso antes de enfrentar a tentação. Você valoriza os relacionamentos? Em caso afirmativo, qual é a sua barreira de proteção? O que você deve fazer para manter seus relacionamentos? Defina seus valores e decida quais limites você não ultrapassará muito antes de ser tentado a fazê-lo.

Escrevi sobre esse conceito no meu livro *Today Matters* [Faça o hoje valer a pena]. Muitas das escolhas de valor que fiz foram decididas quando ainda era adolescente e por volta dos 20 anos de idade, mas eu ainda tenho de supervisionar as áreas em que meu caráter é vulnerável a armadilhas. Por exemplo, se você chega à minha idade e obtém algum grau de sucesso, passa a receber prêmios e homenagens, mas não devemos permitir que isso suba à cabeça. Aprendi com meu mentor, Fred Smith, que o presente é maior do que a pessoa, o que significa que uma pessoa pode realizar muito, ainda que apresente muitas falhas. Eu me conheço, e sei que não sou tão bom como algumas pessoas dizem. Creio que todos os dons que eu possuo me foram concedidos por Deus e não mereço nenhum crédito por eles, por isso devo continuar a me concentrar na construção da minha integridade, não da minha imagem.

Para manter o equilíbrio, eu me questiono:

Consistência: Eu sou a mesma pessoa, não importa a companhia?

Escolhas: Eu tomo as decisões que são melhores para os outros, mesmo quando outra opção me beneficiaria?

Crédito: Sou rápido para reconhecer o esforço e as contribuições dos outros para o meu sucesso?

Se conseguir responder sim a essas perguntas, então há uma boa chance de não derrapar nesta área.

Em que aspectos seu caráter está mais sujeito a armadilhas? Que valores lhes são mais caros? Que decisões você deve tomar antes de enfrentar a tentação? Que perguntas você precisa repetir com frequência para lidar consigo mesmo? Essas são algumas questões importantes que um líder precisa considerar, pois, se ele conseguir manter-se no curso e evitar cair no penhasco, poderá continuar a liderar os outros e fazer a diferença.

Humildade

Ninguém gosta de trabalhar com um líder convencido que trabalha apenas em benefício próprio; as pessoas querem trabalhar com um líder que demostre humildade. Mas o que significa ser humilde? Eu gosto do que Robert F. Morneau escreveu em seu livro *Humility: 31 Reflections on Christian Virtues* [Humildade: 31 reflexões sobre as virtudes cristãs]. Ele afirmou sobre a humildade: "É a qualidade habitual segundo a qual experimentamos a verdade das coisas: o fato de que somos criaturas e não o Criador; o fato de que a nossa vida é composta pelo bem e pelo mal, pela luz e pela escuridão; o fato de que, apesar de nossa insignificância, recebemos uma dignidade exorbitante... Ser humilde é dizer um 'sim' vertiginoso à condição humana".[11]

Eu aprecio isso. Sim, temos defeitos. Sim, cometemos erros. Sim, nós somos humanos. Não há problema algum nisso.

> Ser humilde é dizer um "sim" vertiginoso à condição humana.
>
> – ROBERT F. MORNEAU

Dale Carnegie disse: "Diga como você adquire o senso de importância, e eu lhe direi o que você é". Em que e como buscamos a validação influencia o caráter. Quando jovem, eu queria ser popular, e isso era o que mais importava para mim. No começo, tudo girava ao meu redor, dos meus objetivos e do meu sucesso, mas aos poucos percebi que não estava neste mundo para conferir minha importância, e sim para saber quanta diferença consigo fazer na vida dos outros.

O artista John Ruskin afirmou: "Eu acredito que a humildade é o primeiro teste da verdadeira grandeza de um homem. Por humildade não se deve entender duvidar de seu poder, mas aqueles que são de fato extraordinários têm uma sensação inquietante de que a grandeza não lhes pertence, ou seja, eles são meros instrumentos dela". Para a maioria das pessoas, a humildade deve ser conquistada, e é adquirida ao longo do tempo, por meio da aceitação de suas fraquezas e do reconhecimento da graça alheia.

Na faculdade eu li estas palavras escritas por Tomás de Kempis: "Não fique com raiva por não poder fazer dos demais o que deseja que eles sejam, pois você também não pode se tornar o que deseja ser". Isso me marcou muito, porque na época eu queria mudar os outros. Tive de aprender a mudar o foco e procurar me aprimorar, o que só é possível quando você reconhece o quanto suas falhas são expressivas e que elas precisam da sua atenção. Isso exige – e estimula – a humildade, e, ao passar a desenvolver a humildade, você assume uma posição melhor para servir às pessoas às quais você lidera.

Coragem

A coragem possibilita o caráter e nos capacita a fazer o que é certo diante do medo, do cansaço ou da incerteza. O caráter não é adquirido na facilidade e calmaria, e a alma só pode se fortalecer por meio da experiência, das provações e do sofrimento.

Há momentos na vida de todo líder em que ele se sente obrigado a liderar as pessoas até onde ele próprio ainda não foi treinado, então, seu discurso excede o seu percurso trilhado. Sei disso porque aconteceu comigo. Em momentos assim, não me sinto nem competente, nem experiente, nem forte, nem fiel, nem sábio, e nem qualificado o bastante. Nessas ocasiões, preciso reconhecer minhas fraquezas, pedir a Deus e aos outros que me ajudem, e reunir a coragem de agir.

> Não fique com raiva por não poder fazer dos demais o que deseja que eles sejam, pois você também não pode se tornar o que deseja ser.
>
> — TOMÁS DE KEMPIS

Trilhar uma vida de caráter requer reflexão contínua, honestidade a toda prova e coragem de fazer o que é certo. E, muitas vezes, é preciso um esforço para restaurar a firmeza de caráter depois de tomar decisões ruins, o que leva tempo e exige decisão e perseverança.

Recentemente, na sequência de uma sessão de um dos nossos treinamentos, um dos mentores que fazem parte da equipe John Maxwell me enviou um poema sobre liderança e caráter. Acredito que ele capta a coragem necessária para desenvolver e nutrir o caráter.

O Eu e o Espelho

Quando olho no espelho, o que vejo?
Os reflexos de meus dois lados.
Um lado é tudo o que eu sempre quis ser.
No entanto, meu maior problema é me fitar.
Há momentos em que me apresso em prosseguir,
E me vejo liderando quando deveria ser liderado.
A coragem é indispensável – como me superar?
Como liderar os outros com autenticidade?
Lembrarei o melhor e o pior em mim.
Assim sigo humildemente evoluindo.
Buscarei outros mais fiéis do que eu,
E pedirei ajuda para aplacar minhas vulnerabilidades.
Liderar e fazê-lo bem, essa é a minha possibilidade.
Para tanto, consultarei meu espelho regularmente.

Se você deseja desenvolver o tipo de caráter necessário para liderar, adote as suas quatro dimensões: autenticidade, autogerenciamento, humildade e coragem. E nunca tenha medo de admitir se estiver errado, pois admitir seu erro é como dizer que você é mais sábio hoje do que era ontem.

3. O CARÁTER O TORNA MAIOR POR DENTRO DO QUE POR FORA

Plutarco, o filósofo da antiguidade grega, disse: "O que alcançamos interiormente altera a realidade externa". Isso é a mais pura verdade, pois o caráter é desenvolvido no interior antes de aparecer exteriormente.

A diferença entre nosso eu interno e o externo foi descrita num artigo do colunista David Brooks para o New York Times. Com base em um livro que o influenciou, *Lonely Man of Faith* [O solitário homem de fé], *do* rabino Joseph Soloveitchik, Brooks explica que as pessoas sentem a influência de seu eu interno e de seu externo, reflexos do Adão do Antigo Testamento. Em Gênesis, a criação de Adão está descrita duas vezes, e essas duas descrições caracterizam a dicotomia da natureza particular de todos nós. Brooks chamou-os de Adão I e Adão II.

> O Adão I deseja construir, criar, produzir e descobrir coisas. Ele almeja obter sucesso e acumular vitórias. O Adão II é o Adão interno, o qual deseja encarnar certas virtudes morais; ele almeja desenvolver um caráter interior sereno, um senso de juízo manso, porém firme – não só para fazer o bem, mas para ser bom; ele deseja também amar intimamente, sacrificar-se em detrimento dos outros, viver em obediência da verdade transcendental, ter uma alma interior coerente que honre a criação e as próprias possibilidades.[12]

O mundo adora o Adão I em todos nós, mas eu acredito que, quando nos concentramos em cultivar o Adão II, escolhemos uma instância de caráter capaz de nos sustentar e que consegue nutrir e dar sabedoria ao primeiro Adão que temos em nós. Como Brooks se referiu ao caráter interior,

> [Ele] vive uma lógica inversa, que é moral, não econômica. Você precisa dar para receber, precisa se render a algo externo para conquistar a força interna, precisa suprir a ânsia de buscar o que deseja. O sucesso leva ao fracasso total, que é o orgulho, e o fracasso leva ao sucesso pleno, que são a humildade e a aprendizagem. Para se realizar, você precisa esquecer a si mesmo; para se encontrar, você precisa perder-se.[13]

A voz interna busca torná-lo maior por dentro, ao passo que a voz externa o estimula a parecer maior do lado de fora. A voz que você ouve vence a batalha. Quando sua voz interna diz *cometi um erro*, você tem a oportunidade de fazer ajustes e intervir nessa sensação de incongruência ou de hipocrisia, pois, assim recobra o equilíbrio de caráter.

> O sucesso leva ao fracasso total, que é o orgulho. O fracasso leva ao sucesso pleno, que são a humildade e a aprendizagem.
>
> – DAVID BROOKS

A voz externa o estimula a parecer maior do lado de fora, normalmente sacrificando quem você é por dentro, o que gera uma dissonância cognitiva, uma hipocrisia nociva. Essa voz externa deve dizer algo como: "Meu discurso e minhas ações não coincidem nem nunca coincidirão. É assim que funciona. Procure manter as aparências". Esse não é um caminho recomendável para ninguém trilhar e é desaconselhável sobretudo para os líderes, que podem se tornar inautênticos, calculistas e distantes.

Eu lido com essa tensão o tempo todo e sei que o que eu digo e o que eu faço nem sempre estão alinhados, mas estou me esforçando para me tornar mais consistente. Ainda não cheguei aonde quero, mas estou quase lá, e não dou atenção à voz externa, que incentiva a aparência, mas procuro ouvir a voz interior, que estimula a integridade.

Para adquirir o caráter e me tornar maior interiormente do que externamente, preciso cuidar das minhas fraquezas, o que significa que devo assumir o fracasso e aprender com ele, e também que devo escolher o melhor caminho a seguir. Durante anos, tive um mentor que me fazia cinco perguntas, mensalmente, como uma prestação de contas do meu caráter. A última pergunta que ele sempre formulava era: "Você mentiu em alguma das quatro perguntas anteriores?" Muitas vezes eu era obrigado a dizer que sim, e tínhamos de repetir o exercício, e eu então confessava minha falha. A intenção dessa última pergunta era justamente me impedir de ter uma vida dupla.

Parker J. Palmer, ativista e fundador do *Center for Courage and Renewal* [Centro de Coragem e Renovação], descreveu o que acontece quando permitimos essa dicotomia:

> Eu pago um preço bem alto por levar uma vida dúbia – sinto que sou uma fraude, fico ansioso temendo ser descoberto e deprimido pelo fato de negar minha própria individualidade. As pessoas à minha volta também pagam o preço, pois caminham na instabilidade das minhas fraquezas. Como posso reconhecer a identidade de outra pessoa se nego a minha? Como posso confiar na integridade de outro se desafio a minha? Uma lacuna falha atravessa minha vida ao meio, e sempre que se abre – separando minhas

palavras e ações da minha verdade interna – as coisas ao meu redor ficam abaladas e começam a desmoronar.[14]

O resultado de desenvolver a força de caráter interior é o respeito próprio, que é produto de escolhas acertadas, não de êxitos ou de realizações. Brooks escreveu: "[o caráter] é conquistado quando você se torna melhor do que antes, mostra-se confiável em tempos de provação e mantém-se firme diante da tentação. Ele emerge dos que são moralmente confiáveis. O respeito próprio é resultado de triunfos internos, não externos".[15]

O respeito próprio é resultado de triunfos internos, não externos.
– DAVID BROOKS

Ao nos concentrarmos no caráter interno, nutrimos também a nossa alma. John Ortberg ofereceu uma visão mais elaborada sobre isso em seu livro *Soul Keeping* [Guardando a alma]:

> Sua alma é o que consolida sua vontade (suas intenções), sua mente (seus pensamentos e sentimentos, valores e consciência) e seu corpo (o rosto, a linguagem corporal e ações) em uma única vida. Uma alma é sã – bem equilibrada – quando existe harmonia entre essas três entidades e os desígnios de Deus para toda a criação. Quem se conecta com Deus e com as pessoas com as quais se relaciona tem uma alma saudável.[16]

Ortberg seguiu explicando: "Nosso mundo substituiu a palavra *alma* pela palavra *ser*, mas elas não são a mesma coisa, pois quanto mais nos concentramos em nosso ser, em nós mesmos, mais negligenciamos nossa alma".[17]

Uma alma sã é integral, não fragmentada, e apresenta uma integridade essencial. *Integridade* representa mais do que seguir um código moral e é definida como "a qualidade ou o estado de plenitude; em perfeita condição; completude; totalidade; integralidade".[18] A raiz latina do termo é a mesma usada para a palavra *inteiro*, que é o oposto de estar dividido. Uma vida em dicotomia nos afasta da nossa alma; já uma vida plena fortalece nosso caráter, tornando-nos maiores internamente.

Quando nossa alma perde essa plenitude interna, o lado externo enfrenta problemas. Como Ortberg disse, referindo-se à experiência de tentar montar um touro mecânico, "Se a alma não possui um eixo central, quando a vida nos prega peças, ela será derrubada do touro. Não adianta segurar-se com força, pois em algum momento você será lançado longe. A alma sem um eixo central busca sua identidade em coisas externas".[19]

Onde se baseia sua identidade? Em sua imagem, suas realizações, seu reconhecimento? Ou você obtém isso de seu caráter interno? Você se concentra em fazer escolhas corretas, em se aprimorar, em cumprir o prometido, em nutrir a sanidade de sua alma? Dar ênfase ao exterior leva a negligenciar o interior; por outro lado, ao enfatizar o interior, o exterior invariavelmente se beneficiará.

Recentemente, li um artigo sobre Theo Epstein, o dirigente operacional do Chicago Cubs, um time da liga de baseball norte-americano. Ele ganhou o reconhecimento do público depois de os Cubs serem campeões da Liga Mundial, em 2016, algo que não acontecia desde 1908! Antes de se estabelecer em Chicago, ele trabalhou para várias equipes, incluindo o Boston Red Sox, mas, quando chegou lá, já havia aprendido sobre a importância do caráter.

"Eu costumava zombar disso quando comecei a trabalhar no time em Boston", contou Epstein, referindo-se a dar ênfase ao caráter. "Eu pensava assim, *'Você sabe como vamos ganhar?' Contratando mais caras bons de chegar à base do que os outros times e conseguindo arremessadores de bola rasteira que evitam as rebatidas*. O talento vence. Porém..., com o passar dos anos nessa função, acabei desenvolvendo um maior apreço pela importância do fator humano e pelo fato de conquistarmos muito mais em equipe quando contamos com jogadores comprometidos com a vitória e que se preocupam uns com os outros, interagem entre eles e conversam bastante. Isso cria um ambiente no qual a soma é maior que as partes integrantes".[20]

Epstein foi contratado para dirigir os Cubs em outubro de 2011. Em janeiro de 2012, ele se encontrou com todos os gerentes, técnicos, treinadores e com a equipe operacional. Eles passaram um dia falando sobre rebater; um dia, sobre arremessar; um dia, sobre defender e correr para a base; e um dia inteiro sobre caráter. Essas se tornaram a base para alcançar o único objetivo que a Epstein tinha para o time: vencer um campeonato mundial.

Em sua quinta temporada com uma equipe jovem, Epstein estava bem perto de alcançar sua meta. Tom Verducci redator da revista *Sports Illustrated* contou que o momento decisivo aconteceu durante um adiamento de partida causado pela chuva, após o nono *inning* do sétimo jogo, assim que os Indians retornaram e empataram o jogo. A equipe jovem dos Cubs não sucumbiu. Eles não se acovardaram, não perderam o ritmo. O que eles fizeram? Os jogadores convocaram uma reunião. Verducci escreveu: "Os Cubs se reuniram para uma conversa privada entre os jogadores, na salinha de pesagem atrás do banco dos visitantes na arena Progressive Field". Ele definiu como "uma demonstração contundente dos ideais de colaboração e caráter de Epstein". Ao final do segundo tempo, os Cubs anotaram duas corridas. Foi o bastante para vencer o jogo, por um placar de 8 a 7.

A força de caráter dos Cubs lhes serviu de base quando precisaram dela, e é para isso que devemos trabalhar, sejamos membros ou líderes da equipe, lembrando que o caráter sempre conta.

DESENVOLVENDO A *PESSOA DE CARÁTER* DENTRO DE VOCÊ

Então, como você se concentra no aprimoramento do caráter de dentro para fora? Acredito que a essência do caráter se resume em três aspectos principais: adotar valores positivos, praticar a autoliderança e valorizar as pessoas.

Adote valores positivos

Se você nunca refletiu sobre seus valores pessoais e nunca os anotou, então precisa fazê-lo. Quais são as coisas das quais não abre mão? Em que limites você se recusará a atravessar? Que princípio você defenderá?

Se você já passou por esse processo, então veja o que escreveu anteriormente e examine sua lista. Alguma coisa mudou? Quer acrescentar algo? Você retiraria algo?

Pratique a autoliderança

A essência da autoliderança é fazer a coisa certa mesmo a contragosto, e não fazer a coisa errada mesmo que deseje fazê-lo – isso é o que eu chamo de gerenciamento de decisão depois de consolidado. Eu explico. Quando você determina seus valores, já decidiu o que fazer e o que não fazer, então, quando passa por uma dificuldade, seu trabalho é corroborar a decisão tomada.

O que você deve fazer para se posicionar melhor para administrar suas decisões e fazê-las valer?

Valorize as pessoas

Ao colocar os outros em primeiro lugar, você tira o foco de você mesmo e, assim, fica mais difícil ser egoísta. Isso fortalece o caráter. Pense em algo que você pode fazer todos os dias para valorizar outra pessoa, sobretudo para pessoas com as quais você não tem afinidade ou não simpatiza em particular.

QUATRO

O TESTE DE FOGO DA LIDERANÇA:
PRODUZIR UMA MUDANÇA POSITIVA

Há muitos anos tive a oportunidade de jogar no Augusta National Golf Club a convite de Lou Holtz. Os fãs de futebol americano universitário certamente conhecem o Lou, que é um ícone norte-americano. Em 1988, ele treinou o time de futebol americano Fighting Irish, da Notre Dame University, em Indiana, ganhou uma temporada de forma invicta e também um campeonato nacional. Uma das minhas citações favoritas do Lou foi uma frase que ele disse quando o conheci durante um almoço: "Já treinei bons jogadores e já treinei maus jogadores. Sou melhor técnico com bons jogadores".

O Lou também é conhecido por seu sarcasmo. Passei três dias inesquecíveis com ele em Augusta e, durante o dia, apreciamos jogar golfe em um dos melhores campos do mundo, sendo que Lou nos fez rir o tempo todo. Ele teve o privilégio de começar a jogar no primeiro dia, colocou a bola no *tee*, deu sua tacada e imediatamente começou a caminhar em direção ao buraco. O *que ele está fazendo?* Pensei comigo mesmo. Eu me virei para Harvey Mackay, um grande amigo de Lou, que estava jogando conosco e comentei: "O Lou nem esperou que nós jogássemos".

"Ele nunca espera", o Harvey respondeu. "Não consegue ficar parado".

Era verdade. Durante os três dias, Lou começava dando a primeira tacada e na mesma hora saía andando. Nem preciso dizer quantas vezes nós gritávamos "Bola!", para alertar ao Lou que a nossas bolas de golfe estavam indo em sua direção, mas ele se limitava a proteger a nuca com o braço e continuava andando. Eu nunca tinha visto ninguém fazer igual.

Se estivéssemos jogando lento demais para seu ritmo, ele dizia: "Isso, assim vocês vão alcançar o grupo que vem atrás de vocês". Se um de nós estivesse demorando muito tempo para finalizar uma jogada, o Lou dizia: "Dá para dar a tacada antes de eu morrer, pode ser?"

MUDANÇA DE TREINAMENTO

Nunca vou me esquecer daquelas partidas no campo de golfe, mas meus momentos favoritos naquele fim de semana foram minhas conversas com o Lou, tarde da noite, no chalé, sobre sua carreira de treinador na faculdade. De 1969 a 2004, Lou foi treinador em seis universidades diferentes, e nenhuma das equipes tinha sido campeã antes de ele assumir o comando. A equipe de Arkansas detinha a melhor marca dentre as seis: 5 a 1. Todas as demais tinham perdido a maioria de seus jogos, e duas equipes registraram o placar de 1-10. O mais notável é que, no segundo ano, treinando cada equipe, não só elas batiam um recorde de vitórias, mas todas foram selecionadas para participar de um jogo no campeonato universitário oficial, o *college bowl*, o que essa é uma conquista incrível. Liderar uma equipe obtendo um sucesso assim uma ou duas vezes já é uma realização e tanto, mas seis vezes?

Escutei com interesse quando o nosso "bate-papo no chalé" abordou as mudanças necessárias para transformar uma equipe de futebol americano perdedora em uma equipe vencedora em tão pouco tempo.

Lou Holtz é um líder que sabe como produzir mudanças positivas. Ele é o que eu gosto de chamar de *Líder de Guinada*, uma pessoa que é capaz de assumir uma organização que está afundando, reverter o impulso negativo, mudar a direção tomada e apontá-la para cima, gerando um impulso positivo. George Kelly, treinador de carreira que trabalhou com Holtz na Notre Dame, contou que Lou tinha três qualidades típicas de todos os grandes treinadores: dar grande valor a tudo, ser um excelente professor e ser extremamente organizado.[1] Além disso, Lou é um visionário positivo e mudou a cultura dos times liderados por ele, o que garantiu o sucesso daquelas equipes.

Ser capaz de transformar uma organização atuando como um agente de mudança positivo é o verdadeiro teste de um grande líder, pois praticamente qualquer um pode sair na frente de pessoas que já estão apontadas na direção certa e incentivá-las a prosseguir, mas poucos conseguem fazer as mudanças necessárias para dar uma guinada num grupo de pessoas que está seguindo na direção errada.

LIDERAR A MUDANÇA COSTUMA DAR TRABALHO

Qualquer pessoa que tenha liderado uma mudança sabe que é um desafio, mas eu acredito que as pessoas não resistem naturalmente à mudança; eles resistem a *serem* mudadas. Recentemente vi uma história em quadrinhos em que o líder pergunta: "Quem quer mudança?" e todos levantam a mão. Mas, no segundo quadrinho, quando ele pergunta: "Quem quer mudar?" Todas as mãos permanecem abaixadas. Isso resume a natureza humana. Desejamos os benefícios da mudança positiva sem o sofrimento de ter de executá-las. Por que isso? Creio que existem várias razões:

1. As pessoas se sentem desconfortáveis e intimidadas fazendo algo novo

Mudar é desconcertante – pergunte às suas mãos. Não acredita em mim? Tente fazer o seguinte: espalme as mãos com os dedos entrelaçados. Qual dedão ficou por cima? Cada pessoa tem uma preferência natural por um deles e os demais vão se intercalando na sequência. Qual ficou por cima, o direito ou o esquerdo? Seja qual for, você deve estar se sentindo confortável. Você repete sempre a mesma posição toda vez.

> As pessoas não resistem naturalmente à mudança; eles resistem a *serem* mudadas.

Agora inverta os dedos, soldando as mãos e as entrelaçando novamente, mas desta vez deixe o *outro* dedão por cima. Achou esquisito, aposto. Se você é como a maioria, sente uma vontade enorme de invertê-los para a posição habitual.

Tive um problema semelhante com minhas tacadas de golfe. Quando me formei no ensino médio, ganhei um conjunto de tacos de golfe de presente. Fiquei feliz com a oportunidade de aprender um esporte novo e comecei a jogar sem qualquer tipo de treinamento. Eu era um atleta bastante razoável, então fui até um campo e comecei a jogar, mas nunca consegui melhorar o meu jogo, não importava o que tentasse. Quando finalmente fui fazer aulas de golfe com um profissional, ele me disse que o meu balanço e o jeito de empunhar o taco, que aprendi sozinho, estavam me prejudicando. Para resolver, ele me disse para mudar *tudo*.

Aquilo foi bastante estranho: eu sabia que precisava fazer as mudanças, mas estranhei todas elas. Nos meses seguintes, sempre que era pressionado a dar uma boa tacada, eu voltava a segurar o taco da forma errada, por me sentir mais confortável com minha velha maneira de jogar, ainda que a nova maneira me oferecesse a oportunidade de me aprimorar bastante. Por fim, acabei me acostumando com a mudança, embora tenha levado algum tempo.

A maioria das pessoas se sente mais confortável com problemas antigos do que novas soluções, porque o novo representa o desconhecido. A autora e palestrante Marilyn Ferguson colocou desta forma: "Não é tanto o medo de mudar que tememos nem a paixão antiga pelos velhos hábitos, mas sim esse espaço intermediário... É como estar entre dois trapézios e não ter no que segurar".

2. As pessoas inicialmente se concentram no que terão de abrir mão

Quando as pessoas notam a mudança se aproximando, a primeira coisa que fazem é perguntar: "Como isso vai me afetar?" A razão disso e que elas estão preocupadas com ter de abrir mão de algo. Às vezes, essa questão faz bastante sentido, como quando você corre o risco de perder seu emprego ou sua casa, mas, na maioria das vezes, a vida é, sim, uma sucessão de concessões. O poeta Ralph Waldo Emerson disse: "Para tudo o que ganhamos, perdemos algo", portanto, não é realista esperar não precisar desistir de nada. No entanto, muitas pessoas se apegam tanto ao que têm que estão dispostas a renunciar a conquistar o que quer que seja – até mesmo o progresso, e, como líderes, é nosso papel ajudar as pessoas a superar essa atitude.

Creio que o tipo de personalidade e a experiência de vida influenciam as atitudes das pessoas nesta área. Por exemplo, algumas pessoas são acumuladoras, enquanto outras, descartadoras. Eu me desfaço das coisas, então, assim, que vejo que não preciso de algo, jogo no lixo. Eu não acho que tenha havido um dia na minha vida adulta em que eu não tivesse de revirar a lata de lixo em busca de um pedaço de papel que havia descartado, mas do qual ainda precisava. Jogar as coisas fora me dá muita satisfação, e essa é uma das minhas peculiaridades. A maioria das pessoas age como minha esposa, Margaret, que é uma poupadora. Se ela acha que algo pode servir no futuro, não vê motivo para se livrar dele. E garanto: ela não é uma acumuladora desmedida; pelo contrário, é muito organizada, e nossa casa não

> Para tudo o que ganhamos, perdemos algo.
>
> — RALPH WALDO EMERSON

é bagunçada, mas se fosse do meu jeito, nosso lema seria: "Se comprarmos algo novo hoje, vamos nos desfazer de algo".

Não só tendemos a guardar coisas, como também nos apegamos a ideias e ao modo de fazer as coisas. Os autores Eric Harvey e Steve Ventura escreveram sobre esse viés humano:

> O fato é que todos nós carregamos uma determinada quantidade de bagagem mental contraproducente que nos sobrecarrega... e nos retém.
>
> Nossa carga inclui de tudo, desde crenças e práticas válidas que tenham superado sua utilidade e sua aplicação – a informação desencontrada e conceitos equivocados que acolhemos sem muito examinar nem ponderar.
>
> Por que se preocupar com a "bagagem"? Porque nos afeta negativamente, assim como afeta as pessoas com quem trabalhamos, o ambiente em que trabalhamos e os resultados que obtemos. Em suma, o que aceitamos e no que acreditamos ditam nosso comportamento... e nosso comportamento determina o que conseguimos (ou não conseguimos).[2]

A solução proposta por eles? "Nossa mente é como um armário", dizem eles, e, "Com o tempo, ela fica cheia de coisas que não usamos mais – coisas desconexas; de vez em quando, precisamos de uma faxina".[3]

Peter Drucker, considerado o pai da administração moderna, disse acreditar que as empresas deveriam fazer uma avaliação a cada três anos para determinar a continuidade de seus produtos e processos, pois, caso contrário, ele presumia, a concorrência passaria à frente. Bill Gates tem um ponto de vista parecido: ele reconheceu que os produtos fabricados pela Microsoft ficavam obsoletos depois de três anos. "A única pergunta", disse Gates, "é se vamos declará-lo obsoleto ou alguém mais vai". Eu diria que, como líder, ele entende o preço da mudança e está disposto a pagar por ele.

3. As pessoas temem ser ridicularizadas

As pessoas que fazem algo diferente correm sempre o risco de alguém zombar delas ou de serem ridicularizadas, o que pode representar um empecilho para a mudança. O autor Malcolm Gladwell recentemente criou um podcast sobre esse assunto, analisando o jogador de basquete do Hall da fama, Wilt Chamberlain. O episódio se chama "The Big Man Can't Shoot" [O grandalhão não sabe arremessar].[4]

Chamberlain, que jogou profissionalmente de 1959 a 1973, foi um pivô dominante e estabeleceu diversos recordes na NBA, no entanto, ele também era conhecido por ser péssimo nos arremessos de tiro livre. A média de sua carreira foi de 51%.[5] Mas, na temporada 1961-62, Chamberlain tentou mudar seu jogo para melhorar nos arremessos livres, e, em vez de fazer o tradicional tiro aéreo, que quase todos os jogadores de basquete usam atualmente, Chamberlain experimentou usar o estilo empregado por Rick Barry, que naquela ocasião era o melhor atirador de tiro livre do jogo. Chamberlain usou o *granny shoot*, ou "arremesso da vovozinha", que consistia em segurar a bola entre as pernas e arremessar por baixo.

A porcentagem de acertos nos lances livres da carreira de Rick Barry superou os 89%.[6] No podcast com Gladwell, Barry explicou por que decidiu usar esse movimento por toda sua carreira:

> Do ponto de vista da física, é um modo de arremessar muito melhor, pois menos coisas podem dar errado e há coisas a menos para se preocupar em repetir na ordem correta para ser bem-sucedido. Mas o outro fator é... Quem anda por aí assim [ele levantou a mão na frente dele]? Essa não é uma postura natural. Quando arremesso com a mão em baixo nos lances livres, como ficam meus braços? Retos, dependurados, como ficam normalmente, e então fico totalmente relaxado. Não é uma situação em que eu tenho de me preocupar se a musculatura está tensa ou retesada, e então o arremesso em si é um lance muito mais suave. Muitos dos meus arremessos, mesmo que deixassem um pouco a desejar, chegavam certeiros e suaves, e por fim caíam na cesta.[7]

Em 2 de março de 1962, ao experimentar o método Barry de arremessos livres por baixo, Chamberlain fez algo inédito e que ninguém repetiu desde então: ele marcou 100 pontos em um jogo da NBA. Naquela noite, 28 desses pontos vieram de lances livres: ele converteu 28 dos 30 da linha.

Apesar de seu sucesso, Chamberlain desistiu do chamado "arremesso da vovozinha" e voltou para seu estilo antigo – e seu velho hábito de desperdiçar a jogada. Por quê? Porque ele se sentiu envergonhado por fazê-lo. Gladwell cita o que Chamberlain escreveu em sua autobiografia: "Eu me senti um bobo, frágil, arremessando por baixo. Sei que eu estava errado, e sei também que alguns dos melhores batedores de falta na história arremessam dessa maneira. Mesmo agora, o melhor da NBA, Rick Barry, arremessa por baixo. Eu simplesmente não consegui continuar".[8]

Algumas pessoas ficam encabuladas mais facilmente que outras. Enquanto Rick Barry não se importava com a opinião dos outros sobre ele fazer os arremessos livres num estilo caçoado por muitos, Wilt Chamberlain se importava com o que os outros pensavam e não queria ser ridicularizado. Como líder, quando você apresenta mudanças, é preciso levar em conta essa espécie de temor e estar ciente de que as pessoas têm graus diferentes de tolerância ao ridículo.

4. As pessoas personalizam a mudança e podem se sentir desamparadas no processo

Na maior parte das vezes, quando ocorrem mudanças, sobretudo em empresas e organizações, as pessoas tendem a se sentir abandonadas, apesar de não estarem sozinhas no processo. Elas acabam sobrecarregadas pelas emoções. Quando a ansiedade aumenta, a motivação cai. Na condição de líderes, por vezes ficamos impacientes e queremos que elas se controlem e superem isso, mas, em vez disso, precisamos mostrar paciência, reconhecer o lado humano e demonstrar compreensão, pois isso não só irá ajudá-las a processar a mudança, como também as incentivará a prosseguir com maior agilidade.

Confesso que eu não lidava bem com isso quando era um jovem líder, e muitas vezes incentivava as pessoas a ignorar seus sentimentos durante os momentos de mudança. Eu dizia a eles que não era nada demais e que estávamos juntos no mesmo barco, e que elas não deveriam se preocupar. Mas isso é o mesmo que um dentista dizer: "Não vai doer nadinha". Quando você escuta isso, sabe que ele está certo. Não vai doer nadinha – vai doer muito!

Na minha época de líder jovem, cometi o erro de tratar a mudança como um evento em vez de um processo e demorei a entender que cada pessoa está num estágio diferente de prontidão para mudar. Você não pode simplesmente anunciar uma mudança, colocá-la em prática e seguir em frente, pois isso só provoca resistência. Você deve dar tempo às pessoas para que elas processem as mudanças, uma vez que nem todos vão colaborar ou "entrar no ritmo" logo; no entanto, mas muitos conseguirão se você estiver disposto a ajudá-los. Lembre-se: as pessoas são a razão da sua atuação como líder, e a questão não é aonde você consegue chegar, mas aonde você consegue levar seu pessoal – esse é o propósito da liderança.

Liderar as pessoas durante a mudança pode se parecer muito com os velhos trocadilhos sobre quantas pessoas são necessárias para trocar uma lâmpada, um ato que muitas vezes se revela um processo desafiador e hilário. Aqui estão alguns dos trocadilhos favoritos que encontrei recentemente:

> A questão não é aonde você consegue chegar, mas aonde você consegue levar seu pessoal.

P: *Quantos atores são necessários para trocar uma lâmpada?*
R: Um apenas um. Eles não gostam de dividir holofotes.

P: *Quantos acadêmicos são necessários para trocar uma lâmpada?*
R: Nenhum. É para isso que servem os auxiliares de pesquisa.

P: *Quantos instrutores de aeróbica são necessários para mudar uma lâmpada?*
R: Cinco. Quatro para trocar em perfeita sincronia e um para orientar: "Para a esquerda, esquerda, esquerda, esquerda, agora tira e deixa de lado, agora pega, encaixa, e direita, direita, direita e direita..."

P: *Quantos engenheiros aeroespaciais são necessários para trocar uma lâmpada?*
R: Nenhum. Não é preciso ser cientista espacial, sabe?

P: *Quantas pessoas em um jogo de futebol americano são necessárias para trocar uma lâmpada?*
R: Três. Uma para trocá-la e duas para virar um balde de gelo inteirinho no técnico para dar os parabéns a ele.

P: *Quantos jogadores de futebol americano são necessários para trocar uma lâmpada?*
R: Dois. Um para deixá-la cair e o outro para recuperá-la.

P: *Quantos pescadores são necessários para trocar uma lâmpada?*
R: Cinco, e você precisava ver o tamanho da lâmpada! Era grande assim...! Os cinco mal conseguiam segurar!

P: *Quantos arqueólogos são necessários para trocar uma lâmpada?*
R: Três. Um para trocá-la e dois para discutirem sobre a idade dela.

P: *Quantos exércitos são necessários para trocar uma lâmpada?*
R: Pelo menos cinco. Os alemães para iniciarem; os franceses para desistirem rápido depois de tentar um pouco; os italianos para tentarem, não chegarem a lugar nenhum, e tentarem novamente pelo outro lado; os americanos para chegarem atrasados, concluírem o serviço e levarem o crédito; e os suíços para fingir que não está acontecendo nada fora do normal.

P: *Quantos mecânicos de automóveis são necessários para trocar uma lâmpada?*
R: Seis. Um para dar a martelada, e cinco para sair e comprar mais lâmpadas.[9]

Eu acho que a verdadeira questão é: quantas pessoas são necessárias para produzir mudanças positivas? E a resposta: uma pessoa disposta a liderar os demais envolvidos no processo de concretizar a mudança e a dar o melhor de si para levar todos com ele.

NÓS SUPERESTIMAMOS O EVENTO E SUBESTIMAMOS O PROCESSO

Depois de uns cinco anos de experiência em liderança, eu finalmente entendi que não podia simplesmente mudar algo e esperar que todos se enquadrassem automaticamente. Aos 27 anos, ao ser incumbido de dar início a uma grande mudança organizacional – a construção de um edifício novo e o remanejamento do existente – percebi que, para ter sucesso como líder, precisaria desenvolver um processo que incluísse planejar a alteração esperada, comunicá-la às pessoas, ajudá-las a processar as mudanças no campo mental e emocional, e colocar o plano em ação.

Para fazer isso, desenvolvi um acróstico em inglês, formando com as letras iniciais a palavra PLAN AHEAD, que uso como regra mnemônica. Parece bobagem, mas facilita na hora de memorizar e é útil para ensinar a outros líderes. Faz 50 anos que o utilizo, e funciona! Creio que seria útil você enumerar os passos e criar o seu próprio acróstico. O meu significa *planejar o futuro*, e aqui está o que ele representa:

- Defina a mudança necessária.
- Organize seus passos.
- Ajuste suas prioridades.
- Notifique as pessoas-chaves.
- Conceda tempo para aceitação.
- Coloque o plano em ação.
- Antecipe os problemas.
- Aponte sempre para os êxitos.
- Revise diariamente seu progresso.

A seguir, esses passos estão detalhados um a um. Recomendo segui-los para enfrentar o teste supremo de liderança: criar mudanças positivas.

Defina a mudança necessária

Meu amigo Rick Warren, fundador da igreja Saddleback, disse: "O maior inimigo do sucesso de amanhã é o sucesso de ontem".[10] Um bom líder não pode se tornar complacente, ou seja, você não pode se satisfazer com o sucesso atual. Isso significa que você, além de acolher a mudança, precisa ainda defendê-la, pois, se não fizer isso, sua equipe, seu departamento ou sua organização terá problemas. Basta ler a primeira edição do livro *The 100 Best Companies to Work For In America* (*As 100 melhores empresas para trabalhar nos* Estados Unidos), publicado em 1984, para reconhecer esse fato. Quando a segunda edição saiu, nove anos depois, quase metade das empresas originais não existia mais.

> O maior inimigo do sucesso de amanhã é o sucesso de ontem.
>
> — RICK WARREN

Identificar o que precisa ser mudado numa organização pode ser difícil, pois tendemos a nos acostumar tanto aos problemas que deixamos de enxergá-los. Foi o que aconteceu na British Rail na década de 1970. Em 1977, o presidente da companhia ferroviária britânica, Sir Peter Parker, estava em dúvida entre entregar a conta de publicidade da empresa para uma agência enorme e estabelecida ou a para a novata bem menor, a Allen Brady & Marsh (ABM). Ao fazer uma visita à ABM, Parker e outros executivos da British Rail encontraram o lobby de entrada da agência todo sujo e bagunçado. Os cinzeiros estavam transbordando de pontas de cigarro, havia xícaras com restos de café espalhadas aqui e ali, e revistas pelo chão.

A atitude da recepcionista não melhorou em nada aquela situação. Um deles contou que ela ignorou o grupo enquanto atendia um telefonema particular.[11] Outro disse que ela ficou fumando e lixando as unhas ao mesmo tempo e, quando perguntaram a ela quanto tempo teriam de esperar, ela teria respondido: "Sei lá".[12]

Depois de esperar 20 minutos, Parker disse à recepcionista que eles iriam embora. Naquele exato momento, Peter Marsh, o presidente da ABM, entrou na recepção e lhes disse: "Bem, cavalheiros, vocês acabaram de experimentar como o público se sente em relação à British Rail. Agora, vamos discutir o que podemos fazer para corrigir isso".

No papel de líder, você assume a responsabilidade de revisar o que sua equipe faz e estabelecer o que precisa ser alterado. Eu gosto da seguinte estratégia padrão de revisão:

- Se você faz algo por um ano, analise-o com cuidado.
- Se você faz algo por dois anos, analise-o com suspeita.
- Se você faz algo por cinco anos, pare de analisar e faça algo para mudá-lo.

O primeiro passo é invariavelmente definir o que precisa ser alterado; depois de estabelecido isso, você pode ir para o segundo passo.

Organize seus passos

Como mencionei, desenvolvi esse processo estratégico em resposta a um grande desafio de liderança na segunda igreja em que servi, em Lancaster, Ohio. Estávamos ficando sem espaço em nossas instalações atuais e sabia que precisávamos tomar uma providência, pois precisávamos construir um prédio novo e atribuir uma nova função para o antigo. O problema era que as 1500 pessoas adoravam as instalações e rejeitavam a mudança; além disso, eu precisava levantar o dinheiro para custear a obra dentre este mesmo grupo de pessoas. Se eu não planejasse meus passos com cuidado, arriscaria me isolar de todos e não conseguiria liderá-los até onde eu sabia que precisavam ir.

Passei bastante tempo elaborando o processo e defini cuidadosamente o meu plano para uma mudança bem-sucedida, e decidi que devia ouvir as pessoas, discutir os desafios e capacitar os principais líderes para buscar soluções para nossa falta de espaço.

Deixei que essa etapa se desenrolasse por um ano, e felizmente, como eu esperava, os outros líderes chegaram à mesma conclusão e recomendaram o curso de ação que eu concordava ser o melhor. Mas, àquela altura, seus argumentos incluíam evidências para sustentar sua conclusão, pois eles assumiram pessoalmente a causa e haviam convencido os demais a se juntarem a eles.

Fiquei satisfeito com a morosidade da mudança? Não. Mas eu sabia que seria uma empreitada, e como diz o ditado, "De grão em grão a galinha enche o papo". Era o que estávamos fazendo, e cada passo avante fortalecia a nossa confiança e a reafirmava a minha liderança.

Ajuste suas prioridades

No filme O *curioso caso de Benjamin Button*, o personagem principal diz à filha: "Espero que você leve uma vida da qual se orgulhe. E se esse não for o caso, espero que você encontre forças para recomeçar". Em outras palavras, ele disse que, se quisermos mudar para melhor, precisamos revisar nossas prioridades para o sucesso.

> Espero que leve uma vida da qual você se orgulhe. E se este não for o caso, espero que você encontre forças para recomeçar.
>
> — *O CURIOSO CASO DE BENJAMIN BUTTON*

O maior perigo para os líderes nesta fase do processo é confundir as mudanças críticas com as apenas estéticas, que são mais fáceis de fazer, mas são ineficazes por não abordar as coisas que realmente importam, uma vez que ocorrem de fora para dentro. As mudanças críticas são operadas de dentro para fora e são sempre mais difíceis de viabilizar. Líderes que se concentram nas coisas erradas agem como o personagem Charlie Brown, o companheiro do Snoopy, nos quadrinhos criados por Charles Schulz. Charlie diz ao seu amigo Linus: "A vida inteira, sempre que ia colocar os sapatos, eu calçava o esquerdo primeiro, mas, do nada, na semana passada calcei o direito antes. Todos os dias desta semana, eu calcei o pé direito primeiro, e, quer saber? Minha vida não mudou em nada".

As mudanças críticas causam impacto e também requerem tempo, disposição, recursos, criatividade, boa vontade ou influência. Se elas *não* exigirem nada de você, então pergunte se as mudanças ocorridas são mesmo reais. Logicamente, não mudar também tem um custo. Se eu tivesse escolhido jogar a toalha quando ficamos sem espaço em Lancaster, a organização inteira teria se acomodado e teria sido o começo do fim. Em vez disso, conforme a equipe principal de liderança entrou em sintonia, mudamos nossas prioridades e nos preparamos para os passos seguintes do processo.

Notifique as pessoas-chave

Bons líderes não compartilham informações sobre mudanças com todos da organização ao mesmo tempo e também não adotam uma comunicação "justa", mas sim uma estratégica. Como líder, antes de permitir que todo mundo saiba o que está acontecendo, você precisa se reunir com as pessoas-chave e se comunicar com elas.

Quais pessoas-chave? Eu as identifico respondendo a duas perguntas: "Quem precisa ser deixado para trás para que possamos decolar? E quem na verdade vai pilotar o avião?" As respostas encontradas me indicam as pessoas que precisam saber sobre as mudanças antes dos demais.

Eu me reúno primeiro com pessoas cuja influência é indispensável para fazer as mudanças decolarem, pois, se elas não estiverem a bordo, o plano nunca vai funcionar. Preciso ser estratégico com elas para ganhar sua adesão, e geralmente, essas reuniões são encontros privados ou em pequenos grupos.

Muitas vezes, uso uma abordagem sobre qual escrevi no capítulo sobre como compartilhar um segredo com alguém, do meu livro *25 Ways to Win with People (25 maneiras de ganhar com as pessoas)*. Ao contar a eles sobre a mudança antes de ela se tornar pública, significa que estou passando informações valiosas; desse modo elas vão se sentir especiais e parte integrante do processo – a maioria valoriza essa forma de inclusão. Essa abordagem pessoal ainda estimula a discussão aberta, reações honestas, perguntas e objeções.

Considero esses momentos de conexão como encontros preparatórios de uma reunião. Se tudo der certo, compartilho a informação com as pessoas mais relevantes, as quais tornarão o plano possível. Depois disso, eu passo a me reunir com grupos maiores em toda a organização.

E quando um encontro que antecede uma reunião não vai bem, então eu volto a me encontrar com essas pessoas-chave e continuamos nos reunindo até que possamos solucionar todas as suas questões e elas possam, assim, concordar com a mudança. Para que o processo funcione, os principais atores da equipe ou da organização devem ser participantes dispostos e engajados.

Isso liquida a etapa de planejamento do processo. Agora vejamos a próxima, de ação futura.

Conceda tempo para aceitação

As pessoas costumam demorar muito para aceitar a mudança, e, em geral essa aceitação passa por três fases:

1. Isso não vai funcionar.
2. Vai custar muito caro.
3. Desde o início, achei uma boa ideia.

Na verdade, o tempo para a aceitação é um desafio que os líderes têm de enfrentar, porque eles têm uma visão inicial bem mais ampla que seu pessoal. Pense que o anúncio de uma mudança pode causar confusão, ser incompreendido ou mesmo produzir o caos na equipe ou dentro da organização.

Recentemente, eu estava lendo *8 Steps to Achieve Your Destiny: Lead Your Life with Purpose* [*8 Passos para alcançar seu destino:* viva com propósito], do meu amigo Samuel Chand, e no capítulo sobre novas perspectivas ele escreveu acerca da necessidade de mudança contínua para líderes, mas suas observações também se aplicam às mudanças que um líder implementa em uma organização. Sam escreveu:

> Mudar é indispensável. Não é só porque algo está funcionando bem hoje, que podemos presumir que continuará da mesma forma amanhã. Você deve escolher entre evoluir ou estagnar.
>
> A maioria dos líderes [e praticamente todos os seguidores] só reconhecem a necessidade de mudança após o declínio estar estabelecido; só mediante algo errado isto é ilustrado pelo ponto B na curva sigmoide de Charles Handy. A esta altura, o melhor que eles podem fazer é pisar no freio para diminuir o ritmo, acionar o gerenciamento de crises e agir rápido.
>
> Quando você se antecipa e faz mudanças (ponto A), é possível que ninguém consiga entender suas ações e nem o motivo por trás delas, e esse período entre a implementação da mudança e os outros começando a enxergar o que você tinha visto é mais conhecido como *caos*.[13]

Bons líderes sempre preveem um período para aceitação, mas, quando acham que a aceitação está lenta ou o pessoal está vivendo o caos descrito por Sam Chand, eles tomam medidas adicionais para ajudar as pessoas a se adaptarem às mudanças. Veja três coisas que você pode fazer em situações assim.

1. Desacelere

Se você prosseguir sem levar em consideração a lentidão da resposta do seu pessoal, eles começarão a fazer suposições negativas sobre você. Pode ser que pensem que:

- Você não estava preparado.
- Você tem interesses escusos.
- Você está pressionando para executar sua pauta.
- Você não se preocupa com o que as pessoas pensam e sentem.

Todas essas suposições podem minar a sua influência e criam barreiras maiores contra a mudança. Sendo assim, a solução é diminuir o ritmo e dar tempo às pessoas. Continue a incentivá-las, a dar-lhes esclarecimentos, mas não faça pressão referente ao assunto.

2. Adote uma comunicação clara e simples

Uma segunda providência possível a tomar é esforçar-se para se comunicar de forma clara e simples à medida que as pessoas processam as mudanças e se convencem. O meio acadêmico costuma complicar algo simples; um comunicador fará o contrário.

- Compreendo bem o que vou dizer?
- Eles vão entender o que eu vou dizer?
- Será que eles conseguirão transmitir aos demais o que eu falei?
- Os outros entenderão o que eles dirão?

Por que faço isso? Porque as pessoas não aceitam o que lhes foge à compreensão. Além do mais, queremos que as pessoas *de fato* entendam e aceitem a mudança para nos ajudar a convencer as demais, mas elas só poderão fazer isso por meio da comunicação clara de ideias. Ao simplificar a sua mensagem, você oferece às pessoas um exemplo claro e memorável de como abordar os outros quando forem defender a mudança.

Um exemplo fantástico disso pode ser visto em uma iniciativa do diretor presidente da Coca-Cola, Roberto Goizueta, que atuou na empresa como diretor executivo de 1980 a 1997 e que, durante sua administração, tornou a Coca-Cola a marca mais conhecida do mundo. Em seu livro *Liderança 212*, o autor Mac Anderson escreveu sobre o cubano Goizueta:

> Na condição de líder, esforço-me para simplificar a mensagem e pensar na melhor maneira de me comunicar de forma mais eficaz.

> Embora o inglês fosse seu terceiro idioma, seu sucesso foi atribuído principalmente à sua capacidade de encapsular ideias complexas e apresentá-las de maneira concisa e convincente. Roberto ficou conhecido por sua descrição do potencial de crescimento ilimitado da Coca-Cola repetida com frequência:
>
> "Cada um dos seis bilhões de pessoas neste planeta bebe, em média, dois litros de líquidos por dia, dos quais somente 50 ml são Coca-Cola."
>
> Quando Goizueta mencionou isso pela primeira vez, os funcionários da Coca foram surpreendidos pela originalidade e pela audácia do conceito. Por fim, reduzir a diferença dos 1950 ml tornou-se o cerne da inspiração e da motivação dentro da empresa.[14]

O conceito de redução dos 1950 ml era uma mensagem clara, simples e fácil de ser repetida, passível de ser usada para comunicar a mudança, e a mensagem não perdeu a força quando foi repassada para os outros.

Ao simplificar a sua mensagem, você oferece às pessoas um exemplo claro e memorável de como abordar os outros quando forem defender a mudança.

3. Dê tempo para que as pessoas processem as ideias

Se você lida com pessoas em um ambiente mais formal, como reuniões de conselho, precisa dar tempo para a aceitação de uma mudança, e um dos melhores modos de fazer isso é elaborar uma pauta para reunião que inclua um tempo de processamento. Durante vários anos, usei o seguinte formato com o meu conselho administrativo:

- ***Itens de informação:*** Comecei com itens de interesse dos participantes da reunião. A preferência são itens positivos que levantam o moral, para que a reunião parta com um nível elevado de energia.
- ***Itens de estudo:*** Estas são questões que precisam ser discutidas, mas não votadas, e incluí-las em uma ou mais reuniões antes da tomada de decisão final permite que todos compartilhem suas ideias e façam perguntas livres da pressão de defender um determinado ponto de vista. Caso um item de estudo envolvesse uma mudança significativa, eu costumava mantê-lo nesta categoria para várias reuniões até que todos tivessem conseguido processar o conceito e chegassem a um entendimento.
- ***Itens de ação:*** Eu somente incluía itens nesta categoria depois de terem sido listados como itens de estudo, sido discutidos e entendidos em detalhe, e quando eu estivesse certo de que todos estavam prontos para tomar uma decisão favorável sobre eles.

A maioria dos líderes tem condições de agir depois de ter reconhecido a necessidade de mudanças, analisado os problemas e as possíveis soluções, e elaborado o plano de estratégias para implementá-las. Tentar agir antes que as pessoas-chave aceitem a mudança leva ao desastre. Meu amigo Norwood Davis, diretor financeiro da John Maxwell Company, resumiu isso em uma fórmula que compartilhou recentemente comigo:

$$\mathbf{E = Q \times A}$$

Ou seja, Eficácia = Qualidade x Aceitação. E, como Norwood acentuou, uma ideia, ainda que com um valor de qualidade igual a 'dez', ao ser multiplicada por uma taxa de aceitação 'zero' produzirá uma eficácia igual a zero. Em outras palavras, a aceitação é fundamental para a obtenção de resultados como líder.

Coloque o plano em ação

Assim que você convencer as pessoas-chave, o trem de mudança poderá finalmente deixar a estação e começar a se mover. Evidentemente, isso não significa que todos estarão a bordo. Parafraseando uma observação do ex-senador Robert Kennedy: 20% das pessoas são totalmente contrárias 100% do tempo,[15] mas você não pode ficar esperando por todo mundo. Se contar com a influência e com o pessoal que executará a mudança, terá o suficiente para começar, e muitos outros acabarão embarcando.

Frequentemente ouço as pessoas dizerem: "Visão une as pessoas". Eu discordo. A visão divide as pessoas. Ela separa as pessoas que irão e as que não irão – e isso é bom. Quando você entra em ação, as pessoas escolhem um lado, e você descobre quem é quem. Você só conhece o grau de comprometimento do seu pessoal quando os chama a agir, portanto, trate de identificar pessoas comprometidas a ajudá-lo.

Mas como estimar a probabilidade de que as pessoas se juntem a você? Você precisa avaliar o seu grau de influência pessoal. Todo líder tem sua reserva, um crédito em forma de potencial de mudanças; estou me referindo ao estímulo emocional como uma espécie de moeda de troca. Toda vez que o líder diz algo positivo, aumenta o crédito de que dispõe, mas sempre que faz algo considerado negativo, o relacionamento se fragiliza, e ele perde parte da sua poupança acumulada. Se um líder continua fazendo coisas que minam o relacionamento, é possível que seu pessoal decrete sua falência.

Você só conhece o grau de comprometimento do seu pessoal quando os chama a agir.

Não se esqueça: é preciso ter *crédito* para operar mudanças, portanto, quanto mais acumular influência a seu favor, mais mudanças será capaz de realizar na vida das pessoas; do mesmo modo, quanto menos crédito, mais difícil será colocar a mudança em ação.

Antecipe os problemas

Sempre que alguém inicia qualquer tipo de movimento, surgem problemas. É como quando ocorre a fricção, a resistência que uma superfície ou objeto encontra quando se move sobre outro . Alguns desses problemas são resultados de dificuldades imprevisíveis, ao passo que outros têm origem nas pessoas e suas objeções. As pessoas inevitavelmente exageram na nostalgia, dizendo que tudo era muito melhor no passado – mesmo que não fosse – e reclamam do sofrimento atual como se a vida fosse livre de conflitos – o que não é verdade –. se fixam no medo do futuro – ainda que este não esteja desenhado. Mas reações assim são perfeitamente naturais.

Eu costumava cometer o erro de considerar a resistência dos outros à mudança ou ao impulso para o progresso como algo pessoal. As pessoas se retraíam, e eu me perguntava: *como elas não conseguem enxergar? Por que não confiam em mim? Não podemos simplesmente tocar em frente?* Precisei me preparar para lembrar que não se trata de algo pessoal. Além disso, liderar uma mudança já é um desafio complicado sem acrescentar emoções indesejadas.

A melhor solução para acabar com os problemas é ser proativo desde o início e antecipar o pior cenário possível:

- ***Comece imaginando o pior:*** O que pode dar errado? Reflita bastante sobre todas as possibilidades que consiga imaginar e recrute outros líderes para ajudá-lo a se preparar.
- ***Fale primeiro sobre o pior:*** Deixe as pessoas saberem que você está ciente de como elas se sentem e o que pensam, e, caso identifique problemas, reconheça-os. Muitas vezes, a grande preocupação das pessoas é que eles saibam mais do que seus líderes e que estes não estejam preparados para enfrentar os problemas. Quando você mostra às pessoas que está ciente do que está acontecendo e que está cuidando de tudo, transmite segurança.
- ***Responda antes sobre o pior:*** Quando as pessoas começam a fazer perguntas e expressar suas inquietações e preocupações, não evite a discussão nem floreie as coisas. Em vez disso, dê as respostas.
- ***Incentive-os a primeiro enfrentar o pior:*** As pessoas desejam ser encorajadas por seus líderes. Se mostrar às pessoas que elas podem contar com você e que precisa delas, é provável que queiram colaborar.

Mesmo os líderes altamente proativos e que buscam se antecipar aos problemas enfrentam dificuldades imprevistas. Mas, se você tiver uma mentalidade que *espera* os problemas e for proativo, terá feito de tudo para garantir uma oportunidade de sucesso para que as mudanças necessárias ocorram.

Aponte sempre para os êxitos

Em seu livro *Change Is Good... You Go First* (*Mudar é bom... Vá primeiro)*, Mac Anderson e Tom Feltenstein falam sobre a importância de verbalizar o reforço positivo:

Com certeza você já ouviu os três pilares para comprar imóveis... localização, localização, localização. Bem, você agora ouvirá os três pilares para inspirar mudanças... *reforçar, reforçar, reforçar*. Muitos líderes em tempos de mudança subestimam e muito a necessidade de reforço contínuo. *Em um mundo perfeito, ouvimos algo uma vez, gravamos na mente, e não precisamos ouvir novamente, mas, na realidade, nossas palavras estão longe de ser perfeitas*. Durante um período de mudanças, enfrentamos dúvidas, temores e decepções ocasionais, e muitas vezes os amigos, familiares e colegas de trabalho reforçam essas dúvidas dizendo: "Isso não vai dar certo".[16]

Com todos os desafios, obstáculos, conflitos e pessimistas contrários aos esforços das pessoas para implementar mudanças, precisamos ser líderes que encorajam nosso pessoal a prosseguir e a continuar fazendo as coisas certas, e uma das melhores maneiras de fazer isso é celebrar vitórias, grandes ou pequenas.

John Wooden, o bem-sucedido treinador da equipe de basquete da UCLA, costumava enfatizar o trabalho de equipe durante as partidas. Sempre que um jogador recebia um bom passe permitindo que ele marcasse, Wooden sempre encorajava o jogador que havia recebido o passe a apontar para o jogador que fizera a assistência no intuito de compartilhar o crédito. Dizem que um dos jogadores perguntou ao treinador: "E se, quando eu apontar para o jogador que me deu a assistência, ele não estiver olhando?" O treinador Wooden respondeu: "Ele sempre estará olhando". As pessoas buscam validação e encorajamento, isso faz parte da natureza humana.

O reforço positivo pelo sucesso que as pessoas experimentam ao defender a mudança valida de forma contínua o que elas produziram; portanto, mire os aspectos positivos da mudança e aponte os responsáveis por ela ter se efetivado.

Revise diariamente seu progresso

Este último passo do processo é vital por duas razões: primeiro, ele estimula que você continue na rota certa e siga em frente; e, em segundo lugar, alerta sobre a necessidade da comunicação contínua com seu pessoal sobre a mudança. Isso é sempre um desafio, porque, enquanto a mudança não se efetivar como parte da cultura da organização ou da equipe, as pessoas a perdem de vista e retomam o modo antigo de agir.

Winston Churchill brincou: "Melhorar é mudar, portanto, perfeição significa mudar com frequência".[17] Dificilmente alcançaremos a perfeição, mas podemos nos aproximar dela o máximo possível mudando diariamente. Ao se esforçar para manter viva a mensagem de progresso da mudança entre o seu pessoal:

- Fale sobre a mudança de forma clara.
- Fale sobre a mudança de forma criativa.
- Fale sobre a mudança continuamente.

Se você fizer isso, somado à revisão diária do progresso, a mudança será concretizada, valorizada e compartilhada.

A PALAVRA FINAL É *CREDIBILIDADE*

No final das contas, sua capacidade de produzir mudanças positivas depende do reconhecimento da sua liderança por parte daqueles que você lidera. A Lei do convencimento, incluída em *As 21 irrefutáveis leis da liderança*, afirma: "As pessoas se convencem primeiro sobre o líder, depois sobre a visão".[18] O fundamento dessa atitude é construído por meio da integridade, tema abordado no capítulo anterior. Muitas vezes, os líderes comentam comigo sobre uma visão que têm para sua organização e que envolve mudanças. Eles a resumem e me perguntam: "Você acha que conseguirei persuadir meu pessoal sobre a minha visão?"

> Melhorar é mudar, portanto, perfeição significa mudar com frequência.
>
> — WINSTON CHURCHILL

Minha resposta é: "Eles o reconhecem como líder?" Essa é a questão a ser respondida antes de um líder tentar implementar qualquer mudança. A credibilidade gera autoridade, e essa deriva de tudo o que falamos até aqui: influência, prioridades e integridade. Se você persuadir o seu pessoal, isso significa que eles confiam em você e, por isso, vão querer o que você quer. Eles se alinharão com a sua visão, mesmo que tal coisa exija uma mudança, e isso é o que permite que você faça coisas significativas – até mesmo transformar radicalmente uma organização como fez Lou Holtz.

DESENVOLVENDO O AGENTE DE MUDANÇA DENTRO DE VOCÊ

Se você atualmente lidera uma equipe, um departamento ou uma organização, sem dúvida deve haver coisas que gostaria de mudar e aprimorar. Para isso, utilize o guia de exercícios aplicados deste capítulo para ajudá-lo a planejar o processo.

De quanto "crédito" você dispõe como líder?

Antes de iniciar o processo de planejamento de mudanças, avalie em que patamar você se encontra com seus liderados. Qual é o seu grau de credibilidade atual como líder? Qual o valor do "crédito" que você possui? Você conquistou a credibilidade necessária para implementar a mudança que deseja? Se tiver dificuldade para avaliar isso, peça o conselho de um colega também líder cujo discernimento você respeite.

Comece a elaborar a sua estratégia futura hoje

Use o plano descrito neste capítulo para se preparar para a mudança que pretende viabilizar e descreva o que você precisará fazer em cada etapa. Em seguida, siga o plano ao implementar a mudança.

Defina a mudança necessária.

Descreva a mudança necessária e qual a sua importância.

Organize seus passos.

Enumere todas as etapas necessárias para completar a mudança. Comece a partir de onde está, e detalhe, passo a passo, o processo lógico necessário para chegar ao destino final. É importante ter em mente que isso pode levar um tempo considerável.

Ajuste suas prioridades.

Quais prioridades devem ser alteradas para alinhar a organização e o pessoal com a futura mudança?

Notifique as pessoas-chave.

Quem são as pessoas decisivas com quem você deve falar primeiro? Elabore duas listas: uma dos influenciadores e outra dos implementadores.

Conceda tempo para aceitação.

Isso será difícil de medir com antecedência, mas é importante que você dê tempo para que as pessoas processem os problemas e, em seguida, use olhos, ouvidos e intuição para decidir que já houve tempo suficiente para que as pessoas embarquem de vez.

Coloque o plano em ação.

Descreva como devem ser as primeiras etapas e como elas afetarão a equipe ou a organização.

Antecipe os problemas.

Descreva os problemas mais prováveis a serem enfrentados durante a mudança.

Aponte sempre para os êxitos.

Comece a planejar estratégias de reconhecimento para celebrar os marcos conforme a mudança ocorre.

Revise diariamente seu progresso.

Descreva o método que vai usar para revisar o progresso da mudança. Que métricas você usará? Com quais pessoas vai conversar regularmente para avaliar o espírito geral? Que informação específica vai indicar que a mudança foi concluída com sucesso?

CINCO

A MANEIRA MAIS RÁPIDA DE CONQUISTAR A LIDERANÇA: SOLUÇÃO DE PROBLEMAS

Muitos anos atrás, ler o livro *The Road Less Traveled* [A estrada menos percorrida], de M. Scott Peck mudou minha vida, pois as primeiras páginas me fizeram deixar de lado a noção de que a vida era fácil e de que as coisas cairiam do céu. Peck escreveu:

> Esta é a grande verdade, uma das maiores. E o é porque, uma vez que a encaramos, nós a transcendemos. Assim que nos conscientizamos de que a vida é difícil – quando entendermos e aceitarmos esse fato – a vida deixa de ser difícil. Depois de aceitar essa realidade, o fato de a vida ser difícil não faz mais diferença.
>
> Poucos não conseguem enxergar claramente essa realidade. A maioria passa boa parte do tempo resmungando, com mais ou menos alarido, sobre a enormidade de seus problemas, fardos e tribulações, como se a vida em geral fosse fácil, como se ela *tivesse de ser* fácil.[1]

A verdade é que a vida não é fácil para ninguém, e se já é penosa para o indivíduo comum, para os líderes as dificuldades são multiplicadas. Um indivíduo pensa no *eu*, enquanto os líderes têm de pensar em torno do *nós*. Um líder não é dono só da própria vida. Pensar '*nós*' significa que outras pessoas estão incluídas, e isso significa lidar também com os problemas delas.

Além disso, em organizações com uma boa liderança, os problemas são resolvidos na alçada mais inferior possível, o que significa que os problemas que chegam até os líderes são, em geral, os mais difíceis, e justamente por serem demasiado complexos, acabam sempre na mesa do líder. É raro ver um líder passar dois dias seguidos sem problemas. Em geral, ou ele está entrando em uma crise, ou no meio de uma crise, ou acabou de resolver uma crise. Talvez seja por isso que, quando se perguntou a um grupo de psiquiatras em uma convenção "O que é a vida?", ouviu-se: "A vida significa estresse, e a melhor a fazer é apreciar esse fato".

Neste capítulo, trago minha abordagem positiva sobre a resolução dos problemas que tornam a liderança tão desafiadora e torço para que esse conselho simples e prático possa ajudá-lo a conquistar credibilidade da forma mais rápida em seu papel de líder. Mark Cole, meu diretor executivo, recentemente me lembrou do significado de ser pragmático ao dizer que o pragmatismo permite encarar como oportunidade aquilo que outros consideram problemas ou distrações.

> O pragmatismo permite encarar como oportunidade aquilo que os outros consideram problemas ou distrações.

Problemas somente serão encarados como problemas se permitirmos. Por que digo isso? Porque problemas incluem benefícios em potencial, e é por isso que sua solução é a maneira mais rápida de conquistar a liderança. Os problemas nos colocam em contato com nosso eu, em contato com os outros e em contato com as oportunidades. Vou dedicar este capítulo a facilitar a sua compreensão sobre esses princípios, para que você possa adotá-los e se aprimorar com solucionador de problemas.

PROBLEMAS NOS COLOCAM EM CONTATO COM NOSSO EU

Contei sobre algumas das minhas primeiras jornadas na liderança, incluindo os três anos que passei no meu primeiro papel de líder, que me ensinou muito sobre Hierarquia, o nível mais inferior de influência dentre os 5 estágios de liderança. Como esperado, assim que assumi um papel de liderança, os problemas logo se apresentaram, e, ao enfrentar esses problemas, entrei em contato com meu eu um líder jovem e em desenvolvimento. A seguir, exponho as seis lições mais importantes que aprendi.

1. Nossas decisões são frequentemente afetadas por nossa proximidade com o problema

Anos atrás, fiquei sabendo do desentendimento entre os cientistas e os engenheiros da Agência Espacial Norte-Americana (NASA) durante a construção da nave espacial para o conjunto de missões espaciais Apollo. Cientes da limitação de peso e espaço, os cientistas insistiam em que todo o espaço de carga disponível fosse reservado para duas coisas: levar equipamentos científicos destinados à exploração do espaço pelos astronautas e para relatar experiências. O objetivo, alegavam os cientistas, deveria ser projetar uma espaçonave que não apresentasse defeito algum, de modo a livrar o máximo de volume e capacidade de carga para o equipamento científico.

Os engenheiros por sua vez argumentaram que a perfeição era uma meta impossível. Segundo eles, a única garantia que podiam dar era que algo *ia* dar errado e que não havia como prever em absoluto que tipo de mau funcionamento ocorreria. A solução seria, portanto, construir uma série de sistemas de backup prevendo os todos os possíveis defeitos. Infelizmente, isso reduziria o espaço disponível para equipamentos científicos.

Segundo consta, o conflito foi resolvido quando a opinião dos astronautas foi considerada, e todos eles votaram a favor dos sistemas de backup, o que não provoca nenhuma surpresa já que seriam eles a ficar presos no espaço se algo desse errado!

Enquanto no papel de líder, quanto mais desconectado você estiver do seu pessoal, mais desconectado irá estar dos problemas; se isso acontecer, você corre o risco de perder o toque pessoal em sua liderança. Ainda jovem, comecei a entender isso e a me dedicar a me aproximar mais das pessoas que eu liderava. Em vez de ficar no meu escritório, eu ia até onde as pessoas estavam e caminhava lentamente pela multidão. Eu queria ser afetado por aquilo que os afetava e, assim, conseguir tomar boas decisões.

2. Na liderança teremos sempre muitos problemas nas mãos

No começo da minha carreira de liderança, um pecuarista me disse: "John, a parte mais difícil ao ordenhar vacas leiteiras é que a ordenha nunca tem fim". Como líder, sinto que os problemas são como o trabalho na ordenha de vacas; ou seja, não terminam nunca. Há dias em que eu me sinto como o funcionário que teve de fazer quatro ligações a clientes de outros estados, ainda de casa, antes do café da manhã. Cada ligação rendeu um problema, e os quatro queriam que ele entrasse em um avião imediatamente e fosse ajudá-los.

> A parte mais difícil ao ordenhar vacas leiteiras é que a ordenha nunca tem fim.

Ele saiu correndo de casa sem tomar café da manhã, mas, quando chegou à garagem, descobriu que o carro não queria pegar. Então, chamou um táxi e, enquanto esperava, recebeu outra ligação que lhe rendeu mais um problema. Quando o táxi finalmente chegou, ele entrou no banco traseiro e disse apressado: "Vamos!"

"Para onde quer que eu o leve?" o motorista perguntou. "Tanto faz", ele gritou. "Eu tenho problemas em todos os lugares".

Alguém afirmou: "Se você consegue sorrir sempre que algo der errado, ou você é um bobo ou trabalha fazendo consertos". De minha parte, eu diria que você é um líder em potencial, pois a vida de um líder é assim. Lidar com problemas é sua rotina, e esperar algo diferente disso é improvável, portanto, se você é um líder, não se surpreenda quando os problemas surgirem, pois é sua responsabilidade resolvê-los.

3. O pragmatismo é útil aos líderes

Quando jovem, no meu primeiro cargo de liderança, fui bombardeado com problemas e solicitado a tomar decisões. Como havia muito a resolver e eu não tinha assistentes, comecei a buscar soluções por experimentação, e a cada problema, procurava descobrir o que funcionava e o que não dava certo.

Minha experiência na resolução de problemas fez com que eu me tornasse muito pragmático, e essa minha abordagem permitiu que eu desenvolvesse uma mentalidade paciente e resiliente. Nem sempre eu sabia discernir a melhor resposta, portanto, tinha de ser paciente até descobrir. O lado bom é que a paciência me permitiu desenvolver a sabedoria. O fato de ser bem-sucedido alimentava a minha persistência, e assim continuei me aprimorando na resolução de problemas e na tomada de decisão.[2]

Ao longo dos anos, minha abordagem para resolução de problemas evoluiu e tomei consciência dos meus pontos fortes (estratégia), das minhas limitações (impaciência) e das minhas emoções (confiança). O resultado? Tive de abandonar a necessidade de *estar certo* e me concentrar em *fazer* o certo; além disso, também procurava não me esquecer de uma colocação do autor Jim Collins: "Há um senso de alegria que brota ao enfrentarmos a dura realidade e dizer: 'Nós não vamos desistir. Nunca vamos nos render. Pode demorar bastante, mas vamos encontrar um modo de vencer'".[3]

4. Confiar que sempre há uma resposta é um trunfo

A agilidade mental talvez seja a principal habilidade que desenvolvi e pratiquei ao longo dos anos na solução de problemas. Estou sempre procurando respostas, confio sempre que vou encontrá-las e tenho convicção de que para cada problema há mais de uma solução.

Descobri que, quando os bons líderes estão concentrados na resolução de problemas, é como se estivessem olhando e resolvendo dois quebra-cabeças ao mesmo tempo. O primeiro quebra-cabeça é o problema imediato, a situação que precisa ser resolvida, e eles se ocupam daquilo, mas ao mesmo tempo também analisam o quebra-cabeça de modo mais amplo – da organização, do setor, das tendências – e observam como o pequeno problema se relaciona com o cenário maior e com todas as suas peças complexas. A imagem completa do quebra-cabeça pode nunca ser concluída, porque está em constantemente evolução e há infinitas peças, mas bons líderes resolvem o quebra-cabeça menor, usando como referência o contexto do quebra-cabeça maior, e isso requer agilidade mental.

A agilidade mental talvez seja a principal habilidade que desenvolvi e pratiquei ao longo dos anos na solução de problemas.

Veja a seguir como, em minha opinião, a agilidade mental pode ajudar um líder. Quem a tem é capaz de

- Passar de um quebra-cabeça para o outro sem se distrair.
- Memorizar uma peça do quebra-cabeça por semanas ou mais, confiante de que, no momento certo, ela vai se encaixar em algum lugar.
- Respeitar e dar prioridade ao contexto menor, permitindo, no entanto, que o cenário geral o influencie.
- Resistir ao antagonismo das duas forças: a precisão necessária para resolver o problema e a fluidez para determinar quando tomar as medidas necessárias.

Para explorar sua agilidade mental, você precisa acreditar que pode resolver problemas. Na década de 1970, o psicólogo Martin Fishbein desenvolveu uma perspectiva teórica que ficou conhecida como Teoria da

Ação Racional, segundo a qual o comportamento das pessoas é determinado pelos graus de valorização do objetivo e pela forte convicção de que esse alvo pode ser alcançado.[4] Isso significa que, se você acredita que vale a pena resolver um problema e que conseguirá encontrar respostas para ele, seguirá motivado até solucioná-lo. E quanto mais você se dedicar a isso e mais sucesso tiver, maior será o número de ferramentas que desenvolverá para a resolução de problemas, pois, dessa forma, você cria um ciclo positivo de sucesso.

5. Nossas ações podem aumentar nossos problemas em número e tamanho

Até agora, compartilhei principalmente as lições que aprendi e minhas autodescobertas positivas referentes à resolução de problemas, mas, acredite: cometi muitos erros durante o meu processo de experimentação. Às vezes, esses erros não apenas falhavam em solucionar os problemas como ainda os agravavam! Meus problemas sempre tendem a se multiplicar sempre que eu

- Perco minha perspectiva.
- Abro mão de um importante valor pessoal.
- Perco o senso de humor.
- Sinto pena de mim mesmo.
- Culpo outros pela minha situação.
- Desejo que os problemas sumam em vez de trabalhar para que possam ir embora.

Ao cometer esses erros, aprendi que eu precisava assumir a responsabilidade de abordar o problema, assumir a responsabilidade pela minha atitude e pelas minhas emoções, e por me esforçar ao máximo para achar uma solução que fosse boa para minha equipe e minha organização.

6. Lidar bem com problemas costuma nos tornar pessoas melhores

E isso me leva à última coisa que eu aprendi sobre mim mesmo: a experiência de insistir e agir da forma certa diante de um problema – ainda que a princípio não tenha lidado bem com ele – fez de mim uma pessoa melhor e me engrandeceu como líder. Os golpes e os contratempos da vida tornam-nos mais humildes. Quando ainda era um líder inexperiente, eu pensava: *Eu queria que a vida fosse mais fácil*; mas, com o tempo, ao enfrentar problemas continuamente – porque eles não desaparecem sozinhos – comecei a sentir uma mudança de atitude e passei a pensar: *gostaria de ser melhor do que sou*. Vejo isso como uma promessa embutida nos problemas, pois, quando lidamos bem com os problemas, eles prometem nos fazer evoluir.

> A promessa embutida nos problemas: quando lidamos bem com eles, os problemas prometem nos fazer evoluir.

Anos atrás, li que muitas dentre as mais importantes conquistas da humanidade ocorreram no enfrentamento de problemas:

> Florence Nightingale, muito doente para sequer se levantar da cama, reorganizou os hospitais da Inglaterra. Vítima de uma paralisia parcial e sob a ameaça constante de um acidente vascular cerebral, Pasteur foi incansável no combate dessa enfermidade. Durante boa parte de sua vida, o sofrimento enfrentado pelo historiador americano Francis Parkman era tanto que ele não conseguia trabalhar por mais de cinco minutos seguidos. Sua visão era tão deficiente que ele mal conseguia esboçar uns rascunhos num manuscrito, mas, ainda assim ele conseguiu redigir 20 magníficos volumes sobre história.[5]

E eu sei, a partir de meus estudos bíblicos, que muitos salmos foram escritos em momentos de adversidade, e a maioria das cartas do Novo Testamento foram escritas na prisão.

Quando os líderes de bom caráter enfrentam problemas, eles não se recusam a enfrentá-los e, normalmente, o modo como respondem depõe por eles. Enterre uma pessoa nas nevascas do Valley Forge e você tem um George Washington. Crie uma pessoa na extrema pobreza e vê surgir um Abraham Lincoln. Deixe que a paralisia a acometa, e ele se torna um Franklin D. Roosevelt. Pegue alguém com uma queimadura tão grave a ponto de os médicos dizerem que nunca mais andará, e você tem um Glenn Cunningham, que estabeleceu o recorde mundial dos 1600 metros em 1934. Oprima alguém em uma sociedade tomada pela discriminação racial, e ele se torna um Booker T. Washington, um Marian Anderson, um George Washington Carver e um Martin Luther King Jr. Chame alguém de retardado e ateste que ele tem problemas de aprendizagem, e surge um Albert Einstein. Os problemas não precisam nos derrotar; eles podem, em vez disso, definir nossa postura.

Quando ficamos tentados a evitar problemas e responsabilidades, por parecer um fardo grande demais, lembre-se do jovem que perguntou a seu mentor: "Qual é o fardo mais pesado da vida?" A resposta: "Não ter nada para carregar". Tudo o que você enfrenta permite que você seja confrontado, e todo o seu fardo vai definir quem você de fato é.

OS PROBLEMAS NOS COLOCAM EM CONTATO COM OS OUTROS

Perguntei recentemente a um amigo sobre o caráter de um colega nosso, que nenhum de nós conhecia muito bem, e ele respondeu: "Não estou apto a comentar sobre o caráter dele. Nunca o vi enfrentar adversidades". E eu pensei comigo: *é a pura verdade*. Você pode aprender muito a respeito de si mesmo ao enfrentar problemas, mas também pode descobrir muito sobre outras pessoas com base na maneira como elas reagem. Para um líder, essa informação é vital, uma vez que as reações das pessoas aos problemas e às adversidades afetam a química de sua equipe e o resultado de seus esforços.

Pessoas que intensificam os problemas

Algumas pessoas têm o dom de piorar os problemas que enfrentam. Eu costumava dizer à minha equipe que todas as pessoas em uma organização levam dois "baldes" consigo: um cheio de gasolina e o outro, de água. Quando se deparam com a "faísca" de um problema, eles escolhem qual balde usar nela: eles vão despejar gasolina na faísca e alimentar uma chama de verdade, ou vão jogar água sobre ela e apagá-la?

> Como as pessoas ao seu redor reagem às faíscas da vida? Agem como incendiários e alimentam o fogo ou como bombeiros, apaziguando a situação?

Como as pessoas ao seu redor reagem às faíscas da vida? Agem como incendiários e alimentam o fogo, ou como bombeiros, apaziguando a situação? Todos os que gostam de jogar gasolina no fogo representam um risco para você e para a organização.

Pessoas que atraem problemas

As pessoas em sua equipe que enfatizam, colecionam ou multiplicam os problemas também têm tendência a atrair outros caçadores de problemas. Trata-se de um exemplo da Lei do Magnetismo incluída nas 21 irrefutáveis leis da Liderança: "Você atrai seus pares",[6] e essas pessoas muitas vezes acabam se *tornando* o problema.

Se você é do tipo que não enxerga nada além dos problemas, adivinhe o que vai ganhar da vida: mais problemas. Se você se limita a enxergar as possibilidades, adivinhe: você recebe mais possibilidades.

A primeira regra relativa aos buracos é: "Se estiver dentro de um deles, pare de cavar". Como líder, é possível ajudar alguém a deixar de ser um ímã de problemas? É possível tomar-lhe da mão a pá e impedi-lo de cavar sua própria sepultura profissional? A resposta é sim, mas a pessoa precisa querer reverter essa situação e talvez precise de apoio para mudar o jeito como pensa.

A primeira regra relativa aos buracos diz: "Se estiver dentro de um deles, pare de cavar".

Pessoas que desistem diante dos problemas

Muitos anos atrás, eu contratei uma nova assistente executiva chamada Barbara Brumagin. Ela estava no cargo havia apenas algumas semanas quando eu lhe pedi para encontrar um número de telefone de alguém com quem eu queria falar. Depois de alguns minutos, Barbara voltou ao meu escritório e me disse que não havia encontrado o número. Ela havia desistido no primeiro obstáculo.

Eu senti que isso poderia se tornar um padrão em nosso relacionamento, então, disse-lhe: "Barbara, traga sua agenda de telefones" (Isso foi antes do advento do Google e da Internet) "e venha sentar-se ao meu lado".

Pensei por um instante por onde deveria começar, e então folheei os números de telefone na agenda até encontrar um número com potencial de partida, e então eu me pus a fazer chamadas. Não lembro para quantas pessoas tive de ligar, buscando alguém que pudesse me dar o número desejado, acho que levei cerca de quarenta e cinco minutos até o encontrar.

Eu anotei o número e o entreguei à Barbara para que ela pudesse acrescentá-lo à agenda.

"Sempre há uma maneira de resolver um problema, basta insistir", eu disse a ela. Por fim, fiz a minha ligação.

Mais tarde, Barbara me contou que ela havia aprendido três coisas naquele dia: primeira, que sempre há uma solução; segundo lugar, nem sempre é fácil encontrar a solução; e terceiro, ela estava determinada a nunca repetir aquele erro e transferir um problema para mim; em vez disso, iria oferecer a solução. Barbara estava disposta a mudar, e naquele dia ela passou de observadora a solucionadora de problemas; em outras palavras, ela assumiu a responsabilidade de encontrar soluções.

Pessoas que usam problemas como trampolins para o sucesso

Em seu livro intitulado *Cradles of Eminence* [Berços da eminência], Victor e Mildred Goertzel falam sobre seu estudo dos antecedentes de mais de 400 homens e mulheres eminentes tidos como brilhantes em seu campo de atuação. A lista inclui Franklin D. Roosevelt, Helen Keller, Winston Churchill, Albert Schweitzer, Clara Barton, Mahatma Gandhi, Albert Einstein e Sigmund Freud. A intensa investigação sobre o início da vida familiar deles produziu algumas descobertas surpreendentes:

- A infância de três quartos dessas personalidades foi marcada pela pobreza, por famílias desfeitas ou por pais problemáticos, que ou os rejeitaram ou eram excessivamente possessivos ou dominadores.
- Setenta e quatro dentre os 85 escritores de ficção ou drama entrevistados, e 16 dentre os 20 poetas vieram de famílias com histórico de drama psicológico no relacionamento com os pais.
- Mais de um quarto da amostra apresentava deficiência física, como cegueira, surdez ou outras incapacidades limitadoras.[7]

Mas por que essas pessoas bem-sucedidas superaram os problemas e as dificuldades enquanto muitos outros se sentem sobrecarregados com a mesma realidade? Simples: eles não viram seus problemas como obstáculos. Em vez disso, sentiram-se estimulados por eles e os usaram como trampolins. Entenderam que a solução de problemas é uma escolha, não uma atribuição circunstancial.

Como líder, você precisa prestar atenção no modo como o seu pessoal responde aos problemas e deve ajudá-los a responder do modo correto, dentro do possível. O que é preciso para isso? Para começar, tempo. Você precisa observar as pessoas de perto para ver como elas reagem aos problemas encontrados e deve se dedicar a ajudá-los a lidar com os problemas com uma atitude positiva. Você não pode resolver os problemas *para* eles, pois, se você fizer isso, terá de continuar a solucioná-los para sempre. Em vez disso, deve resolver problemas *junto com* eles, pelo menos até que consigam aprender a fazer isso por conta própria.

Quando começarem a observar como você aborda os problemas e passarem a adotar uma abordagem similar, instrua-os para que o consultem antes de lidar com qualquer decisão importante e peça que eles que ofereçam três soluções possíveis para cada problema. Se todas as soluções forem ruins, peça-lhes que desenvolvam mais opções; se todas as soluções forem ótimas, pergunte-lhes quais escolheriam, e por quê. Se apenas uma das soluções for boa, indague qual das três eles escolheriam e por quê. Se eles escolherem a certa, elogie; se escolherem uma das equivocadas, aproveite isso como uma oportunidade pedagógica.

No dia anterior à posse de John F. Kennedy como presidente dos Estados Unidos, Dwight D. Eisenhower, seu antecessor, compartilhou parte do que sabia com ele. "Você vai descobrir que o presidente dos Estados Unidos não encontra problemas fáceis", disse Eisenhower. "Se eles fossem fáceis de resolver, alguém mais os resolveria".

Isso pode ser verdade na esfera presidencial, mas só será verdade em outras organizações se os funcionários forem encorajados a resolver problemas no nível mais básico possível e se estiverem equipados e capacitados para lidar com problemas e tomar decisões. Caso continuem a enviar para você os problemas pequenos, então você estará alimentando um belo problema, pois significa que não está ajudando seus subordinados a se aprimorarem na solução de problemas.

OS PROBLEMAS ABREM O CAMINHO PARA AS OPORTUNIDADES

Albert Einstein disse: "Há oportunidade em meio às dificuldades". Nem todo mundo vê as coisas dessa maneira, mas um líder que mude a atitude dessas pessoas de *Será que existe uma resposta?* para *Sempre há uma resposta*, e, em seguida, para *Deve haver um boa resposta* tem o potencial de se tornar não apenas um excelente solucionador de problemas, como também um agente de mudança para a oportunidade.

> Há oportunidade em meio às dificuldades.
>
> – ALBERT EINSTEIN

O autor e conferencista de liderança Glenn Llopis tem se ocupado em seus escritos com a eficácia da perspectiva de solução de problemas. Ele citou Karl Popper: "A vida inteira se resume a solucionar problemas". E então concluiu: "Os melhores líderes são os melhores solucionadores de problemas, pois têm a paciência de dar um passo atrás e ver o problema em pauta através de uma perspectiva mais ampla... Os líderes mais eficientes abordam os problemas sob a ótica da oportunidade."[8]

E você, também encara os problemas sob a ótica da oportunidade? Recomendo que você comece pelas oito estratégias seguintes:

1. Reconheça um problema em potencial antes que se torne um problema real

Os grandes líderes raramente são desatentos. À semelhança dos boxeadores, eles geralmente reconhecem que o nocaute virá pelo soco que eles não viram, e, por essa razão, estão sempre à procura de sinais e indicadores que alertem sobre possíveis problemas futuros. Todo problema é parecido com aquele enfrentado pelo intruso em uma fazenda de Indiana que viu um sinal em uma postagem que dizia: "Se você for atravessar este campo, é melhor fazê-lo em 9,8 segundos, pois o touro leva apenas 10 segundos".

Os bons líderes preveem os problemas para que possam posicionar sua equipe e a si mesmos para ter êxito. Então, é importante pensar no seguinte: quais são os problemas potenciais que você vê no seu mundo e qual o seu plano estratégico para solucioná-los quando eles acontecerem? As desvantagens raramente possibilitam uma reviravolta se você não estiver pronto para elas de antemão.

2. Obtenha uma imagem clara do problema

Você já ouviu o ditado "A suposição é a mãe dos problemas?" (Também há versões menos educadas que essa). Se as suposições criam problemas na vida cotidiana, eles causam desastres na liderança. O ideal é começar obtendo uma imagem clara do problema que você enfrenta. O financista e titã dos negócios J.P. Morgan afirmou: "Nenhum problema pode ser resolvido até que seja reduzido a um formato mais simples. A alteração de uma

> As desvantagens raramente possibilitam uma reviravolta se você não estiver pronto para elas de antemão.

dificuldade vaga para um formato específico e concreto é um elemento absolutamente essencial do raciocínio".

Esse processo começa pela identificação do que constitui um problema. Meu amigo Bobb Biehl, que me deu conselhos incríveis ao longo dos anos, uma vez me disse: "Uma decisão é uma escolha feita entre duas ou mais alternativas, ao passo que um problema é uma situação contrária às suas intenções ou expectativas". Então, o que você deve fazer quando está diante de uma dessas situações adversas? Siga o conselho do autor Max De Pree: "A primeira responsabilidade de um líder é definir a realidade".[9]

Sendo eu um otimista nato, costumo ter dificuldades com isso. Sou como aquele indivíduo que foi ao médico porque estava com algum problema, e o médico solicitou radiografias que revelaram uma condição grave.

"Você vai precisar de cirurgia", recomendou o médico.

"E é sério?", perguntou o homem.

"Vai ser muito doloroso e caro".

"Nesse caso", respondeu o homem, "você não poderia simplesmente retocar os raios X?"[10]

Falhar ao ver uma imagem clara do problema ou se recusar a enfrentar a realidade não o ajudam a resolver um problema. Meu irmão Larry, que tem sido um mentor constante para mim por muitos anos, sobretudo com referência às decisões comerciais e financeiras, sempre me lembra disso. Depois de um ano ruim para uma das minhas empresas, contei ao Larry que torcia muito para que o ano seguinte fosse melhor, e, com uma visão mais clara do que a que eu tinha no momento, Larry disse: "John, a esperança não é suficiente. Enfrente a realidade e sua primeira perda se tornará a sua última".

Larry estava me persuadindo a não racionalizar a minha situação nem justificar as minhas escolhas equivocadas. Você não conseguirá resolver problemas e fazer progresso sem uma imagem clara da situação para, então, dar em seguida os devidos passos. Caso contrário, corre-se o risco de fazer o que o amigo Harvey Mackay chama de "regar as ervas daninhas".

3. Faça perguntas que facilitem a resolução dos problemas

Certo, devo admitir que as perguntas me fascinam. Elas não somente me ajudam a coletar informações e a buscar soluções, como também me permitem entender o que as pessoas pensam e sentem antes de serem lideradas por mim. Eu acho que a maioria dos líderes é muito ágil para falar e liderar, mas lenta demais para fazer perguntas e ouvir.

Eis algumas perguntas que vão ajudá-lo na solução problemas e na implementação de soluções.

Questão de informação: "Quem sabe mais sobre este problema?"

Um dos erros mais comuns cometidos por líderes confiantes é começar a resolver problemas sem possuir informações suficientes eles se apressam em oferecer conclusões. Em vez disso, uma das melhores coisas que você pode fazer como líder é conversar com as pessoas mais próximas do problema para ouvir suas observações e sugestões, pois é possível que elas saibam o que precisa ser feito e necessitem apenas de recursos e de permissão para resolver o problema.

Questão de experiência: "Quem sabe o que preciso saber?"

O dramaturgo Ben Jonson observou: "Aquele que é ensinado somente por si mesmo tem um tolo como mentor". Se você é a sua única fonte de informações e ideias, tem sérios problemas. Sendo aassim, é importante perguntar: quem dentre seus conhecidos é capaz de ajudá-lo, aconselhá-lo e orientá-lo? O autor Jim Collins chama pessoas assim de "fator sorte". Se você conhece pessoas interessantes capazes de ajudá-lo, está com tudo, e quanto mais pessoas assim encontrar, mais rápido conseguirá resolver muitos problemas.

Questão de desafio: "Quem quer resolver esse problema?"

A tendência ao resolver problemas é observar primeiro a capacidade das pessoas da própria equipe. "Quem pode fazer isso?", perguntamos. Essa é uma boa pergunta, mas uma pergunta melhor seria: "Quem quer fazer isso?" Lidar com problemas demanda energia, e uma pessoa interessada é menos propensa a se desgastar com um problema. Em outras palavras, a capacidade por si só não basta.

> Aquele que é ensinado somente por si mesmo tem um tolo como mentor.
>
> — BEN JONSON

Questão de magnitude:
"Quem precisa aderir e quanto tempo isso levará?"

Boa parte da resolução de problemas na liderança se refere a avaliar o posicionamento das pessoas, saber o que se sentem e se estão prontas para ir a algum lugar com você. Conforme você pondera as soluções para os problemas, deve-se perguntar: Qual a dimensão desse problema? Como o trabalho das pessoas será impactado? Como isso afetará suas vidas?

Quanto maior o impacto, maiores as repercussões, e quanto mais importantes são as decisões, maior será a adesão necessária. As pessoas acatam mais facilmente quando contribuem mais para a tomada de decisões, ainda que a solução não seja a única que tenham sugerido.

Questão de confiança:
"Conquistamos suficiente confiança para fazer as mudanças necessárias?"

Esta é uma das questões mais cruciais que você pode fazer ao se preparar para iniciar mudanças. Se a confiança dentro da equipe ou organização estiver elevada, mais mudanças serão possíveis sem retornos negativos; contudo, se a confiança estiver baixa, nossa liderança ficará limitada e conseguiremos concluir relativamente poucas mudanças antes de enfrentar a resistência das pessoas. Isso significa que, mesmo dispondo de ótimas soluções, você pode deixar de resolver um problema se as pessoas não estiverem de acordo. Além disso, as pessoas não aceitarão mudanças se não confiarem em você.

Questão pessoal: "Quais perguntas preciso fazer a mim mesmo?"

Esta última questão serve para garantir que você está no caminho certo. Na condição de líder, faço frequentemente a aferição da minha "temperatura" ao lidar com problemas. Eu me pergunto: "Como me sinto?", pois isso revela minhas emoções. "O que eu acho?", pois isso estimula uma melhora no meu raciocínio. "O que eu sei?", pois isso examina minha experiência. Evito avançar às cegas na resolução de problemas sem antes incluir uma reflexão pessoal.

Você tem um processo de autoanálise e reflexão relacionado à resolução de problemas? Não confie em soluções não elaboradas, pois os bons líderes não resolvem problemas às pressas somente para tirá-los da sua lista, por puro bem-estar. Em vez disso, eles ajudam a criar soluções que fazem seu pessoal e sua organização avançar, colocando-os em uma posição melhor do que estavam antes de terem vivido o problema – essa é a sua meta.

4. Crie um padrão de avaliação de problemas e de soluções

Depois de estar ciente de que tem um problema e estar esclarecido sobre ele, você pode começar a coletar informações. Mas, quaisquer que sejam os dados que coletar, eles somente serão úteis se você tiver boas diretrizes para avaliar o que descobriu, pois, caso contrário, como você interpretará o que encontrou?

Minhas diretrizes têm seis pontos críticos:

- ***Liderança***: Como esse problema prejudica nosso pessoal?
- ***Pessoal***: Contamos com as pessoas certas para nos ajudar com esse problema?
- ***Sincronização***: É o momento certo para buscar uma solução e temos tempo suficiente para isso?
- ***Visão***: Como esse problema compromete nosso alvo?
- ***Prioridades***: Meus problemas estão inviabilizando que eu e minha equipe cuidemos de nossas prioridades?
- ***Valores***: Meus valores ou os da minha equipe foram comprometidos por esse problema?

Os problemas podem muito facilmente desvirtuar nossa atenção ou nos tirar do rumo. Muitas vezes, ao lidarmos com a emoção e a agitação provocadas pelos problemas, o senso de perspectiva fica obscurecido. Minha atitude ajuda a manter uma perspectiva adequada, e recomendo que você desenvolva certa estrutura para evitar sair do rumo.

5. Resolução de problemas de valor compartilhado

Os melhores solucionadores de problemas não trabalham sozinhos. Em vez disso, eles solicitam a colaboração de outros pensadores para auxiliá-los e usam o método socrático de fazer perguntas para lucrar com as ideias dos outros, uma vez que esse método os ajuda a se tornarem melhores líderes solucionadores de problemas.

Queria ter aprendido isso no início da minha carreira de liderança, mas tive que aprender sozinho. Eu somente compartilhava o problema com os outros depois de ter as respostas, pois era inseguro demais para pedir ajuda. Passava 90% do meu tempo solitário na busca da solução, e só solicitava auxílio nos 10% restantes. A realidade é que eu buscava mais o aplauso do que a assistência dos outros.

> Os melhores solucionadores de problemas não trabalham sozinhos.

Hoje, meu método de resolução de problemas segue um padrão 10/80/10, segundo o qual eu me encarrego da primeira e da última fases de 10% da resolução de problemas e aceito contribuições para os outros 80%. Os primeiros 10% em geral enfatizam a definição do problema para todos nós, ao passo que os próximos 80% do meu tempo e esforço são gastos ouvindo as ideias da minha equipe e estimulando seu raciocínio; por fim, os últimos 10% se resumem à minha tentativa de agregar valor da minha experiência de liderança, o que eu chamo de "colocar a cereja no bolo". Nem sempre consigo melhorar as soluções que minha equipe propõe, mas eu tento.

Obviamente, a chave para essa abordagem é proporcionar um ambiente que estimule a troca de ideias e de opiniões entre as pessoas, pois, sem isso, a solução compartilhada de problemas não dá muito certo. Mas a boa notícia é que é possível promover esse tipo de ambiente agindo da seguinte forma:

Remova as barreiras

Glenn Llopis afirma: "As barreiras organizacionais são a raiz da maioria dos problemas no trabalho, e é por isso que muitos deles nunca são resolvidos. Remover as barreiras permite ao líder envolver mais facilmente seus funcionários, para juntos colocarem a mão na massa e resolverem os problemas. Assim, a questão se atém menos às políticas corporativas e mais à busca de resoluções e ao fortalecimento da organização".[11]

Um dos meus exemplos favoritos de uma organização que lutou contra as barreiras é o Richards Group, uma agência de publicidade de Dallas, no estado do Texas. Stan Richards construiu o que ele chama de "Reino pacífico", uma organização sem tribalismo nem obstáculos – ele mesmo escreveu um livro com

> As barreiras organizacionais são a raiz da maioria dos problemas no trabalho, e é por isso que muitos deles nunca são resolvidos.

esse título. Em sua organização, Richards impede o tribalismo e o separatismo, eliminando os departamentos, compartilhando informações, fazendo com que pessoas de todas as funções trabalhem lado a lado e eliminando as divisórias – literalmente. As pessoas trabalham em espaços abertos, e nem mesmo o escritório do Stan tem portas ou paredes. E quando ele quer atualizar as pessoas sobre os negócios da empresa, em cinco minutos consegue reunir as seiscentas pessoas para o que ele chama de reunião de escada, na qual as pessoas de três andares podem se ver entre os vãos das escadarias e as varandas adjacentes. É espantoso.

Quem deseja ser ajudado abertamente na resolução de problemas, deve se livrar dos obstáculos. As pessoas que querem ampliar seu território e proteger seu espaço raramente estão dispostas a oferecer ideias que possam beneficiar qualquer outra pessoa além de si e da própria equipe ou departamento.

Crie um ambiente facilitador do diálogo

Quando as pessoas são convidadas a compartilhar seus problemas ou a oferecer ideias para a organização, o que acontece? Elas ficam em silêncio? Retraem-se? Evitam o contato visual e tentam manter a discrição? Se assim for, você não está trabalhando em um ambiente propício ao debate, e como líder, precisa trabalhar para mudar isso.

Em um ambiente propício às manifestações, os comentários são bem-vindos, a participação é incentivada e as boas ideias são recompensadas. As pessoas não sentem que seu emprego corre risco cada vez que compartilham um problema e não temem ser descontados, nem desconsiderados, caso compartilhem uma ideia ruim.

Para promover este tipo de ambiente, você precisa criar uma atmosfera na qual a melhor ideia receba algum incentivo. Se as pessoas são encorajadas a compartilhar todas as ideias, eles aprendem que muitas delas levam a boas ideias, e muitas ideias boas levam a grandes ideias. Aqui estão algumas coisas a ter em mente ao incentivar as pessoas a falar:

- Nunca leve seus liderados a crer que você tem sempre as melhores respostas, pois isso os tornará dependentes de você e menos propensos a falar.

- Faça perguntas. Eu sei que mencionei isso antes, mas é uma das coisas mais importantes que você pode fazer. Ao fazer uma série de perguntas, você pode ajudar as pessoas a analisar um problema e pensar em numa estratégia completa de solução.
- Procure ser um treinador, não um rei, pois um treinador desperta o melhor nos outros, ajudando-os a mergulhar fundo e descobrir seu potencial, ao passo que um rei dá ordens.

Lembre-se de que os melhores líderes ajudam outros a identificar e a resolver problemas por conta própria.

Socialize ideias

Gosto do que o Paul Larkin da Lennox International chama de ideias de socialização. É uma estratégia em que os líderes compartilham suas ideias de modo informal durante o curso normal do dia para obter a adesão a elas antes de sua implementação formal.[12] Dessa forma, seu pessoal não é ofuscado, e têm a oportunidade de refletir sobre as ideias com tempo suficiente para aprimorá-las. Quando eles fazem isso, seu índice de aceitação aumenta drasticamente.

6. Sempre elabore mais que uma solução

Durante anos, eu era um solucionador de problemas muito limitado. Assim que eu encontrasse uma resposta para um problema, então defenderia essa solução para o meu pessoal. Atualmente, tento ser mais criativo e procuro muitas soluções e deixo que a melhor se prove sozinha.

A abordagem de ontem	A abordagem de hoje
Definir a primeira solução	Perseguir soluções múltiplas
Enfatizar apenas o problema	Explorar todas as oportunidades
Assumir a incerteza	Assumir a ambiguidade
Entrar em conformidade com as regras	Celebrar o criativo
Adquirir uma visão estreita	Conectar o desconectado
Ter medo de assumir riscos	Não ter medo de falhar
Fazer escolhas limitadas	Apreciar muitas opções

Enquanto você tenta resolver os problemas, liste todas as soluções possíveis para cada um deles – quanto mais, melhor. Lembre-se de que raramente existe uma única maneira para resolvê-los, e quanto mais opções forem oferecidas, melhor, porque os problemas se alteram e mudam continuamente. Líderes que não apresentam soluções alternativas logo acabam se complicando.

No seu processo de aprimoramento como um líder solucionador de problemas, você vai notar uma progressão de raciocínio que lembra algo assim:

Não há solução.
Poderia haver uma solução.
Eu tenho uma ideia.
Há uma solução.
Pode haver mais soluções.
Eu tenho mais ideias.
Há outras soluções.
Há ideias melhores.

A verdade é que grandes ideias não aparecem – elas evoluem, mas isso só acontece quando você está determinado a explorar ideias e a procurar mais e melhores soluções.

7. Cultive um viés para a ação

Um dos maiores perigos para uma pessoa solícita é gastar tempo demais na resolução de problemas e tempo de menos na implementação da solução. Os líderes que não seguem ou não conseguem seguir adiante correm o risco de pensar: '*Preparar*, *apontar*, *apontar*, *apontar*... mas jamais *disparar*!

A solução está em desenvolver um viés para a ação. Não pense *Será que consigo?*; em vez disso, pense: *Como conseguirei?* e, em seguida, avance. No momento em que você enfrenta um problema e passa à ação, começa a resolvê-lo. Se grandes inventores e exploradores não tivessem adotado passos claros e deliberados, teriam dado de fato as contribuições que os notabilizaram? Não! A confiança deles gerou ação, e essa ação gerou resultados. As ideias evoluem conforme agimos, e, ao avançarmos, as soluções melhores se revelam. Por último, não podemos simplesmente *desejar* ou *esperar* que o caminho se apresente diante das dificuldades: é preciso *construir* um caminho através delas.

8. Busque ativamente oportunidades e lições em todos os problemas

Certa vez, ao falar sobre como havia se tornado um herói de guerra, o presidente John F. Kennedy, com a ironia afiada que lhe era peculiar, comentou: "Foi bem fácil. Alguém afundou meu barco!"[13] Essa é a essência de enxergar uma oportunidade em meio a um problema. A despeito da aparente dificuldade das circunstâncias, deve haver uma solução que não apenas resolva o problema, mas também apresente potencial para melhorar sua vida e sua liderança.

> Desenvolva um viés para a ação. Não pense: *Será que consigo*; em vez disso, pense: *Como conseguirei*?

Isso tem se confirmado repetidamente na minha vida. Quando era um jovem pastor na minha primeira igreja em Indiana, busquei alguns recursos que me ajudassem a ensinar minha congregação a administrar melhor a vida deles, mas, depois de dias pesquisando em livrarias e bibliotecas, não encontrei nada. Esse problema me forçou a encontrar uma solução diferente, e foi quando decidi desenvolver minhas próprias ideias e usá-las para ensinar meu pessoal. Foi o que fiz, e minha solução foi bem-sucedida. Isso plantou uma semente em mim que germinou e me estimulou a escrever meu primeiro livro, e depois outro, e outro. Hoje, olho para trás e vejo os mais de 100 livros vendendo mais de 28 milhões de cópias, em mais de 50 idiomas. Esse é um legado que eu nunca antecipei nem considerei possível ao simplesmente tentar resolver um problema quando tinha 23 anos.

Outro problema que moldou minha vida veio como resultado da minha liderança depois de eu ter deixado meu primeiro ministério. Sob minha direção, aquela igreja cresceu para 300 pessoas, contudo, seis meses depois da minha partida, a taxa de comparecimento baixou para menos de cem.

Durante meses, eu me torturei tentando descobrir o que havia acontecido, até que finalmente me ocorreu: eu não tinha treinado e nem preparado ninguém; então, assim que me ausentei e deixei de ser o catalisador, tudo se desfez.

A partir dessa descoberta, decidi tratar o preparo e o desenvolvimento das pessoas como prioridade, e, desde então, somo quarenta e cinco anos me dedicando a essa tarefa. E essa jornada produziu efeito em 26 de junho de 2015, quando falei sobre liderança num evento da EQUIP, minha organização sem fins lucrativos, a líderes de Kiribati, em Fiji. Naquele dia, completamos o treinamento a líderes de todos os países do mundo – no total, seis milhões de líderes – e tudo começou em virtude do fracasso que tive na minha primeira posição de liderança e com as lições que aprendi ali.

Meu estilo de oratória também resultou de um problema vivenciado. Quando tinha uns 30 anos, dei um mau jeito nas costas jogando raquetebol, e durante três dias, não consegui sair da cama, e no quarto dia, só aguentava ficar em pé apenas alguns minutos por vez.

Na semana seguinte, eu iria falar em um evento em Allentown, Pensilvânia, os patrocinadores ficaram aflitos quando souberam que eu tinha me contundido, mas eu estava determinado a manter meu compromisso. Minha solução foi pedir um banquinho para ficar sentado durante a palestra, e durante o evento, fiquei impressionado com a conexão que consegui estabelecer com o meu público. Concluí que foi por eu estar sentado, e essa foi uma lição incrível. Depois disso, eu nunca mais palestrei em pé, graças às minhas costas, e minha capacidade de me conectar com a plateia num nível tão intenso mudou minha vida.

Como líder, você precisa enxergar as oportunidades de forma diferente da maioria das pessoas, pois elas são uma chance para você aprender sobre você, sua equipe e suas oportunidades, além de oferecerem um modo para melhorar sua própria vida, [a vida dos outros e ganhar influência. É por isso que digo que a solução de problemas é a maneira mais rápida de conquistar a liderança, e espero que isso lhe permita desenvolver uma nova perspectiva e que você comece a usar os desafios e a resolução de problemas como trunfos para sua liderança.

DESENVOLVENDO O *SOLUCIONADOR DE PROBLEMAS* DENTRO DE VOCÊ

Se você quer conquistar uma oportunidade de liderar ou se já tem responsabilidades de liderança e deseja produzir um impacto, a resolução de problemas oferece oportunidades únicas como líder. Sendo assim, cresça nessa área respondendo a estas três questões:

O MODO COMO LIDO COM OS PROBLEMAS DIZ O QUE SOBRE MIM?

A forma como você encara os problemas molda sua atitude e define sua liderança. Seus problemas são como uma oportunidade para usar sua liderança para o aprimoramento da sua equipe e sua organização? Ou são inconvenientes que simplesmente arruínam seus planos e causam desânimo?

Você pode mudar sua mentalidade no tocante ao modo de encarar os problemas e de resolvê-los, então, faça uma lista dos desafios passados que resultaram em lições ou oportunidades, de modo semelhante à descrição das minhas experiências no final do capítulo. Então, daqui por diante, adote a postura de procurar os potenciais positivos em seus problemas.

COMO POSSO RECRUTAR OUTROS COMO SOLUCIONADORES DE PROBLEMAS?

A partir desta semana, quando você enfrentar problemas, passe a questionar para aprender mais sobre os membros de sua equipe, coletar informações, fazer um levantamento de ideias e encontrar múltiplas soluções para os problemas. Aqui estão algumas perguntas para ajudá-lo a começar:

- Quando o problema começou?
- Onde começou?
- Quem foi o primeiro a perceber o problema?
- Quais são as várias causas possíveis para ele?
- Qual o impacto do problema? Quem é prejudicado?
- Quais são as outras possíveis consequências negativas?
- Este problema é parte de um problema maior? Em caso afirmativo, como?
- Quem teve sucesso ao lidar com este tipo de problema?
- Quais são as abordagens possíveis para solucioná-lo?
- Em termos de tempo, experiência e recursos, quais os parâmetros necessários para essas soluções?
- As pessoas vão aderir a essas soluções?
- Quanto tempo levará a implementação de cada uma dessas soluções?
- Como essas soluções podem nos dar vantagens futuras?
- Que lições podem ser aprendidas com tudo isso?

QUAIS OPORTUNIDADES FUTURAS ESTÃO PRESENTES NOS PROBLEMAS ATUAIS?

Escolha um grande problema no qual você esteja trabalhando atualmente, à medida que procura soluções, utilize a técnica de *brainstorming* (chuva de ideias) para identificar possíveis oportunidades criativas que possam estar associadas ao problema e sua solução. Permita que esses pensamentos definam o processo de resolução de problemas porque, se você conseguir usar um problema para fazer sua equipe ou organização avançar, terá concluído uma das tarefas de liderança mais difíceis de todas: tornar-se um agente de mudança.

SEIS

O DIFERENCIAL NA LIDERANÇA: ATITUDE

Pense em um amigo, em um colega, em um membro da família ou em um mentor que você admira muito. Pare. Não continue lendo. Pense de fato em um nome e anote-o.

Agora escreva as cinco características que você mais admira nessa pessoa. Creio que passará por uma experiência interessante ao fazê-lo. Então, por favor, pare e anote o que desperta a sua admiração.

Por que eu pedi que você fizesse isso? Porque descobri que na maioria das vezes, muitas características de que nos admiramos têm a ver com a atitude. Gostamos de estar rodeados de pessoas positivas, perseverantes e ávidas. Pessoas com uma boa atitude nos impulsionam e inspiram.

Em liderança, atitude é tudo, tem de ver as possibilidades quando os outros não conseguem enxergá-las; incentivar as pessoas quando elas se sentem derrotadas e demonstrar compromisso quando outros pensam em desistir.

O autor e pastor Charles Swindoll observou como a atitude certa é fundamental para o sucesso, ao dizer:

> Quanto mais eu vivo, mais percebo o impacto da atitude na vida. Atitude, para mim, é mais importante do que os fatos. É mais importante que o passado, a educação, o dinheiro, as circunstâncias, os fracassos, os sucessos e tudo que outras pessoas pensam ou dizem ou fazem. Ela é mais importante que a aparência, o talento ou a habilidade. É capaz de crescer ou quebrar uma empresa, uma igreja ou uma casa. O mais interessante é que definimos, com nossas escolhas, a atitude que abraçaremos a cada dia, podemos mudar nosso passado. Nem podemos mudar o fato de as pessoas agirem de uma determinada maneira, assim como também não podemos mudar o inevitável.

> Tudo o que podemos fazer é usar a única influência que possuímos, a nossa atitude. Estou convencido de que a vida é 10% o que acontece comigo, e 90% como eu reajo a isso. E assim é com você também... Somos responsáveis por nossas próprias atitudes.[1]

Demonstrar uma boa atitude é uma vantagem extra e isso torna nossa vida melhor e também aprimora nossa liderança, porque a liderança tem menos a ver com a posição do que com a disposição. A atitude e a disposição dos líderes são importantes porque influenciam os pensamentos e os sentimentos de seus subordinados. Os bons líderes entendem que uma atitude positiva gera um ambiente positivo, estimulando respostas positivas e produtivas dos outros.

O QUE FOR NECESSÁRIO: UMA ATITUDE DE LÍDER

Se você me pedir para identificar o aspecto mais importante da atitude de um líder bem-sucedido, eu diria que é ter uma mentalidade de comprometimento, de fazer o que for necessário. A linha invisível que separa aqueles que fazem as coisas daqueles que se limitam a sonhar com elas é uma atitude de compromisso total. Os grandes líderes se devotam totalmente a alcançar o sucesso – qualquer que seja o problema enfrentado – e estão dispostos a fazer de tudo para ajudar a equipe a vencer. Essa determinação total é comum em todos os grandes líderes, e é útil a ambos para o líder e para o pessoal.

> Se você me pedir para identificar o aspecto mais importante da atitude de um líder bem-sucedido, eu diria que é ter uma mentalidade de comprometimento, de fazer o que for necessário.

Este capítulo vai fortalecer a sua atitude. Para ser um líder eficiente, você não precisa ser alegre o tempo todo ou ser um animador de torcida, mas precisa demonstrar uma atitude positiva em tempos difíceis. A atitude de um líder deve transmitir segurança, tenacidade, foco, determinação e comprometimento e deve ser consistente, considerar as possibilidades e buscar vitórias diante das adversidades.

Apesar de não ser algo complicado, adotar esse tipo de atitude pode ser um desafio, por isso vou mostrar algumas etapas para ajudá-lo a desenvolver esse comportamento e usá-lo em seu papel de líder.

1. Livre-se da sua impotência

Líderes determinados são incansáveis ao buscar soluções. Não os ouvimos dizer: "Não há o que fazer a respeito disso" – essa seria uma justificativa de alguém com mentalidade de vítima. O professor e especialista em comportamento organizacional Robert E. Quinn escreveu:

> Vítima é a pessoa que sofre uma perda em decorrência de ações alheias. A vítima tende a acreditar que a salvação vem apenas da ação dos outros. Elas têm poucas opções além de se lamentar e de esperar que algo de bom aconteça. Conviver com quem opta por desempenhar o papel de vítima é esgotante; trabalhar em uma organização em que muitas pessoas preferem fazer o papel de vítima é absolutamente deprimente. Como uma doença, a condição tende a se espalhar.[2]

Infelizmente, o complexo de vítima se espalhou pela América, e cada vez mais pessoas passaram de uma atitude de possibilidades à impotência. Em seu discurso de posse, John F. Kennedy conclamou os jovens norte-americanos a perguntarem não o que o país poderia fazer por eles, mas sim o que eles poderiam fazer por seu país. Centenas de milhares se levantaram e responderam a esse desafio, tornando-se voluntários do Corpo da Paz, que serviu pessoas ao redor do mundo todo. O presidente Kennedy demonstrou uma profunda determinação, e a sua atitude de líder se propagou entre todos.

Hoje, passados mais de 50 anos, a mentalidade em nosso país mudou de "Nós podemos fazer a diferença" para "Podemos não fazer diferença alguma". A determinação silenciosa passou para exigências ruidosas. Mas a pergunta é: como isso aconteceu? A liderança de nossa nação lentamente começou a capacitar o governo a atender às necessidades do povo, e a responsabilidade passou de cada indivíduo para o governo. Os líderes governistas deixaram de desafiar as pessoas a ser a resposta aos próprios problemas e posicionaram-se como se eles fossem essa resposta. Agora, as pessoas tendem a esperar por outras soluções e a depender dos governantes em vez de serem proativas e autossuficientes.

Para serem bem-sucedidos, os líderes precisam rejeitar sua impotência e ajudar suas equipes a fazerem o mesmo, e é possível fazer isso fortalecendo os outros. Veja como:

- Nunca fabrique desculpas.
- Crie um ambiente de possibilidades no qual as pessoas devem resolver os próprios problemas.
- Demonstre disposição de fazer o que for preciso por sua equipe.
- Dê treinamento para facilitar o sucesso dos membros da equipe.
- Desafie as pessoas a assumir a responsabilidade por seu desempenho.
- Faça com que todos se sintam membros da equipe, valorizados e relevantes.
- Ofereça um *feedback* consistente depois os membros da equipe enfrentarem um desafio.
- Comemore com os membros da equipe bem-sucedidos.
- Proporcione desafios crescentes às pessoas para testar seu crescimento e dar-lhes vitórias.

Em nossa atual cultura, pode parecer um enorme desafio inspirar as pessoas a desistir de sua impotência e a se tornar mais proativas, no entanto, devemos crer na nossa capacidade de fazer a diferença. Anos atrás, li uma história da colunista Nell Mohney sobre um teste duplo-cego realizado na área da Baía de São Francisco. O diretor de uma escola chamou um grupo de professores e disse: "Como vocês três são os melhores professores do sistema de ensino e são os mais capacitados, vamos designar 90 estudantes com QI elevado. Vamos permitir que vocês orientem o processo de ensino-aprendizagem desses alunos até o próximo ano, no ritmo deles, e, depois, vamos mensurar o quanto eles podem aprender".

Os professores e estudantes ficaram muito satisfeitos, e, durante todo o período especificado, os professores e os estudantes se deram muito bem. Os professores adoravam ensinar os alunos mais brilhantes. Os alunos se beneficiaram da atenção e da instrução dos professores altamente qualificados e, no final do ano, eles tiveram um desempenho de 20% a 30% melhor que os outros alunos na área.

No final do experimento, o diretor chamou os professores de volta e disse: "Tenho uma confissão a fazer. Vocês não tinham os 90 alunos mais inteligentes e proeminentes; eles na verdade, eram alunos medíocres. Nós selecionamos ao acaso 90 estudantes da rede de ensino e os designamos a vocês".

Os professores disseram: "Isso significa que somos professores excepcionais".

"Eu tenho outra confissão a fazer", admitiu o diretor. "Vocês não são os professores mais brilhantes. Seus nomes foram os três primeiros tirados num sorteio".[3]

Por que três professores medianos conseguiram um desempenho tão excepcional com 90 alunos regulares? Porque professores e estudantes mantiveram uma atitude excepcionalmente positiva e proativa. Eles não se sentiam indefesos e não se consideravam vítimas; pelo contrário, eles acreditavam no próprio sucesso, e o conquistaram.

2. Agarre o touro pelos chifres

O presidente Theodore Roosevelt disse: "Não há nada brilhante nem excelente no meu histórico, exceto talvez por uma coisa: Eu faço o que acredito que deva ser feito... e quando decido fazer algo, eu ajo". Essa é uma ótima descrição de um líder determinado. Líderes assim são destemidos e não hesitam em agarrar um touro pelos chifres e deitá-lo no chão – eles entram em ação. Líderes eficientes, quando querem leite, não se sentam em um banquinho no meio de um campo e esperam que uma vaca vá ao seu encontro.

> "Não há nada brilhante nem excelente no meu histórico, exceto talvez por uma coisa: Eu faço o que acredito que deva ser feito... e quando decido fazer algo, eu ajo".
>
> — THEODORE ROOSEVELT

O autor Danny Cox contou que entrevistou um ex-aluno de um reformatório que se tornou empresário bem-sucedido não uma, mas duas vezes. Ao perguntar qual era a chave do sucesso daquele homem, ele disse a Danny que se questionava e *realmente* prestava atenção às próprias respostas para as seguintes perguntas:

- O que eu quero de fato?
- Qual será o custo?
- Estou disposto a pagar o preço?
- Quando devo começar a pagar o preço?[4]

Observe que a última pergunta foi pensada para estimular a ação. Se um líder não responde à última pergunta e não se compromete com uma data inicial, as três primeiras questões não fazem diferença, e claro, a resposta ideal para a última pergunta é *Imediatamente*.

Uma das melhores histórias que já ouvi, que ilustra a diferença entre as pessoas que tomam a iniciativa e as que não o fazem, ocorreu em 14 de fevereiro de 1876. Foi nesse dia em que o inventor Elisha Gray foi ao escritório de patentes com sua ideia sobre um dispositivo que potencialmente podia transmitir a voz através de fios. Gray já vinha fazendo tentativas para desenvolver o dispositivo havia algum tempo; inclusive, naquele dia de fevereiro, ele não estava solicitando uma patente, e sim uma ressalva, – um documento declarando que ele *pretendia* produzir a invenção e obter sua patente.

Porém, no escritório de patentes, ele ficou sabendo que, poucas horas antes, outro inventor havia estado lá e solicitado a patente para um dispositivo muito similar. Quem era a pessoa? Alexander Graham Bell.[5] Gray tentou contestar o pedido de Bell em juízo, alegando que ele havia concebido a ideia, e não Bell, mas o tribunal tomou o partido de Bell.

Você não vai querer passar por uma situação semelhante à de Gray. Então, lembre-se de que, para ser bem-sucedido como líder, é preciso ter iniciativa. W. Clement Stone me ensinou isso. Em 1976, eu o ouvi falar em Dayton, Ohio, sobre procrastinação. Ele disse a todos na plateia que, por 30 dias, todas as manhãs antes de deixar a cama, deveriam repetir 50 vezes em voz alta: "Faça agora". E deveriam repetir outras 50 vezes no final do dia antes de dormir.

"Façam isso todas as manhãs e todas as noites durante 30 dias", disse ele, "e no final de um mês você passará a responder automaticamente a qualquer oportunidade". Eu segui o conselho dele, e isso mudou minha atitude e eliminou minha tendência a procrastinar. Sugiro que você tente esse exercício por 30 dias e então parta à procura dos touros!

3. Entre na "zona livre de reclamação"

Pessoas determinadas sabem como lidar com seus sentimentos – elas colocam sua atitude no comando de suas emoções. Todos nós passamos por momentos em que não nos sentimos bem. Nossa atitude não pode impedir nossos sentimentos, mas pode evitar que nossos sentimentos nos paralisem. Afinal, de que adianta reclamar? Não nos leva a lugar algum.

> Todos nós passamos por momentos em que não nos sentimos bem. Nossa atitude não pode impedir nossos sentimentos, mas pode evitar que nossos sentimentos nos paralisem.

Ninguém gosta de ouvir lamúrias, e reclamações esgotam as pessoas. Não há nada de atraente em ficar se queixando, e isso vale para líderes e sua equipe. Quando conheço um líder que permite que os membros de sua equipe reclamem e façam queixas, eu me pergunto por que contrataram alguém assim; não deveriam pagar salário para isso.

Qual a melhor solução para se proteger contra tornar-se um reclamador? Cultive a gratidão, que é de longe o antídoto mais eficaz para uma atitude negativa e mania de se queixar. Aqui estão três sugestões sobre como fazer isso.

Expresse gratidão independentemente de seus sentimentos

Às vezes, meu coração fica apertado e amargurado a ponto de aplacar a vontade de verbalizar a minha gratidão, no entanto, gratidão não expressa equivale a gratidão nenhuma. Por isso, nesses momentos, eu forço minha língua a conduzir meu coração e expressar gratidão assim mesmo, não porque eu quero, mas porque é o certo. Muitas vezes minhas palavras trazem alento ao coração, e sou tomado por uma gratidão condizente com minhas palavras.

Expresse gratidão pelas coisas pequenas e comuns do cotidiano

Há uma história sobre um comerciante imigrante cujo filho, ao visitá-lo, reclamou: "Papai, eu não entendo sua forma de administrar esta loja. Você guarda suas contas a pagar em uma caixa de charutos, espeta as contas a receber em uma haste, e coloca todo o dinheiro na caixa registradora. Assim, você jamais vai conseguir apurar seu lucro".

"Filho, deixe eu lhe dizer uma coisa", respondeu o pai. "Quando cheguei a este país, tudo o que eu tinha eram as calças que eu estava vestindo. Hoje, sua irmã é uma professora de arte, seu irmão é um médico e você é contador. Sua mãe e eu temos uma casa, um carro e esta pequena loja. Some isso tudo e subtraia as calças, e aí está o lucro".

Quanto mais nos queixamos, menos nós obteremos. Ou, como afirmou o fundador e diretor executivo inspiracional do site SuccessNet, Michael Angier: "Se aprendermos a apreciar mais o que já temos, descobriremos que temos mais ainda a apreciar",[6] e conseguindo apreciar as pequenas coisas, as grandes adquirem um significado muito maior.

Expresse a gratidão especialmente em meio às adversidades

Poucas coisas desafiam mais nossa atitude do que as adversidades. Eu admiro muito as pessoas que são capazes de manter o ânimo ao enfrentar dificuldades e tento imitá-las. Eu li isso em 2002, imediatamente após Charlton Heston ter revelado que sofria da doença de Alzheimer, que, por sinal, estava de bom humor, voando de Los Angeles para Utah com seu amigo íntimo Tony Makris, um analista político.

> Se aprendermos a apreciar mais o que já temos, descobriremos que temos mais ainda a apreciar.
>
> — MICHAEL ANGIER

Makris descreveu a conversa entre os dois: “Ele olhou para mim e disse: ‘Por que ficar tão abatido assim, amigo – você ficou triste por mim?’. E respondi que sim, mas Heston completou, ‘Não fique. Fui Charlton Heston por quase 80 anos, e está mais que justo’”.[7]

Quando somos gratos, o medo desaparece e a fé toma seu lugar, e isso nos dá força e motivação para agir. Os bons líderes nunca reclamam: eles são os que executam. Quando as coisas dão errado, eles arregaçam as mangas e arregimentam pessoas para ajudá-los.

4. Coloque-se no lugar dos outros

A arte da liderança é fazer coisas com outras pessoas e por meio delas. Conforme alguém desenvolve o líder que guarda dentro de si, gasta menos tempo produzindo sozinho e mais tempo trabalhando com os outros para ajudá-lo a produzir. Para fazer isso dar certo, é preciso enxergar as coisas do ponto de vista dessas pessoas, ou, como diz o velho ditado, colocar-se no lugar delas. Acho que o presidente Harry Truman foi sábio, quando disse: “Ao entendermos o ponto de vista de um companheiro – entender o que ele está tentando fazer –, constatamos que nove de cada dez vezes ele está tentando fazer o certo”.

Na condição de líder, sempre procuro ver as coisas a partir de duas perspectivas: a da pessoa com quem estou trabalhando e a minha. Uso a perspectiva do outro para estabelecer uma conexão; depois, uso a minha para ditar o rumo. Contudo, só conseguirei ver as coisas sob a ótica de outra pessoa se me dispuser a me abrir para ela. Tim Hansel, professor e fundador da Summit Expedition, descreveu a importância desse conceito em seu livro *Through the Wilderness of Loneliness* [Cruzando o deserto da solidão]. Ele escreveu:

É difícil de receber algo com os punhos cerrados.
É impossível abraçar com os braços cruzados.
É difícil ver de olhos fechados.
É difícil fazer descobertas com o raciocínio preconcebido
E um coração que se exime de doar, sem saber se exime da capacidade de receber amor.[8]

Adoro as pessoas, mas ainda preciso fazer um esforço para me conectar com elas. Eu adquiri o hábito de cumprimentar e conhecer as pessoas antes de palestrar, então, caminho de mesa em mesa dizendo um 'olá' ou simplesmente fico parado em frente ao palco para conversar com elas – chamo isso de caminhar lentamente pela multidão.

Para liderar, precisamos nos conectar com as pessoas não só para estreitar os relacionamentos, o que é vital, mas também para fortalecer as organizações. Quando encontro pessoas novas, procuro analisar seu potencial numa provável função em uma das minhas organizações. Não estou avaliando seu talento apenas me perguntando: *Será que elas aceitariam?* Eu também me pergunto: *Será que elas conseguiriam?*, o que certamente está relacionado à perspectiva e à atitude dessas pessoas. É por isso que é indispensável ver as coisas do ponto de vista delas, pois, se estiverem aptas e dispostas, então há uma boa chance de que possamos trabalhar juntos.

5. Alimente sua paixão

Líderes com uma excelente atitude e com comprometimento costumam exalar energia e entusiasmo, que são qualidades que os alimentam na busca pela excelência. É por isso que acredito que o melhor conselho profissional que qualquer um pode receber é "Encontre sua paixão e siga-a". Foi o que fiz há 50 anos, e, como sou apaixonado pelo que faço, sinto como se nunca tivesse que trabalhar um único dia da minha vida. Simplesmente faço o que eu amo fazer.

Dizem que a aposentadoria significa fazer o que você gosta quando sente vontade de fazê-lo. Se for verdade, então estou aposentado! Agregar valor às pessoas por meio da escrita e da fala, e investir tempo e dedicação em minhas empresas é

Dizem que a aposentadoria significa fazer o que você gosta quando sente vontade de fazê-lo. Se for verdade, então estou aposentado!

exatamente o que eu quero fazer; e já que posso fazer essas coisas todos os dias, acabo fazendo o que sinto vontade de fazer.

O autor e pastor Ken Hemphill afirma: "A visão não estimula o crescimento, e sim a paixão; a paixão alimenta a visão, e a visão é o foco da paixão. Sendo assim, líderes apaixonados por sua vocação desenvolvem a visão". Eu concordo plenamente.

6. Supere as expectativas

Uma das minhas empresas, a John Maxwell Team, treina e capacita pessoas para atuarem como técnicos e palestrantes. Até agora treinamos 16 mil técnicos em mais de cem países, e, duas vezes por ano, a empresa promove o chamado International Maxwell Certification, em Orlando, um evento que inclui quatro dias de intenso treinamento para obtenção da certificação internacional. Uma das coisas que enfatizo para os novos *mentores* cada vez que falo com eles é que espero que eles superem as expectativas de seus clientes, sempre prometendo menos e entregando mais. Acredito que 75% das pessoas ficam aquém das expectativas e apenas cerca de 5% das pessoas no total se superam em suas entregas, no entanto, são as pessoas que compõem esses 5% que fazem o mundo circular. Elas também recebem os benefícios por demonstrar tal atitude e cumprir suas promessas.

Poucas coisas serão tão eficazes para aperfeiçoar um líder do que a superação das expectativas, e esse foi um passo fundamental no meu desenvolvimento pessoal. Eu tinha apenas 22 anos quando aceitei a responsabilidade de liderar minha primeira igreja. As pessoas eram incríveis, e cumprir suas expectativas para mim incluía visitar os doentes, pregar aos domingos e aconselhar os que me pediam apoio.

Mas, depois de alguns meses fazendo essas atividades, comecei a ficar inquieto, pois queria produzir mais. Minha visão sobre fazer a diferença era maior do que as expectativas que todos tinham de mim, e eu tinha uma paixão enorme por alcançar pessoas novas e sonhava grande. O que eu fiz? Depois de algumas semanas refletindo sobre o problema, tomei uma decisão: Onde estivesse, com quem estivesse, seja o que fizesse, e sempre que uma oportunidade surgisse, eu superaria as expectativas depositadas pelos outros em mim.

Esse compromisso moldou meu desenvolvimento como líder por 50 anos e isso me fez responsável pelo meu próprio crescimento de liderança. Estabelecendo um referencial mais alto, *tive* de crescer para alcançá-lo, e se você está se perguntando como fazer isso, considere os seguintes fatores:

- ***Dons:*** Eu estabeleci o parâmetro mais elevado possível para mim mesmo, em minhas áreas mais fortes, porque é nelas que tenho o maior potencial para crescer e conquistar excelência. Em áreas deficientes, peço ajuda dos outros.
- ***Crescimento:*** Conforme me aprimoro nos meus pontos fortes e consigo alcançar certo nível de sucesso, evito repetir essa conquista e tento evoluir a partir dela, o que significa elevar os meus parâmetros novamente. Se não fizer isso, vou estagnar.
- ***Oportunidades:*** Vejo qualquer oportunidade que aproveite meus pontos fortes como uma oportunidade para melhorar praticando e aplicando o que eu aprendi, e essa atitude me ajuda a seguir crescendo e melhorando.
- ***Expectativas dos outros:*** Sempre faço perguntas para descobrir as expectativas das pessoas que contratam meus serviços, pois é impossível atender ou superar uma expectativa que desconheço. Construí minha carreira conciliando as expectativas dos outros com o meu *mínimo*.
- ***Minhas próprias expectativas:*** Como uso as expectativas dos outros como o nível básico para as minhas próprias expectativas, sou capaz de construir a partir delas. Eu me esforço para discernir o que mais posso oferecer para agradá-los e agregar mais valor, e meu desejo é sempre surpreendê-los.

Essa atitude de superação das expectativas lhe dará um alto retorno como líder. Como eu digo ao meu pessoal, se você cumprir o que promete e atender às expectativas, receberá o pagamento. Se você exceder as expectativas, conseguirá outro contrato. Tudo aquilo que você oferece e supera expectativas significa *tudo*!

7. Nunca fique satisfeito

A atitude final característica dos líderes que fazem tudo o que for necessário para ter êxito é a insatisfação positiva. Os bons líderes nunca estão satisfeitos com o seu estado atual; eles enxergam o que poderia ser e continuamente procuram alcançá-lo, e é justamente isso que os leva a melhorar, a conseguir mais e a levar seu pessoal a um novo patamar. O futuro pertence aos que se dedicam a aprimorar sua realidade, sua equipe e a eles próprios.

COLOQUE SUA FIRME DETERMINAÇÃO EM AÇÃO

Alguém que posso afirmar nunca estar satisfeito com as realizações passadas é Paul Martinelli, presidente da John Maxwell Team. Conheço poucas pessoas dedicadas a uma busca implacável pelo aprimoramento como ele. Sob sua liderança, a empresa apresentou um crescimento explosivo, mas, mesmo assim, ele continua trabalhando muito para realizar mais. Recentemente, quando o felicitei por outro ano muito bem-sucedido, ele sorriu e disse: "John, não estamos nem perto de alcançar o nosso potencial. Ainda estamos aprendendo o nosso caminho por meio do fracasso". Como líder, Paul tem uma disposição ilimitada, e é por isso que ele é tão bem-sucedido.

Quero lhe familiarizar com o modo como Paul coloca sua firme determinação em ação, pois acredito que isso irá ajudá-lo a desenvolver o líder dentro de você nessa área da sua vida.

1. Testar-se

Enquanto outros estão paralisados pela preocupação, medo ou ansiedade, Paul está em ação, isto é, ele nunca espera o "momento perfeito" para agir. O trabalho que nunca é iniciado leva mais tempo ser concluído, por isso Paul testa suas ideias ao implementá-las e sabe quanto falta para atingir o resultado ideal.

O trabalho que nunca é iniciado leva mais tempo ser concluído.

T. Boone Pickens lembrava líderes sobre a importância de tomar medidas positivas para colocar as coisas em movimento. Ele disse:

> Às vezes, a janela de oportunidade se abre somente por alguns instantes, então, esperar não é uma decisão, embora muitas pessoas pensem que é. Esteja disposto a tomar decisões, pois essa é a qualidade mais importante de um bom líder, e não seja vítima do que chamo de síndrome do mirando-mirando-mirando. Pelo contrário, deve estar disposto a disparar.[9]

Para animá-lo a testar suas ideias em ação, faço três sugestões para incentivá-lo à reflexão e a pôr o teste em prática.

Desafie toda suposição

Os bons líderes sempre desafiam as ideias preconcebidas. Eles não tomam essas pressuposições como certas porque entendem que sua primeira responsabilidade como líder é definir a realidade e, por isso, precisam enxergar sob a superfície, saber o que realmente está acontecendo e conseguir comunicar essa realidade ao seu pessoal.

O momento mais importante para desafiar ideias preconcebidas é quando você é bem-sucedido. Se a taxa de crescimento de sua organização estiver alta, você pode concluir que seus sistemas e processos são bons, mas talvez não sejam; talvez você esteja deixando muito dinheiro ou oportunidades de lado fazendo as coisas do seu jeito. A única boa ideia sobre o seu empreendimento é que existe uma maneira melhor de fazer negócios.

Sempre faça perguntas

Como você ficará sabendo se seu teste foi bem-sucedido? Como encontrar um modo melhor de fazer as coisas? A resposta é: fazendo uma profunda reflexão. Deixe de lado o medo de ouvir respostas negativas que impedem um questionamento honesto, pois, quando enfrentadas corretamente, as verdades cruas levam ao aprimoramento. Pergunte-se:

- Existe uma maneira melhor de fazer o que fazemos?
- O que podemos aprender com outros na mesma área de atuação?
- Quem pode nos ajudar a fazer melhor o que fazemos?
- Os números atuais são de fato os melhores que podemos conseguir?
- Estou me aprimorando ano a ano fazendo o que eu faço?
- Como me desenvolver de forma a ajudar minha equipe a evoluir?

Paul chama essas perguntas de porta para a disposição – para tentar coisas novas, assumir mais riscos, mudar o que não está funcionando e se estender melhor do que no passado. Eu adoro isso.

Adote o seu potencial como referência – não seu passado

Em geral, os líderes definem um bom ano com base no ano anterior, mas grandes realizações nunca usam o ontem como referencial, pois essa é uma atitude que mais protege contra perdas do que propicia ganhos. Para conquistar um progresso significativo, um líder deve comparar o potencial futuro de sua equipe ou organização com as oportunidades a sua disposição. Testar-se é uma forma de desafiar o *status quo* e alcançar esse potencial.

2. Fracassar

Testar-se pode ser uma experiência desafiadora e assustadora. Por quê? Porque pode levar ao fracasso. Entretanto, o fracasso é um passo essencial no ciclo de sucesso. Paul Martinelli comenta: "A aceitação da possibilidade de falhar é essencial para que o líder dê o exemplo e a equipe possa incorporá-lo". Nesse sentido, permitir que o medo de falhar controle nossas atitudes e ações impedirá que nos tornemos o líder que temos potencial para ser; além disso, jamais vamos levar nossa equipe ou organização a realizar tudo de que são capazes alcançando seu potencial máximo.

Paul atuou como *mentor* ajudando as pessoas a alcançar seu potencial por mais de uma década. Quando era um jovem empreendedor, ele queria ensinar a outros líderes empresariais o que havia aprendido por meio de experimentação, e, ciente de que algumas pessoas têm dificuldade em assumir riscos, ele observa:

> A maioria das pessoas – incluindo líderes – tenta tudo ao seu alcance para evitar o fracasso. E deveriam. O que não devem é evitar apostar alto, assumir grandes riscos ou implementar novos esforços que os tornem vulneráveis ao fracasso, para que possam buscar os benefícios do crescimento. Creio que não foi minha vontade nem a da minha equipe de dar o nosso melhor o que nos levou a algumas de nossas maiores realizações. Devemos dar o nosso melhor o tempo todo, mas sim, foi a nossa vontade de dar o nosso máximo, de testar todas as oportunidades possíveis, de testar as inovações que surgem e de testar a capacidade e o potencial de cada um.

Para ser bem-sucedido, é preciso aceitar a possibilidade de fracassar, mas é importante que você mantenha uma atitude positiva e a confiança total em si mesmo no momento da queda. O que isso significa? Como manter a atitude certa?

Encare a falha como o companheiro constante de sucesso

O progresso sempre nos faz adentrar num território inexplorado, o que significa abrir-se a análises e críticas, e, por consequência, expor-se a novas pressões e demandas. É humano perguntar-se: Estamos aptos ao desafio? Uma pequena e ansiosa parte de você provavelmente preferiria não correr riscos, mas essa parte é o que impede muitos líderes em potencial de agir e tornarem-se produtivos e eficientes.

O preço do sucesso é o fracasso. Como dizem, os foguetes que explodiram na plataforma de lançamento permitiram as pegadas na lua, e os muitos circuitos queimados permitiram que a eletricidade iluminasse o mundo. Se quisermos obter sucesso, precisamos assimilar o fracasso.

Twyla Tharp, uma coreógrafa muito criativa, tem expandido os limites de sua arte há décadas. Em uma entrevista para a revista *Harvard Business Review*, ela comenta, "Mais cedo ou mais tarde, toda mudança efetiva inclui o falhar – mas não no sentido em que muitas pessoas entendem o fracasso. Se você se limita a fazer o que sabe e faz muito, muito bem, é provável que não cometa falhas, mas acabará se estagnando, e seu trabalho ficará menos e menos interessante, e será corroído pelo fracasso. Já o fracasso legítimo é uma marca da realização no sentido de que algo novo e diferente foi tentado".[10]

> O preço do sucesso é o fracasso.

As únicas pessoas que nunca falharam são aquelas que não tentaram. Não se pode esquecer que, por definição a experimentação inclui o teste e o "erro", e precisamos nos acostumar com isso.

Encare o sucesso como multicolorido, não algo "monocromático"

Como seria a vida se tudo que você fizesse fosse bem-sucedido? Acredito que seria uma existência maçante, previsível e sem graça, pois as lutas que travamos fazem os sucessos obtidos valerem a pena, e, sem sofrer, como podemos dar valor ao nosso progresso? Precisamos acolher o inesperado e estar abertos a uma imagem de sucesso diferente da esperada.

> As lutas que travamos fazem os sucessos obtidos valerem a pena. Sem sofrer, como podemos dar valor ao nosso progresso?

Recentemente, li um artigo sobre música escrito por Allison Eck, que trabalha em uma série de documentários da rede PBS chamada *NOVA*. Nele, Eck analisa algumas das diferenças entre os músicos clássicos e os jazzistas e a abordagem musical de ambos. Achei especialmente interessante o que ela falou sobre as notações musicais chamadas "acidentes". Allison escreveu:

> Na música, "acidentes" representam alterações do tom – tempo, falhas musicais – que não pertencem à escala ou registro em uso no momento. Um nome mais adequado para essas notas alteradas seria "propositais", visto que elas sempre são escritas em uma peça por uma razão específica. No clássico, no jazz e em qualquer outro gênero, os acidentes subvertem as expectativas dos ouvintes... propositadamente.
>
> A parte mais legal sobre os acidentes é que eles extrapolam os limites musicais sem a menor cerimônia. Os músicos enfatizam essas notas; eles dramatizam a presença delas, como se dissessem: "sim, você me ouviu corretamente". Os acidentes nos mostram como é banal discutir sobre categorias ou rótulos – independentemente do tipo de trabalho que esteja fazendo, o "acidente-proposital" é um fenômeno quase universal.[11]

Uma vida produtiva é colorida, não cinza monocromática, e o progresso de uma pessoa pode assumir muitas formas variadas. A incapacidade de alcançar seu intento pode muitas vezes levar a um tipo de sucesso completamente diferente – inclusive a uma versão melhor do que você pudesse imaginar.

Uma vez superado, o fracasso é divertido! Ao lhe proporcionar "notas" que você não ouviria necessariamente, o fracasso adiciona um colorido. O sucesso, por sua vez, é uma coletânea de aspectos bons, "aspetos acidentais", dificuldades, novidades e aprendizado. Então, aceite o conselho da Allison: "Seja como um acidente, ou seja, desvie-se do esperado, mas consciente do contexto em que você fará isso. Qual a justificativa do seu acidente? Como isso se relaciona com tudo o mais em sua história, arte ou sua criação? Aumente o volume dos seus erros de propósito".[12] Em outras palavras, esteja disposto a fracassar.

Crie uma estratégia para superar o fracasso

Por que tantas pessoas são atoladas pelo fracasso? Sarah Rapp, uma consultora de uma *startup* de impacto social, disse: "Quando se trata de falhar, nosso ego é o grande inimigo, pois, assim que as coisas começam a dar errado, nosso mecanismo de defesa entra em ação e nos incita a fazer todo o possível para salvar a pele". Em um artigo que escreveu depois de entrevistar o economista Tim Harford, autor de *Adaptar: por que o sucesso sempre começa com o fracasso*, Sarah pondera que o fracasso provoca uma variedade de reações. A primeira delas é a negação: "Admitir que erramos e tentar corrigir o erro parece ser a coisa mais difícil do mundo, pois", nas palavras dela, "isso exige que você desafie o *status quo* de sua própria obra". Outra reação é perseguir nossas perdas: "Ficamos tão ansiosos para não 'salientarmos uma decisão que lamentamos', que acabamos causando ainda mais danos ao tentar apagá-la. Por exemplo, um jogador de pôquer, ao perder uma boa soma de dinheiro, em seguida eleva a aposta que normalmente faria numa tentativa apressada de recuperar o dinheiro perdido e 'apagar' seu erro".

Sarah sugere ainda que tentemos nos desprender dos nossos fracassos e nos esforçar para não nos apegar demais aos nossos planos. "O perigo é um plano que nos seduz a pensar que o fracasso é improvável e que por isso a adaptação torna-se desnecessária", ela escreveu, "uma espécie de plano 'Titanic', impossível de afundar (até atingir o iceberg)".[13]

Desenvolvi minha própria estratégia para lidar com o fracasso, e ela é a mesma que uso para o sucesso: a regra das 24 horas. Eu me concedo apenas 24 horas para celebrar um sucesso ou chorar por um fracasso; depois disso, sigo em frente. Como líder, não posso deixar o ontem controlar o hoje. pois o ontem terminou na noite passada. Preciso olhar adiante e me preparar para o dia de hoje.

3. Aprender

Certo amigo compartilhou comigo uma fórmula para se tornar um sucesso da noite para o dia. Ele disse:

> Compareça todos os dias.
> Trabalhe duro.
> Tente coisas novas.
> Fracasse.
> Aprimore-se.
> Cresça.
> Enfrente inúmeros desafios e rejeições.
> Duvide de si mesmo.

Pense em desistir.
Mas não o faça.
Então, repita tudo de novo e de novo.
Faça isso por meses, anos, ou mesmo décadas, e logo poderá se tornar um sucesso "da noite para o dia".

Um dos benefícios mais importantes de adotar uma postura correta como líder surge após ter testado e fracassado, pois é quando temos a maior oportunidade de aprender. Como o treinador em liderança Roland Niednagel comentou: "Um erro não passará de uma falha se você não aprender com ele". Nem todos os líderes aceitam essa verdade, e, segundo minha própria experiência, as pessoas fazem uma destas três coisas quando fracassam:

- Resolvem que não voltarão a se enganar – o que é uma tolice.
- Permitem que seus erros as acovardem – o que é fatal.
- Desenvolvem a segurança para aprender com seus erros – o que é promissor.

Um erro não passará de uma falha se você não aprender com ele.

— ROLAND NIEDNAGEL

Eu adoro a abordagem do Paul sobre "aprender" nesta fase do processo, pois ele encara o aprendizado semelhante a *ser informado*, mas o descreve como *ser formado*. Fracassar e aprender contribuem para nossa formação, para definir quem somos. Paul explica:

> O mais estimulante na aprendizagem, se o líder estiver aberto a ela, é que de fato "forma" os aspectos mais significativos do líder e de sua equipe. A aprendizagem forma novos padrões de pensamento, novos estilos de comunicação, novos relacionamentos, novos hábitos, novas crenças e novos modelos mentais. Nós, de fato, nos tornamos completos interiormente, e esses novos padrões se tornam uma nova base mais sólida onde vamos construir e nos fixar. O processo de teste-erro-aprendizagem cria o novo conteúdo para nós e para a equipe, e esse conteúdo passa a integrar o currículo da nossa evolução. Aprendemos tanto o que funciona como o que não funciona; ambos são necessários e igualmente valiosos para um líder. Aprendemos o modo como devemos e não devemos motivar e promover nossa equipe.

Ainda não conheci um líder bem-sucedido que não tivesse espírito de aprendiz, e a melhor parte é que aprender não requer talento nem experiência, ou seja, basta apenas a postura certa. Podemos assumir riscos se entendermos o fracasso como normal e aprendermos com ele de forma positiva; podemos nos aventurar por um território inexplorado, e enfrentar perdas; podemos estimular nosso potencial de alcançar virtualmente qualquer coisa como líderes, e, assim, ajudar nosso pessoal a ultrapassarem suas expectativas mais ousadas.

4. Aprimorar-se

Qual é o grande valor da aprendizagem? Creio que seja o nosso aprimoramento, pois é aí que botamos o pé na estrada; caso contrário, o que aprendemos fica apenas no âmbito acadêmico.

Muitas vezes, o sucesso vem com a questão: "O que tenho a ganhar com isso?" Já o aprimoramento sempre pergunta: "O que vou me tornar?" Aprimoramento por meio do crescimento é a única garantia de que amanhã será melhor, até porque o perfil de alguém que evolui parece diferente do perfil de outras pessoas.

Todo mundo	Nem todo mundo
Comete erros	Corrige os erros
Ouve	Escuta
Tem problemas	Resolve os problemas
Cai	Fica de pé
Recebe lições da vida	Melhora com as lições de vida
Precisa fazer mudanças	Faz mudanças

A psicóloga e socióloga Heidi Grant Halvorson caracteriza a diferença entre aqueles que desejam melhorar e aqueles que desejam provar aos outros que já têm o necessário. Ela escreveu:

> As pessoas abordam qualquer tarefa com uma dentre duas mentalidades: o que eu chamo de mentalidade "Sou bom", cujo foco está em provar que você tem muita capacidade e já sabe o que está fazendo, e a mentalidade 'Melhorar sempre', que enfatiza o desenvolvimento de habilidades. Pense nisso como o contraste entre querer provar que você é inteligente e querer se tornar mais inteligente.

O problema com a mentalidade 'Sou bom' é que ela causa problemas quando nos deparamos com algo estranho ou difícil. Nesse momento, começamos a nos preocupar com erros, porque eles significam que nos falta habilidade, o que gera muita ansiedade e apreensão...

> Muitas vezes,
> o sucesso vem com a questão:
> "O que tenho a ganhar com isso?"
> Já o aprimoramento sempre pergunta:
> "O que vou me tornar?"
>
> — JAMES M. KOUZES E BARRY Z. POSNER

A mentalidade 'Melhorar sempre', por sua vez, é praticamente à prova de falhas. Quando refletimos sobre o que estamos fazendo em termos de aprendizagem e domínio, aceitando que estamos sujeitos a cometer erros pelo caminho, ficamos motivados apesar dos contratempos que possam ocorrer.[14]

No livro *O desafio de liderança*, Kouzes e Posner escreveram: "Os líderes devem desafiar o processo justamente porque todo sistema conspirará inconscientemente para manter o *status quo* e evitar a mudança".[15] Quem lidera uma equipe de pessoas tem por responsabilidade demonstrar uma postura de aprimoramento diante do grupo e ajudar os membros a adotá-la. Quando os indivíduos se aprimoram e conseguem agregar valor às coisas que mais valorizam, eles mudam sua perspectiva sobre as possibilidades e expandem seu potencial.

Quero fazer mais uma observação sobre aprimoramento aqui. Acredito que alcançar qualquer medida de sucesso pode prejudicar nossa capacidade de conceber um sucesso ainda maior a alcançar. Eu costumava ficar animado na sequência de todo episódio de sucesso a ponto de dizer "Se melhorar, estraga!". Mas a verdade é que, mesmo diante de um grande sucesso, devemos seguir buscando formas de nos aprimorar.

> Os líderes devem desafiar
> o processo justamente porque
> todo sistema conspirará inconscientemente
> para manter o *status quo*
> e evitar a mudança.
>
> — JAMES M. KOUZES E BARRY Z. POSNER

Eu encaro isso como o efeito do "horizonte do sucesso". Já explico o que isso quer dizer. Quando somos bem-sucedidos, fica difícil enxergar o potencial que está além do horizonte do sucesso, no entanto, não podemos deixar isso interromper nossos esforços para melhorar e precisamos continuar buscando a satisfação. O velho ditado "Se não está quebrado, não conserte" pode prejudicar nosso aprimoramento e o estímulo daqueles que nos rodeiam.

Um exemplo da necessidade de superar o horizonte do sucesso pode ser visto no meu trabalho na revisão deste livro. Por que eu revisaria um livro que vendeu mais de dois milhões de cópias – algo que, no mundo editorial da não ficção, representa uma conquista e tanto? Porque eu sabia que poderia melhorar. A postura de empreender esforço para alcançar o próximo estágio é inestimável para um líder.

5. Retomar

Depois de ter testado uma nova maneira de fazer algo, falhado, aprendido e aplicado o que aprendeu, você estará pronto para retomar na corrida, com determinação absoluta redobrada e adotando novas abordagens com relação aos desafios e a forma de liderar os outros. Descobri que, quando passei por esse processo, meu grau de comprometimento aumentou, e isso me tornou um líder melhor.

Em meados da década de 1970, enquanto eu liderava minha segunda congregação em Lancaster, Ohio, enfrentei alguns desafios que me tentaram a desistir, mas eu sabia que não era o modo certo de agir. Eu queria perseverar, então, toda vez que tentava algo novo e fracassava, tentava aprender com aquilo e aplicar o resultado na minha vida no intuito de me aprimorar. Mas, ainda assim, eu me sentia desencorajado, e, para combater esse sentimento, escrevi algo para me servir de estímulo, buscando inspiração no alpinista escocês W. H. Murray, cujas mensagens eu carregava comigo em um cartão plastificado. Ela dizia:

O SEGREDO É O COMPROMISSO

Até eu me comprometer, certa hesitação permanece, uma chance de recuo, mas, a partir do momento em que eu me comprometo de verdade, Deus também atua, e toda uma série de eventos começa a ocorrer. Todas as formas de imprevistos, de encontros, de pessoas e de assistência material que eu jamais poderia sonhar que cruzariam meu caminho fluem na minha direção... no momento em que me comprometo.

Anos depois, quando eu estava liderando minha terceira igreja em San Diego, mandei plastificar cartões com a mesma mensagem impressa para distribuir à minha equipe, pois queria que eles fossem inspirados a renovar sua convicção e continuassem liderando ainda que em momentos de desânimo.

Espero que este capítulo sobre a atitude tenha servido de inspiração para que você se dedique a desenvolver a determinação necessária para lhe dar uma vantagem extra na liderança, vantagem esta que vai lhe garantir uma superioridade não apenas no seu próprio raciocínio, mas na sua capacidade de atrair, liderar e inspirar os outros.

Se você for como eu, vai se beneficiar ao ler palavras de estímulo para manter uma atitude positiva. Estou sempre em busca de livros e citações que me inspirem a seguir de cabeça erguida e a encorajar os membros da minha equipe. Recentemente, descobri algo de Mark Batterson, autor de um livro chamado *Chase the Lion* [Vá atrás do leão], no qual o autor apresenta o que chama de Manifesto do Caçador do Leão. Tal como eu, Mark é uma pessoa de fé, portanto, espero que você não se ofenda com sua perspectiva, mas, ainda que ignore suas observações relacionadas a Deus e à fé, acredito que você possa achar as palavras dele inspiradoras.

Manifesto do Caçador do Leão

Pare de viver como se o propósito da vida fosse chegar com segurança à morte. Corra em direção ao rugido.

Defina objetivos da dimensão de Deus e pergisa as paixões oriundas dele.

Vá atrás de um sonho que está destinado ao fracasso se não tiver a divina intervenção.

Pare de apontar problemas. Torne-se parte da solução.

Pare de repetir o passado. Comece a criar o futuro.

Enfrente seus medos. Lute por seus sonhos.

Segure a oportunidade pelos chifres e não a solte!

Viva como se hoje fosse o primeiro e o último dia da sua vida.

Queime as pontes do pecado. Percorra novas trilhas.

Viva pelo aplauso de mãos marcadas pelas unhas.

Não permita que o que está errado com você o impeça de adorar em justiça diante de Deus.

Ouse fracassar. Ouse ser diferente.
Chega de resistir. Chega de se segurar. Chega de fugir.
Vá atrás do leão.

Seja qual for o leão em sua vida, eu o encorajo a adotar uma atitude de determinação e a perseguir o leão com todo o valor que você possui, e, ainda que nunca o pegue, você nunca se arrependerá.

DESENVOLVENDO O CRENTE POSITIVO DENTRO DE VOCÊ

Eu observei que as pessoas nascem com uma inclinação natural com relação à atitude. Meu pai se dirigia a meus irmãos e a mim com palavras positivas e encorajadoras conforme crescíamos. Ele era um incentivador constante; no entanto, mais tarde ele admitiu que não nascera daquele jeito, e, portanto, teve de trabalhar para começar a acreditar positivamente em sua própria habilidade e na dos outros.

Vencedor ou perdedor nato?

Qual é a sua inclinação natural? Você nasceu se considerando um ganhador ou um perdedor? Vencedor ou vítima? Se você já é positivo, ótimo, siga assim; se nasceu considerando o copo meio vazio, precisa melhorar sua atitude se quiser desenvolver o líder dentro de você. Comece o processo mantendo um diário de gratidão, e todas as manhãs, faça uma lista das coisas pelas quais sente gratidão. Não comece o seu dia sem antes ter escrito pelo menos uma coisa, e, antes de dormir, adicione à sua lista matinal todas as coisas pelas quais você se sente grato que aconteceram naquele dia. Dia após dia, continue adicionando itens à sua lista de gratidão.

Depois de fazer isso todos os dias por um mês todo, pergunte a alguém que lhe conheça bem se notou alguma mudança em sua atitude.

Falhe de propósito

Assuma um risco profissional neste mês que você considere destinado ao fracasso, para que possa usar o processo descrito neste capítulo para melhorar sua atitude. Comece por decidir qual será o "teste" e anote o primeiro passo aqui.

1. Teste
2. Fracasse
3. Aprenda
4. Aprimore
5. Retome

Depois de escrever qual será o teste, dê início a ele, e, se falhar, escreva sobre isso no número 2. Em seguida, avance relatando o que aprendeu, como pode melhorar e o que deve fazer para se reconciliar como líder.

Se você não falhar, então complete os passos três a cinco, mas logo faça um novo teste, pois você não se beneficiará de verdade desse processo até ter falhado e conseguido enfrentar seu erro.

SETE

A ESSÊNCIA DA LIDERANÇA: ESTAR A SERVIÇO DOS OUTROS

Passei um total de 26 anos liderando igrejas na função de pastor titular, mas, quando era um líder jovem em início de carreira, meu foco inicial não era servir pessoas, mas fazer coisas grandiosas e avançar. Fui treinado e formado para assumir uma abordagem hierárquica de liderança, pois assim eram percebidos os pastores, que recebiam instrução, eram ordenados e posicionados para se colocarem distantes e "acima" de suas congregações. Seu dever era pregar as mensagens, dar conselhos corretos e coordenar os ritos da igreja — os modelos de liderança eram todos hierarquizados.

Foi então que, ao presenciar uma palestra de Zig Ziglar, eu o ouvi dizer: "Se você ajudar as pessoas a conseguirem o que desejam, elas irão ajudá-lo a obter o que você quer". Ele estava falando da liderança servil, e essa ideia abalou meu mundo.

MUDANÇA DE ESPÍRITO

O comentário de Zig me fez perceber algo: O que eu fazia era buscar a ajuda dos outros, e não procurar ajudar outros; então, percebi que minha atitude em relação às pessoas não era correta, e esse conhecimento foi o primeiro passo em uma jornada que, por fim, me permitiu descobrir que a essência da liderança está baseada em servir aos outros, e não a nós mesmos. Isso me desafiou a inverter a "pirâmide de poder", e coloquei os outros no topo e a mim mesmo na base.

> A essência da liderança está baseada em servir aos outros, e não a nós mesmos.

Comecei a mudar meu foco de liderança para capacitar os outros a fazer o que eu estava fazendo, e o verdadeiro argumento veio quando eu li uma passagem na Bíblia como se fosse pela primeira vez. Estava escrito: "Então o próprio Cristo designou alguns para apóstolos, outros para profetas, outros para evangelistas, outros para pastores e mestres, com o fim de preparar os santos para as obras do ministério, para que o corpo do Cristo seja edificado".[1] Isso deixou claro que minha responsabilidade como pastor era preparar os irmãos para realizar a obra de Deus e edificar a igreja. Naquele momento, compreendi que não devia reunir pessoas para me ajudar a edificar minha congregação, mas sim que devia servir ao meu povo e ajudá-lo a edificar a igreja de Deus, e desde aquele dia minha liderança passou a se resumir a servir aos outros, e não a ser servido pelos outros.

São passados 45 anos, mas minha concepção de liderança e minha abordagem a ela continuaram sendo moldadas por outras pessoas nessa área. Fui influenciado por Robert Greenleaf. Em 1970, ele escreveu um ensaio chamado *The Servant as Leader* [O servo como líder], que mais tarde se completou dando origem ao livro *Servant Leadership* [O ministério da liderança]. Greenleaf escreveu:

> O líder servil é antes um servo... Começa com o sentimento natural do desejo de servir, servir antes de tudo, e então a escolha consciente traz a aspiração pelo liderar... A missão primeira assumida pelo servo [que é líder] é garantir que as necessidades prioritárias de outras pessoas sejam atendidas. O melhor e o mais difícil teste a ser aplicado é: os que são servidos por nós se aprimoram como pessoas? Será que eles, ao serem assistidos, se tornam mais saudáveis, mais sábios, mais livres, mais autônomos, ficam mais propensos a se tornarem servos? E qual o impacto sobre os menos privilegiados na sociedade? Será que eles são beneficiados ou, pelo menos, não serão mais carentes?[1]

Outros livros, como *Leadership is an Art* [Liderança é uma arte], de Max De Pree, ex-presidente da Herman Miller, e *The Soul of the Firm* [A alma da empresa], de C. William Pollard, presidente emérito da ServiceMaster, também me ajudaram na jornada para me tornar um líder servil. Mas o livro que me marcou mais foi o de Eugene Habecker, *The Other Side of the Leardership* [O outro lado da liderança]. Ele me convenceu de que agregar valor aos outros precisava estar no cerne da minha liderança. Tenho o privilégio de conhecer Eugene há mais de 30 anos, e as palavras em seu livro correspondem à descrição da vida dele. Ele diz: "O verdadeiro líder serve:

serve às pessoas e aos interesses delas, e, ao fazer isso, nem sempre conquista popularidade, e também pode não impressionar. Mas como os verdadeiros líderes são motivados por uma preocupação afetuosa e não por um desejo de glória pessoal, eles estão dispostos a pagar o preço".[3]

Inspirado pela vida e pelo livro de Eugene, tomei duas decisões: em primeiro lugar, eu colocaria as preocupações dos outros acima da minha própria e, em segundo, amaria as pessoas incondicionalmente. A primeira era uma questão de vontade, ao passo que a segunda representava uma mudança de atitude. E, como sou uma pessoa de fé, adotei as seguintes palavras da Bíblia como uma missão de vida:

> Ordene aos que são ricos no presente mundo que não sejam arrogantes, nem ponham sua esperança na incerteza da riqueza, mas em Deus, que de tudo nos provê ricamente, para a nossa satisfação. Ordene-lhes que pratiquem o bem, sejam ricos em boas obras, generosos e prontos a repartir. Dessa forma, eles acumularão um tesouro para si mesmos, um firme fundamento para a era que há de vir, e, assim, alcançarão a verdadeira vida.[4]

Enquanto me esforço para viver dessa maneira, adotei algumas orientações que procuro praticar diariamente para me tornar um melhor líder servo:

- ***Não confio no meu posto ou título:*** Sou grato pelas minhas realizações, mas não me baseio nelas para me ajudar a liderar. Eu trabalho para conquistar o respeito todos os dias, cumprindo o que prometo e servindo aos outros.
- ***Escolho acreditar nas pessoas e no seu potencial:*** Eu me importo com as pessoas, porque é o certo, mas há também razões práticas para acreditar nos outros. Descobri que, quanto mais acredito no potencial das pessoas e quanto mais as sirvo, mais seu potencial aumenta, e, com isso, todos ganham.
- ***Tento ver as coisas do ponto de vista dos outros:*** Somente é possível liderar e servir aos outros quando conhecemos seus pensamentos e seu coração. Eu me conecto deliberadamente com as pessoas e tento ver do ponto de vista para melhor atendê-las.

- ***Eu trabalho para criar um ambiente de incentivo:*** Poucas coisas são melhores do que pertencer a uma equipe de pessoas que desejam servir uns aos outros. Quando os líderes estão dispostos a servir às pessoas e encorajar os outros a servir, um espírito de cooperação emerge, do tipo "um por todos e todos por um", e isso cria um ambiente positivo e fomenta uma sensação de fidelidade entre os membros da equipe.
- ***Eu avalio meu sucesso por meio do valor que agrego aos outros:*** Quando você decide servir aos outros como líder, o sucesso da equipe se torna seu sucesso. Lembro-me quando vivi essa mudança de mentalidade — foi como se meu mundo tivesse se expandido naquela hora. É verdade: um é um número pequeno demais para alcançar a grandeza, mas poucas coisas são mais importantes que ajudar sua equipe a vencer em grupo.

Eu ainda não estou onde gostaria de estar com relação a servir às pessoas, mas faço um esforço contínuo para melhorar.

O PODER DE SERVIR AOS OUTROS

> Quando você decide servir aos outros como líder, o sucesso da equipe se torna seu sucesso.

Meu desejo de servir às pessoas deriva da minha fé, mas você não precisa de fé para servir aos outros. A atitude, a prioridade e a prática de servir aos outros fazem sentido no âmbito comercial e são acessíveis a todos. O consultor de empresas S. Chris Edmonds define a liderança servil como "a dedicação de uma pessoa para ajudar os outros a ter o melhor desempenho em casa, no trabalho e em sua comunidade. Toda pessoa pode servir – e liderar – qualquer que seja sua posição ou função na família, local de trabalho ou comunidade".[5]

Ao considerar o discurso de diversos líderes muito admirados, é possível observar o aspecto do servir aos outros em suas atitudes em relação à liderança. Seguem alguns exemplos:

- **George Washington**: "Todo cargo que permite a um homem servir seu país é honroso".
- **Benjamin Franklin**: "Ninguém é inútil neste mundo no tocante a aliviar o fardo de outra pessoa".

- **Mahatma Gandhi**: "A melhor maneira de se encontrar é perder-se a serviço dos outros".
- **Albert Schweitzer**: "Eu não sei qual será o seu destino, mas de uma coisa eu estou certo: os únicos de vocês que serão realmente felizes são aqueles que buscarem e descobrirem como servir".
- **Martin Luther King Jr.**: "Todos podem ser grandes, porque todos podem servir".
- **Nelson Mandela**: "Eu estou aqui diante de vocês não como um profeta, mas como um servo humilde de vocês, o povo".

Todas essas pessoas têm em comum ser agentes de transformação, uma vez que vidas foram incrivelmente mudadas pelo encontro com elas, seus valores foram transferidos aos outros e se obras de serviço não somente ajudaram outros, mas se tornaram um modelo a ser imitado por todos. Como diz o ditado, eles estavam preocupados em ensinar as pessoas como pescar, não simplesmente dar-lhes o peixe, pois queriam incentivar a autonomia entre as pessoas e estimular a prosperidade para as futuras gerações por meio de mudanças duradouras, não desenvolver sua dependência com base nos serviços prestados a seus líderes.

> Ninguém é inútil neste mundo no tocante a aliviar o fardo de outra pessoa.
>
> — BENJAMIN FRANKLIN

Ann McGee-Cooper e Duane Trammell têm uma perspectiva interessante sobre esse assunto. Ambos acreditam que os líderes foram posicionados como heróis nas organizações e na nossa cultura, porém acreditam que os líderes precisam passar de heróis a servos. Em um artigo intitulado '*De líder herói a líder servil*', eles escreveram: "Os verdadeiros heróis do novo milênio serão líderes servis, trabalhando silenciosamente longe dos holofotes para transformar o mundo". Como eles deveriam fazer isso? Eles listam cinco coisas. Os líderes servis devem ouvir sem julgar, ser autênticos, construir uma comunidade, compartilhar o poder e preparar as pessoas.[6]

PERGUNTAS PARA AJUDAR A SERVIR MELHOR ÀS PESSOAS

É meu grande desejo que você cresça como um líder que serve aos outros todos os dias e, para ajudá-lo a fazer isso, quero compartilhar algumas perguntas que podem ser úteis.

1. A questão sobre valor agregado: "O que posso fazer para ajudar as pessoas a obter sucesso?"

Helen Keller observou: "Sozinhos podemos fazer muito pouco, mas, juntos, podemos fazer muito". Como os líderes servis definem o sucesso dos outros como sucesso próprio, eles se concentram em ajudar os outros a ter sucesso, e um dos melhores modos de fazer isso é agregando valor às pessoas.

Ao escrever esse texto, sei que tenho quatro ligações agendadas para fazer logo mais, duas delas para discípulos meus. Imagino que eles vão me pedir para orientá-los sobre problemas relativos à liderança e farei o máximo para ajudá-los a enfrentar seus desafios de forma eficaz.

As outras duas ligações são para líderes de duas empresas nas quais tenho palestras agendadas. Esses contatos preparatórios foram planejados para que eu possa descobrir como servir melhor aos meus anfitriões quando falar para seu pessoal; faço isso antes de cada apresentação, e aproveito para fazer muitas perguntas, tais como:

- Você tem um tema para a palestra?
- Quais são suas expectativas com relação a mim?
- O que você deseja que eu diga que poderá lhe servir de grande ajuda?
- Além de palestrar, há algo mais que eu possa fazer por você?

Minha assistente, Linda Eggers, sempre participa dessas conversas e faz anotações detalhadas sobre tudo, e somente depois de fazer essas e outras perguntas e ouvir suas respostas é que compartilho algumas de minhas percepções de como ajudá-los. E eu sempre me certifico com eles se estou ou não no caminho certo.

Por que todo esse trabalho? Meu papel é simples: palestrar e servir. Eu já vi muitos oradores que têm uns poucos discursos decorados que usam com o público em geral, independentemente do desejo ou da necessidade de quem vai assistir, mas meu desejo é servir meu anfitrião e meu público, por isso elaboro uma fala para atender à agenda específica deles, pois sei que não se trata de mim. A pergunta que faço ao final da minha interação com eles é: "Eu ajudei vocês?". Concordo com a perspectiva de Tom Peters, que disse: "Organizações se destinam a servir. Ponto. Líderes vivem para servir. Ponto final".

Um dos melhores líderes servis que conheço é Mark Cole, diretor executivo das minhas empresas e que é o melhor "segundo no comando" com quem já trabalhei. Quando começamos nossa jornada juntos, ele perguntou como ele poderia me servir melhor, e minha resposta foi simples: "Fique perto de mim e me represente bem perante minhas empresas". Esse pedido está alinhado com o *Princípio da proximidade* que eu ensino e sigo: os mais próximos do líder têm mais oportunidades para servi-lo.

> Organizações se destinam a servir. Ponto. Líderes vivem para servir. Ponto final.
>
> — TOM PETERS

Mark costuma viajar comigo para que possamos conversar sempre sobre as empresas, mas quando não estamos juntos fisicamente, ainda assim mantemos o contato. Mark está disponível para mim nas 24 horas do dia, assim como minha assistente, Linda Eggers, que trabalha comigo há mais de 30 anos, e ambos fazem isso com alegria. A pauta deles é cumprir a minha pauta.

Mark me serve, mas eu também o sirvo. Minha resposta à pergunta "O que posso fazer para ajudá-lo a ter sucesso?" é oferecer a ele o meu tempo. Eu sou mentor do Mark e procuro assegurar que ele tenha os recursos necessários para fazer seu trabalho, além de também buscar ativamente oportunidades que o façam crescer; atualmente, procuro ajudá-lo a aprimorar sua habilidade de falar em público.

2. A questão diária: "Do que as pessoas precisam diariamente de mim, mas que talvez não queiram me pedir?"

Os melhores líderes servis antecipam as necessidades de seu pessoal e são proativos para ajudar as pessoas que lideram. Muitos líderes adotam uma postura de: "Se precisarem de algo, é só pedir. Minha porta está sempre aberta". Isso merece uma reflexão: em vez de deixar a porta aberta, saia pela porta, dirija-se até onde o seu pessoal está e procure *oferecer* tudo de que eles precisam. Então, ofereça algo a eles *antes* mesmo que solicitem, pois não pode presumir que outros tenham os mesmos desejos e expectativas que você.

Como já citei anteriormente, admiro muito o Papa Francisco, e para mim foi um privilégio conhecê-lo e poder observar sua liderança servil em ação por algumas horas. Recentemente, li uma mensagem que ele enviou aos diáconos da igreja, na qual ele disse:

> Como nos tornarmos "servos bons e fiéis" (Mt 25:21)? Como primeiro passo, somos convidados a estar disponíveis. Um servo descobre diariamente o desapego de fazer tudo do seu próprio modo e viver a vida como ele faria.

> Todas as manhãs, ele treina para ser generoso em sua vida e para perceber que o resto do dia não será dele, mas entregue aos outros. Aquele que serve não pode acumular seu tempo livre; ele é forçado a abandonar a ideia de ser o senhor de seus dias, pois sabe que seu tempo não pertence a ele, mas é um presente de Deus que lhe é oferecido de volta e que somente dessa maneira dará frutos. Aquele que serve não é escravo de seus compromissos, mas está sempre pronto a lidar com o inesperado, sempre disponível para seus irmãos e irmãs e sempre aberto às muitas surpresas de Deus. Um servo sabe como abrir as portas de seu tempo e espaço interior para aqueles que o rodeiam, incluindo os que batem à porta em horas não apropriadas, ainda que isso envolva deixar de lado algo que ele gosta de fazer ou abrir mão do merecido descanso. Queridos diáconos, se vocês mostrarem que estão disponíveis para os outros, seu ministério não será egoísta, mas evangelicamente frutífero.[7]

Esse é um excelente conselho para todos os líderes, não apenas os embasados na fé, uma vez que servir aos outros começa como atitude e então se transforma em ação. Se você se perguntar do que os outros precisam e atuar a favor de suas descobertas diariamente, servir logo se tornará um hábito.

Eu gosto muito de uma música que foi escrita por meus amigos, os Goads, uma família de cantores com coração servil. Quando meu filho Joel passou por uma fase difícil na adolescência, eles o levaram em sua turnê como membro de sua equipe técnica, o que deu a ele a chance de alçar o próprio voo e desenvolver seu talento e suas habilidades. Eles também o amaram e investiram no meu filho.

A música que os Goads escreveram é intitulada *Follow Me* [Siga-me]. Aqui está a letra:

Quero ser alguém que torne as coisas melhores.
Alguém que lhe ajude a alcançar o topo.
Nunca me limitando, fazendo mais do que o que é solicitado,
Vou dar tudo o que tenho.

Siga-me, estou logo atrás de você.
Deixe-me ajudá-lo a carregar o seu fardo.
Deixe-me tornar seu fardo mais leve.
Enquanto seguimos por esta estrada.

Acredito no que você está fazendo.
Deixe-me facilitar sua compreensão.
Farei o possível para tornar seus sonhos realidade.
Siga-me, estou logo atrás de você.

Tentarei propor soluções para os problemas.
Vou me esforçar ao máximo todos os dias.
Diante dos problemas e das tribulações,
Vou me superar.
Alcançaremos o objetivo, não importa o que seja necessário.

Nunca pedindo desculpa.
Arriscando tudo.
Dispostos a fazer o que os outros não farão.
Fazendo mais do que o esperado
Mesmo quando não for minha função.
Atingir o objetivo é mais importante que cumprir um papel.[8]

Essa letra capturou bem a mentalidade das pessoas que oferecem tudo de que os outros precisam, ainda que eles não estejam dispostos a pedir. É assim que nós, líderes, devemos pensar.

3. A QUESTÃO SOBRE APRIMORAMENTO: "EM QUE POSSO ME APRIMORAR PARA PODER SERVIR MELHOR?"

A liderança servil enfatiza a pessoa que você serve, e, para aumentar sua efetividade, você deve valorizar o que é caro para essa pessoa. Não basta meramente "melhorar"; devemos nos aprimorar em áreas relevantes para quem servimos. Como líder, você possui o que os membros da sua equipe precisam, especificamente nas áreas com potencial de beneficiar o seu pessoal?

Mais de 20 anos atrás, Charlie Wetzel veio se juntar a mim para me ajudar com a minha produção escrita. Charlie sabia escrever bem, mas não me conhecia muito bem, então, a primeira coisa que fiz foi dar a ele um conjunto de cem fitas cassete com as minhas lições, para que ele pudesse entender meu estilo de oratória. Entretanto, eu sabia que isso não seria suficiente e que precisava ser proativo ao servi-lo, para que ele pudesse servir a mim e às minhas organizações.

Uma das coisas que fiz foi dar ao Charlie um livro de citações e pedir-lhe para selecionar as que ele considerava melhores. Depois disso, folheei o mesmo livro e marquei as melhores citações, em minha opinião. Em seguida, comparamos nossas escolhas. A princípio, 90% das nossas escolhas não coincidiram, então eu expliquei por que eu gostei das citações que havia destacado, para que ele entendesse o meu raciocínio, e assim seguimos repetindo esse exercício; depois de fazer isso algumas vezes, nossas escolhas coincidiram em 90%. Se eu não tivesse assumido a responsabilidade de tentar ajudar o Charlie, isso teria dificultado muito o trabalho dele.

Para despertar o melhor nos outros, primeiro tenho de despertar o melhor em mim, pois não posso oferecer o que não tenho e você também não. Mas aqui está a boa notícia: conforme você se aprimora, seu respeito próprio se fortalece. As vitórias externas que você experimenta com sua equipe serão resultantes das vitórias internas experimentadas previamente, e cada etapa de aprimoramento permitirá que você se sinta bem consigo mesmo e com sua jornada. Como o meu amigo Mark Cole diz: "O valor de um líder servil reside no porquê de suas ações e no seu desempenho ao agir, não no que ele faz e com que frequência atua, e isso lhe permite dar valor a quem ele é".

> Para despertar o melhor nos outros, primeiro tenho que despertar o melhor em mim, pois não posso oferecer o que não tenho e você também não.

No papel de líder servil, quando se aprimora nas áreas relevantes para os seus liderados, você não apenas evolui, como também torna melhores as pessoas a quem serve, e isso se traduz na sua efetividade e na deles, além de possibilitar um ótimo resultado nos âmbitos pessoal e organizacional.

4. A QUESTÃO SOBRE AVALIAÇÃO: "COMO EU SEI SE ESTOU SERVINDO BEM ÀS PESSOAS?"

Uma das lições que incluí no *The Leadership Handbook* [O manual de liderança] é: para verificar como o líder está fazendo, observe as pessoas. Muitas vezes, a resposta para o bom desempenho do líder fica evidente para os observadores externos. Mas como os próprios líderes chegam à resposta? Como eles sabem se eles estão servindo bem ao seu pessoal?

Ontem investi uma hora na orientação de um jovem líder que tem um grande potencial, e uma das coisas que ele me perguntou foi: "Quais são os elementos essenciais que preciso conhecer e pôr em prática quando começar a me firmar na liderança?" Minha resposta se resumiu a duas palavras: *questionamentos* e *expectativas*. Esse meu conselho para ele também auxilia outros líderes a avaliar como estão servindo seu pessoal.

Para um líder, questionar-se é essencial, pois de que outra forma você saberá onde suas pessoas estão mental e emocionalmente? De que outra forma você pode saber o que eles desejam e do que precisam? De que outra forma você aprenderá a liderá-los? Quando eu era um jovem líder, eu costumava apontar uma direção e depois fazer perguntas — as perguntas eram principalmente para verificar se as pessoas tinham entendido minha orientação —, mas hoje eu faço perguntas antes de sequer cogitar indicar um caminho.

Definir expectativas também é fundamental. Quando era bem novo, eu tentava incluir sorrateiramente as expectativas no diálogo com os membros da minha equipe, divulgando aos poucos e esperando que, com o tempo, eles entendessem tudo sem precisar ser muito direto. Normalmente, eles nunca chegavam a entender o que eu queria, o que era frustrante. Hoje, eu determino as expectativas no início de toda empreitada, e isso esclarece toda a equipe. Também pergunto sobre as expectativas das pessoas lideradas por mim, pois preciso saber o que uma vitória representa para eles.

Tenho falado bastante sobre Mark Cole, meu diretor executivo, porque ele é um líder servil maravilhoso que realiza um excelente serviço e serve às pessoas nas organizações as quais ele lidera. Na verdade, ele faz o possível e o impossível e sempre trabalha muito para superar minhas expectativas. Ele não só as cumpre – mas vai sempre além.

Enquanto eu me preparava para escrever este capítulo, perguntei ao Mark: "O que você faz para sempre superar as expectativas da equipe?" A resposta dele foi muito reveladora. Ele enumerou cinco coisas que faz constantemente:

- Ficar perto de mim para saber o que estou pensando; isso permite que ele transmita a minha visão à equipe.
- Certificar-se comigo para assegurar de que ele está no rumo certo para servir às empresas.
- Perguntar a si mesmo: "Como posso exceder as expectativas dos nossos clientes e da nossa equipe?"
- Continuamente perguntar aos membros da equipe o que eles podem fazer para exceder as expectativas do cliente.
- Assumir para si a responsabilidade de providenciar além do necessário para os outros.

Mark me diz que eu acredito mais nele do que ele próprio, o que o estimula. Para mim, isso é o mínimo que posso fazer para servi-lo. E, como líder, espero que ele transfira essa confiança para as pessoas as quais ele lidera.

Se você tivesse de preparar um relatório sobre como você tem servido seu pessoal, como se autoavaliaria? Você sabe quais são as expectativas do seu pessoal com relação a você e tem compartilhado suas expectativas com clareza? Você questiona seu pessoal permitindo-lhes dizer o que você está fazendo bem e em que aspectos poderia melhorar? Se você não costuma avaliar seu desempenho ao servi-los, provavelmente não está atuando tão bem quanto poderia.

5. A questão do ponto cego: "Qual a opinião das pessoas que trabalham comigo?"

Essa é a minha pergunta favorita porque foi a que mais me ajudou. Todos nós apresentamos pontos cegos, coisas que não enxergamos sobre nós mesmos. Eu nem sempre me vejo como os outros me veem, e nem sempre vejo as coisas como os outros, e tenho certeza de que isso acontece também com você.

Quem tem responsabilidades de liderança apresenta pontos cegos compostos, pois, assim como o líder conta com poder e autoridade, as pessoas que o rodeiam muitas vezes se sentem intimidadas e acham que não podem ser sinceras e honestas com ele. E quanto maior a hierarquia na liderança, mais difícil se torna obter uma leitura verdadeira sobre o que acontece ao seu redor. Muitas vezes, as pessoas dizem aos líderes o que eles querem ouvir, e não o que precisam ouvir, portanto, como líder, além de ter pontos cegos particulares, você nem sempre está rodeado de comentários honestos das pessoas que conhecem suas falhas.

Como superar esse desafio? Como líder, tenho dois pressupostos. Primeiro, suponho que tenho pontos cegos que me prejudicam e, em segundo lugar, reconheço que os outros talvez se sintam intimidados e que nem sempre se disponham a me ajudar nesse sentido. Portanto, eu pergunto a eles: "Como é ter de lidar comigo?"

As respostas que recebo nem sempre são confortáveis, mas, ao demonstrar uma postura adequada, elas me ajudam a me corrigir. Aqui estão alguns exemplos do que sei sobre mim mesmo:

- Eu sempre penso que as coisas podem ser feitas mais rápido do que de fato seria viável.
- Não dou a devida importância aos percalços que a maioria das pessoas enfrenta.
- Muitas vezes imagino que as pessoas compreendem imediatamente a minha visão e que se alinharão com ela.
- Sou impaciente, isto é, sou incisivo e vou direto ao ponto.
- Considero que todos são capazes de fazer o que eu faço se estiverem dispostos a se esforçar.
- Supero rapidamente as dificuldades e espero que os outros façam o mesmo no meu ritmo.

Eu poderia continuar com uma lista, mas não quero me tornar maçante, isto é, sou o panorama.

Para tentar superar meus muitos pontos cegos, sempre me pergunto: "Estou deixando passar algo?" e "Você pode me ajudar?". Eu dei permissão às pessoas à minha volta para falar honestamente comigo, pois essa é a única maneira de eu me proteger dos meus pontos cegos.

Outra pergunta que insisto em me fazer é: "Estou trabalhando para servir às pessoas à minha volta ou para meu próprio ganho pessoal?" A resposta honesta deve ser *ambos*, contudo, se meu ganho pessoal sempre superar o servir aos outros, isso é um indicativo de problema com a minha liderança. Isso significa que perdi a coragem de liderar os outros e que devo me lembrar de que, se priorizar o serviço aos outros, então o ganho pessoal será uma decorrência natural.

Recentemente, li alguns bons conselhos que me ajudam a me manter firme como um líder servil. Eles vêm de Dan Price, fundador e diretor executivo da Gravity Payments, uma empresa de processamento de cartões de crédito que atende empresas independentes. Dan escreveu que, para se tornar um líder servil, é preciso fazer o seguinte:

1. Em vez de gastar seu tempo traçando metas para sua equipe, dedique-se a identificar como você pode apoiá-la.
2. Peça à sua equipe que fique atenta às suas ações, e não o contrário.
3. Peça que sua equipe lhe dê um retorno do que está acontecendo em vez de apenas determinar o que deve fazer.
4. Resista ao desejo de concentrar o poder. Concentre-se em distribuí-lo.[9]

Como é para as pessoas ter de lidar com você? Você já refletiu sobre isso? Muitas vezes, pressupomos que seja fácil, mas, em geral não é. Quanto mais fortes forem seu estilo de liderança e sua personalidade, mais difícil será para os outros trabalhar com você. Portanto, cultive um coração servil, pois assim você amenizará essa dificuldade dos seus subordinados.

6. A questão sobre o respeito: "Como posso me valorizar agregando valor aos outros ao servi-los?"

Muitos anos atrás, eu li *Bringing Out the Best in People* [Despertando o melhor das pessoas], de Alan Loy McGinnis. Eu li e reli esse livro porque achei sua mensagem muito impactante. A frase que ficou gravada para mim por muito tempo foi: "Não há ocupação mais nobre no mundo do que ajudar outro ser humano, do que ajudar alguém a ter sucesso".[10]

> Não há ocupação mais nobre no mundo do que ajudar outro ser humano, do que ajudar alguém a ter sucesso.
>
> — Alan Loy McGinnis

Em 1995, renunciei à minha prestigiosa posição de pastor titular da Skyline Church, e fiz isso porque pretendia fazer uma transição proposital. Eu vinha formando líderes em minhas congregações havia 20 anos, mas tinha começado a me perguntar como seria se eu dedicasse *todo* o meu tempo servindo líderes em todo o país. E se eu investisse meu tempo ajudando os outros a alcançar novos estágios de sucesso em vez de apenas eu ser meramente bem-sucedido?

Eu fiz a mudança e não olhei para trás. Agora, passados mais de 20 anos, posso dizer sem dúvida que é mais divertido ajudar os outros a ganhar do que propriamente ganhar. Marianne Williamson estava certa quando disse: "O sucesso significa dormir à noite sabendo que nosso talento e nossas habilidades foram usados a serviço dos outros". Hoje considero valioso agregar valor aos outros.

Servir aos outros purifica nossas motivações, e fazer tudo direito pela razão certa representa um valor enorme para nós. Assim, toda vez que agrego valor, adquiro valor. Como Dieter F. Uchtdorf colocou: "Conforme nos oferecemos a serviço dos outros, descobrimos nossa própria vida e nossa própria felicidade".

7. A questão do talento: "O que eu faço de melhor que me permite servir melhor às pessoas?"

Como líderes, servimos melhor aos outros nas áreas nas quais somos mais talentosos. Quando penso na trajetória da minha vida, compreendo que os melhores líderes que tive usaram seu talento para despertar o melhor em mim. Isso começou com meu pai, que não apenas usou seu dom do incentivo para me inspirar e me dar confiança, como também usou suas conexões para me apresentar a líderes influentes e me preparar para a liderança.

Outra pessoa que me ajudou foi meu mentor, Tom Phillippe. Aos trinta e poucos anos, tive a oportunidade de fazer uma transição de carreira, e o Tom, que era um fantástico homem de negócios, assumiu um pequeno empreendimento que eu tinha para evitar que ele fechasse até que eu tivesse tempo livre suficiente para voltar a administrá-lo. Tom e meu pai são apenas dois dos muitos líderes que usaram o melhor de seu talento para me servir.

Eu tentei fazer o mesmo com os outros. Meus principais dons são a oratória, a escrita e o ensino, e não somente o meu talento para o discurso serve as pessoas que ensino, mas ele também beneficia minhas empresas conectando-me a outros líderes e organizações.Além disso, adotei como prática regular orientar líderes promissores. Nesse sentido, uma ou duas horas com um líder de alto escalão algumas vezes por ano podem ajudá-lo a esclarecer dúvidas críticas sobre liderança, além de ajudá-lo a enfrentar problemas com os quais tenho alguma experiência.

Reflita sobre quais dos seus dons permitem que você sirva melhor aos outros. As perguntas seguintes vão servir de ajuda:

- Quais são os meus pontos fortes? Como posso usá-los para servir aos outros?
- Qual é a minha formação? Como posso usá-la para servir aos outros?
- Que experiência eu tenho? Como posso usá-la para servir aos outros?
- Quais são as minhas oportunidades? Como posso usá-las para servir aos outros?
- O que eu amo? Como posso usar isso para servir aos outros?
- Venho me aprimorando em quê? Como usar isso para servir aos outros?

Os líderes que trabalham comigo se esforçam para servir aos outros usando seus maiores talentos. Mark Cole é bom no contato com as pessoas, por isso passa a maior parte do tempo dele se dedicando a isso. Paul Martinelli, presidente da John Maxwell Team, minha organização que treina oradores e *mentores*, é excelente em produção estratégica, então, ele serve aos outros buscando como fazer a organização crescer e evoluir continuamente. Meridith Simes tem uma mente fantástica para o marketing, por isso ela tem ajudado minhas organizações a se conectarem com as pessoas, de modo que elas tenham acesso aos recursos de que precisam. Você deve usar suas melhores aptidões para servir melhor aos outros.

8. Questão sobre o exemplo: "Como posso me colocar a serviço das pessoas de forma a inspirá-las a servir aos outros?"

Recentemente, organizei uma reunião no resort The Breakers, em Palm Beach, na Flórida. As instalações são belíssimas e o serviço é excelente. Enquanto eu estava lá, conversei com o vice-presidente executivo e diretor de vendas e marketing, David Burke, que me contou sobre o enfoque da organização no serviço. "A liderança servil é a essência de tudo o que fazemos aqui no The Breakers", disse ele. "Cada novo membro da equipe passa por um período de treinamento de dois dias antes de assumir suas funções e, durante metade do último dia do processo de treinamento, os novos contratados acompanham um executivo sênior e vão prestar quatro a cinco horas de serviço comunitário em uma das muitas instituições de cunho social espalhadas pela cidade, como a Urban Youth Impact, a Homeless Coalition, o Food Bank, o Lord's Place e a ARC, entre outras. Nós servimos não só os nossos hóspedes, mas uns aos outros e à comunidade, e também remuneramos o dia de folga dos nossos funcionários para que prestem serviço comunitário".

Segundo David, ele acredita que o que eles fazem para a comunidade é um legado, e é mais importante do que os resultados financeiros. Eu amo isso, acho incrível que seus executivos seniores assumam a frente ao servir às pessoas.

Como líder, estou sempre consciente do exemplo que estabeleci para meus subordinados e àqueles a quem sirvo, e isso muitas vezes me estimula a estar mais aberto e vulnerável do que eu seria de outra forma. Quando estava prestes a completar 60 anos, passei algum tempo refletindo sobre quem gostaria de me tornar ao entrar no que considerei uma nova etapa de vida, e, depois de passar algum tempo conversando com Deus, escrevi uma prece sobre quem eu gostaria de me tornar e para, isso, pediria a intercessão dele. Estou muito consciente das minhas deficiências e queria a ajuda de Deus para agradá-lo e me tornar mais parecido com Jesus, que não se furtou ao serviço aos outros, inclusive se incumbindo de lavar os pés dos Seus discípulos.

Redigi a oração para mim mesmo, mas então senti vontade de compartilhá-la com as outras pessoas, apesar de ela revelar algumas das minhas batalhas pessoais, e a compartilho com você agora na esperança de que possa ajudá-lo. Minha oração aos 60 anos dizia o seguinte:

> *Senhor, ao envelhecer, gostaria de ser reconhecido como... Disponível – em vez de um trabalhador incansável. Compassivo – mais do que competente.*
> *Contente – não impulsivo.*
> *Generoso – em vez de rico.*
> *Gentil – em vez de poderoso.*
> *Ouvinte – mais do que um grande comunicador.*
> *Simpático – em vez de ágil ou brilhante.*
> *Confiável – e não famoso.*
> *Purificado – em vez de bem-sucedido.*
> *Comedido – em lugar de esfuziante.*
> *Atencioso – mais do que talentoso.*
> *Quero ser um lavador de pés!*

Mais de 10 anos se passaram desde que escrevi essa oração, e hoje, já na casa dos 70, continuo trabalhando para me tornar o servo que desejo ser. Ainda tenho um longo caminho a percorrer, mas estou me esforçando muito.

A razão de liderar e o modo como fazemos isso são relevantes, uma vez que nos definem, definem nossa liderança e, por fim, a nossa contribuição. Sendo humilde e abdicando da sua posição, e fazendo do serviço aos outros uma parte essencial dos seus valores de liderança, você, ironicamente, se aprimora, pois ajuda e capacita os demais. Talvez seja por isso que o filósofo chinês Lao-Tzu escreveu: "O tipo mais elevado de governante é aquele cuja existência as pessoas mal notam... O sábio é reservado e escasso em palavras. Quando sua tarefa termina e tudo é concluído, todos dizem: 'Nós mesmos conseguimos isso'".[11]

DESENVOLVENDO O *SERVO* DENTRO DE VOCÊ

Para se tornar um líder que serve aos outros, você deve se concentrar em fazer mudanças em duas áreas.

Desenvolva um coração servil

A liderança servil evolui de dentro para fora. As pessoas captam a sua postura em relação a elas e sabem dizer se você as olha com complacência ou se deseja aprimorá-las, e, também se você quer ajudá-las ou prejudicá-las para seu o próprio benefício. Elas pressentem se você só quer galgar os degraus ou se é um construtor de escadas para o sucesso, por isso servir aos outros tem de nascer no seu coração.

Você realmente se preocupa com as pessoas e quer ajudá-las a se aprimorar? Você quer que os outros obtenham um sucesso no mínimo equivalente ao que você almeja para si? A maioria de nós é egoísta (inclusive eu), e todos temos de nos esforçar para adquirir um coração servil. E, caso precise de ajuda nesse processo, você pode tentar agir como eu mencionei no capítulo:

1. ***Não dependa da sua posição ou título:*** Como você deve mudar a forma como lidera, a fim de se relacionar com as pessoas como iguais em vez de depender do seu posto?
2. ***Acredite nas pessoas e no seu potencial:*** Como você pode incentivar o sucesso das pessoas ao seu redor, mesmo aquelas que não aprecia?
3. ***Veja as coisas a partir da perspectiva dos outros:*** Como você pode se conectar com alguém que lhe indica o caminho errado ou lhe negligencia ao aprender sua perspectiva?
4. ***Crie um ambiente de incentivo:*** Que comentários positivos você pode fazer todos os dias para as pessoas da sua equipe, para motivá-las e inspirá-las?
5. ***Avalie o seu sucesso segundo o valor que agrega aos outros:*** O que você deve mudar para que a medida do sucesso do seu dia seja a forma como os outros obtêm sucesso?

Comece com essas mudanças e veja o quanto sua atitude melhorará.

Desenvolva mãos de um servo

Uma mudança de postura é como a gratidão, ou seja, se ela não for expressa, tem pouco valor. Conforme você procura desenvolver um coração servil, certifique-se de corroborar isso com *ações* e postura de um servo. Acorde todas as manhãs pensando em como você pode ajudar os membros de sua equipe a obter sucesso – nos âmbitos pessoal, profissional, evolutivo, nos relacionamentos, e assim por diante —, lembrando que, se você os tornar melhores ou mais bem-sucedidos de algum modo, está no caminho certo.

OITO

A QUALIDADE INDISPENSÁVEL À LIDERANÇA: VISÃO

A visão é uma qualidade indispensável à liderança, pois, sem ela, a energia da equipe diminui, as pessoas passam a não cumprir os prazos, os interesses pessoais dos membros da equipe começam a se sobrepor, a produção cai e, por fim, os membros da equipe se dispersam. Quando há visão, a disposição da equipe melhora, os prazos são cumpridos, os interesses pessoais ficam em segundo plano, a produção cresce e a cooperação e o trabalho conjunto fazem a equipe prosperar.

Em conformidade com o que diz meu amigo Andy Stanley, creio que "A visão confere importância aos detalhes que, de outra forma, não teriam sentido em nossas vidas... Muitas vezes, as rotinas cotidianas começam a se assemelhar a recolher terra com uma pá. No entanto, ao olhar essas mesmas rotinas, essas mesmas responsabilidades através da lente da visão, tudo parece diferente, pois a visão coloca o mundo em foco e confere ordem ao caos. Nesse sentido, uma visão clara nos possibilita enxergar tudo sob outro prisma".[1]

A clareza de visão opera maravilhas não apenas para uma equipe, mas também para um líder, e dois de seus maiores benefícios são a orientação e a paixão. Para os líderes, a visão define um rumo para seguir. É como contar com um mapa rodoviário, pois ela prioriza tanto as ações quantos os valores, colaborando para que eles mantenham o foco; mas ela também desperta a paixão e atiça um fogo dentro do líder capaz de contagiar os outros, conforme afirmou meu amigo Bill Hybels: "A visão é uma imagem do futuro que produz paixão. Não existe 'visão sem emoção'". Talvez seja por isso que, quando perguntaram a Helen Keller o que podia ser pior do que nascer cega, ela respondeu: "Poder enxergar sem ter visão".

DECLARAÇÕES DA VISÃO

Todos os líderes trazem em comum a característica de enxergar mais que os outros e antes dos outros, e isso é indispensável porque permite que seus seguidores comecem a expandir sua visão e passem a atuar com relação a ela rapidamente. Se o líder não tiver visão, as pessoas jamais a terão.

Por que a visão é tão importante para um líder? Por que você precisa ver além dos outros? Existem muitas razões:

1. O QUE VOCÊ CONSEGUE VER DETERMINA O QUE PODE SE TORNAR

Muitas vezes me perguntei se a visão define o líder ou se o líder define a visão, mas, depois de anos de reflexão e de observar diversos líderes, creio que a visão tem precedência. Conheci muitos líderes que perderam a visão e, por consequência, perderam a capacidade de liderar.

As pessoas atuam sobre o que enxergam, esse é o princípio motivacional mais importante do mundo — em outras palavras, as pessoas dependem do estímulo visual e do direcionamento do líder. E, no tocante à visão, creio que o líder encontra quatro tipos de pessoas:

- Pessoas desprovidas de visão – são aqueles que vagueiam.
- Pessoas com visão, mas que jamais a seguem por conta própria – são seguidores de outros com visão.
- Pessoas com visão e que a seguem – são os empreendedores.
- Pessoas com visão, que a seguem e que ajudam os outros a enxergá-la e a segui-la – são os líderes.

A maioria das pessoas se enquadra nas duas primeiras categorias. Elas não perseguem os sonhos por conta própria, e aquelas dispostas a buscá-los não os seguem diretamente; elas seguem líderes que têm um sonho e que têm a capacidade de expressá-lo efetivamente. É por isso que é tão importante para um líder nutrir um sonho ou uma visão e assumir a responsabilidade por isso, pois é somente quando isso acontece, que a visão pode evoluir e o líder atrai um séquito. Basta juntar uma visão com um líder disposto a colocar esse sonho em ação para dar início a um movimento.

Quando eu era adolescente, li o livro *As a Man Thinketh* [Como um homem pensa], de James Allen. Esse livro me marcou muito e contribuiu para começar a despertar o líder dentro de mim. Allen afirmou: "Os sonhadores são os salvadores do mundo". Isso de fato despertou meu desejo de sonhar alto e comecei a me questionar sobre como ajudar os outros de uma maneira significativa.

A leitura do livro de Allen me rendeu duas ótimas lições. Primeiro, que eu precisava desenvolver meus ideais. Ele escreveu:

> Desenvolva suas visões e seus ideais, e aprecie a música que estimula o seu coração, a beleza que se forma em sua mente, a atração que recobre seus pensamentos mais puros, pois a partir delas as condições prazerosas surgirão, o ambiente celestial; e apenas se você permanecer fiel a elas, seu mundo será por fim erigido.[2]

Em segundo lugar, eu precisava cuidar de extrair o ouro. Allen escreveu: "Somente depois de muito buscar e minerar, o ouro e os diamantes são extraídos, e o homem só tem acesso a toda sua verdade intrínseca se cavar profundamente na mina de sua alma".[3] A visão que abraçamos ao liderar surge do nosso âmago, é produto de nossos melhores pensamentos e ideais mais nobres, mas trazê-los à superfície requer empenho. Sendo assim, ter visão ao liderar é uma responsabilidade *minha*.

2. Você vê apenas o que você está preparado para ver

O estadista alemão Konrad Adenauer observou: "Todos vivemos sob o mesmo céu, mas nem todos compartilhamos o mesmo horizonte". Todo mundo tem o potencial para ter visão, mas nem todos a adquirem, e essa é uma função de sua perspectiva.

> Todos vivemos sob o mesmo céu, mas nem todos compartilhamos o mesmo horizonte.
>
> — KONRAD ADENAUER

No livro *A Savior for All Seasons* [Um salvador para todas as estações], William Barker conta a história de um bispo da costa leste que visitou uma pequena faculdade religiosa do meio-oeste norte-americano no início de do século XX. Ele ficou hospedado na casa do reitor da faculdade, que também atuava como professor de física e química. Após o jantar, o bispo mencionou que pensava que tudo na natureza já havia sido descoberto e todas as invenções já tinham sido concebidas.

O reitor da faculdade gentilmente discordou e disse que imaginava que haveria ainda muitas outras descobertas. Quando o bispo desafiou o reitor a citar apenas uma invenção em potencial, este respondeu que estava certo de que, dentro de 50 anos, os homens poderiam voar.

"Absurdo!" respondeu o bispo. "Somente os anjos foram criados para voar".

O nome do bispo era Milton Wright, e ele tinha dois filhos em casa – Orville e Wilbur – que provariam mais tarde ter uma visão maior do que seu pai.[4] O pai e os filhos viviam sob o mesmo céu, mas nem todos tinham o mesmo horizonte.

Se quisermos adquirir uma visão para nossa liderança, precisamos nos preparar para isso e nos antecipar a ela. Ao desenvolvermos uma antecipação positiva e nos sentirmos entusiasmo com o que está por vir, ficamos mais motivados e nos preparamos de forma meticulosa. E, fazendo isso de forma consistente, nosso senso de antecipação se torna um elemento integrador de inspiração.

3. O QUE VOCÊ VÊ É AQUILO QUE CONSEGUE REALIZAR

Além de nos conscientizar de que somos determinados a ser o que vemos e que somente vemos o que estamos preparados para ver, a terceira coisa que você precisa saber sobre a visão é que o que você conquista está em grande medida baseado no produto da sua percepção. Os líderes compreendem que têm de acreditar para ver, enquanto a maioria das pessoas passa pela vida afirmando: "Eu só acredito no que vejo".

Uma ótima ilustração desse conceito está contida no livro de Luis Palau, *Dream Great Dreams* [Sonhe grandes sonhos]. Palau escreveu:

> Pense no quanto é agradável e refrescante tomar uma coca-cola gelada. Centenas de milhões de pessoas em todo o mundo já desfrutaram dessa experiência, graças à visão de Robert Woodruff. Durante o período em que foi presidente da Coca-Cola (1923-1955), Woodruff declarou corajosamente: "Faremos com que todos os homens de uniforme recebam uma garrafa de coca-cola por cinco centavos onde quer que estejam, custe o que custar". Ao final da Segunda Guerra Mundial, Woodruff afirmou que ainda em vida queria garantir que todos no mundo tivessem saboreado uma coca-cola. Robert Woodruff era um homem de visão! Com um planejamento cui-

dadoso e muita persistência, ele e seus colegas conseguiram levar a Coca-Cola a toda sua geração ao redor do globo.

Quando a Disney World foi inaugurada, a Sra. Walt Disney foi convidada a falar na festa de abertura em nome do marido falecido. Ao apresentá-la, o narrador disse: "Sra. Disney, queria muito que o Sr. Walt tivesse visto isso". Ela se levantou e disse: "Ele viu", e se sentou. Walt Disney sabia disso. Robert Woodruff sabia disso. Mesmo Flip Wilson sabia disso! O que você vê é o que você obtém.[5]

Como líder, você deve se esforçar para ver além e antes que outros o façam. Você precisa ter aspirações, e deve ser o oposto do que o autor Kenneth Hildebrand chamou de "homem material", a quem ele descreveu como alguém que acredita "apenas no que vê, apenas no que é imediato, apenas no que pode segurar com as mãos". Ele continuou dizendo:

> O homem material é superficial. Ele não tem visão. O mais pobre de todos os homens não é aquele sem um níquel em seu nome, mas sim o sujeito sem sonhos. O homem material se assemelha a um grande navio talhado para o poderoso oceano, mas tentando navegar no reservatório de um moinho, o qual não tem porto distante para alcançar, nem horizonte inspirador, nem carga preciosa para transportar. Suas horas são absorvidas pela rotina e por pequenas tiranias. Não é de admirar que ele se sinta insatisfeito, que reclame e "esteja farto". Uma das maiores tragédias da vida é uma pessoa com capacidade de 10 por 12 e uma alma de dois por quatro.[6]

> Para medir a temperatura da sua organização, você deve colocar um termômetro na boca do líder.
>
> — RICK WARREN

Os bons líderes não se deixam arrastar em território material, pois miram a vista para o horizonte e seu coração na direção das pessoas. Eles sabem que dependem em grande parte de sua visão, e é por isso que meu amigo, o pastor Rick Warren, repassando o que aprendeu com um de seus professores, diz que, para medir a temperatura da sua organização, você deve colocar um termômetro na boca do líder.[7] Os líderes não conseguem levar seu pessoal mais longe do que estão aptos a ver. Sendo assim, sua visão precisa ser clara.

COMO APRIMORAR SUA VISÃO "ALÉM E ANTES"

O autor Napoleon Hill disse: "Aprecie suas visões e sonhos, pois eles são produto da sua alma: o planejamento das suas conquistas finais".[8] Os bons líderes enxergam além e antes dos outros, e se esforçam para desenvolver essa habilidade continuamente. Isso parece ser um desafio, e muitos acreditam que as pessoas têm ou não têm essa visão. Eu não concordo com isso. Acredito que todos têm capacidade de se aprimorar nesta área. Veja como:

1. Saiba que há mais "além e antes" por aí

Minha vida tem refletido uma expansão contínua da visão, mas agregar valor às pessoas foi meu ponto de partida. Hoje, minha visão assumiu muitas formas e se ampliou para muito além dos meus sonhos e esperanças iniciais. Olhando para trás, consigo diferenciar duas épocas em que fiquei tentado a acreditar que faltavam o "além e o antes" em minha visão.

A primeira vez foi no início da minha carreira, quando o sonho de construir uma igreja capaz de ajudar as pessoas começou a acontecer. Naquele momento, meu sonho não podia ser mais vulnerável. Por quê? Porque a visão era uma novidade para mim e eu não tinha histórico de sucesso na concretização de uma visão, assim como também não tinha a experiência necessária para superar os desafios impostos por ela. Além disso, eu me deixava afetar pelas opiniões dos meus amigos, e sempre que eram negativas, e muitas eram, eu tendia a descartar o "além e o antes" que eu vislumbrava dentro de mim e cogitava desistir do que considerava inalcançável. Pena que naquela época eu não conhecia uma citação de Jonas Salk, que desenvolveu a vacina contra a poliomielite. Ele disse: "As primeiras pessoas afirmarão que você está errado; depois, eles vão lhe dizer que você está certo, mas o que você está fazendo não é lá grande coisa; então, finalmente, admitirão que você está certo e reconhecerão a sua importância; afinal, eles sabiam disso o tempo todo".[9]

A segunda vez em que me senti tentado a desistir de aprimorar minha habilidade de enxergar "além e antes" ocorreu quando eu tinha uns 45 anos. Eu havia me firmado profissionalmente na minha terceira igreja e conquistado uma posição influente, que me permitiria me estabelecer definitivamente lá. Sentia como se estivesse vivendo no topo do mundo. O que eu deveria fazer? Deveria me acomodar ou continuar buscando?

Segundo a psicóloga Judith Meyerowitz, algo acontece com muitas pessoas por volta dos 45 anos: elas perdem a visão de que podem ter um futuro melhor. Muitas pessoas, aliás, param de trabalhar e passam a fantasiar,[10] e eu não queria que isso acontecesse comigo, não queria me dar por satisfeito com a montanha que eu tinha escalado, então, olhei no meu entorno em busca de um topo mais alto e parti para conquistá-lo.

Hoje, duas qualidades me ajudam a manter o foco em como desenvolver meu "além e antes", são elas: a criatividade e a flexibilidade. Estimular a criatividade me ajuda a confiar que sempre há uma resposta, e essa mentalidade me permite enxergar as coisas antes que os demais o façam, pois estou determinado a isso. A flexibilidade me lembra de que existe sempre mais de uma resposta, o que me permite ver além do que outros veem. Esses dois conceitos influenciam sobremaneira como eu enxergo o futuro e me permitem pensar com prodigalidade e não com frugalidade, além de me darem certeza de que não existem situações perdidas, apenas pessoas com pensamentos desolados.

Eu o encorajo a desenvolver essas duas qualidades e também a nunca permitir que outra pessoa determine sua visão. Se isso acontecer, é provável que ela a estreite demais.

2. Desenvolva um processo para encontrar mais visões "além e antes"

A Lei do Projeto em *The 15 Invaluable Laws of Growth* [As 15 inestimáveis leis de crescimento] estipula: "Crie estratégias para maximizar o crescimento".[11] Esse conceito se aplica também tanto à visão como ao crescimento pessoal, e, como estratégias são meros sistemas de obtenção de resultados específicos, elas podem ser comparadas a rodovias, isto é, elas oferecem um acesso mais rápido para onde você quer ir.

No capítulo 6, escrevi sobre o processo usado por Paul Martinelli para transformar a atitude em ação: Testar-se → Falhar → Aprender → Aprimorar-se → Retomar.

Esse também é um ótimo processo para assegurar o "além e antes" em sua visão.

- **Testar-se**: Saia da sua zona de conforto ao compartilhar sua visão. Em quem você pode testá-la para conferir se há uma resposta positiva? Em que novo local você pode compartilhá-la? É impossível precisar quem vai se beneficiar da sua visão sem antes testá-la.
- **Falhar**: O fracasso permite avaliar o que não funciona e isso é fundamental. Você não pode eliminar o que não está funcionando sem

identificar qual é o problema, então, por que não fazer isso com maior frequência?

- **Aprender**: A humildade aliada a um espírito aberto a aprender promove uma experiência de aprendizagem essencial para ampliar sua visão.
- **Aprimorar-se**: Um líder deve se perguntar constantemente: "Estou evoluindo?" Esse é um questionamento que toda pessoa bem-sucedida precisa se fazer todos os dias, pois esse é o caminho para o aprimoramento.
- **Retomar**: Nada disso importa se você não voltar ao jogo. A pessoa que cai e se levanta logo é admirada por sua tenacidade, mas isso só terá valor se ela aprender, evoluir e aplicar o que aprendeu.

Warren Bennis disse: "Liderança é a capacidade de traduzir a visão em realidade".[12] O processo que acabei de descrever o ajudará a conseguir exatamente isso.

3. Invista seu tempo em pessoas que o inspiram a ver "além e antes"

No capítulo 5, mencionei que o autor Jim Collins me ensinou sobre um conceito que ele chamou de "fator sorte", a ideia de que seus conhecidos fazem uma grande diferença em sua vida. Creio que contar com um colaborador é a sorte maior. Ao rever o meu passado, constato facilmente a diferença que fez para mim. Em 1971, quando ainda era um jovem pastor, liguei para os pastores das 10 maiores igrejas dos Estados Unidos e solicitei uma reunião de 30 minutos, para lhes questionar sobre sua experiência de liderança e seu sucesso. Dois dos 10 concordaram, e minha jornada do "fator sorte" teve início. As conversas com eles me ajudaram a passar a ver "além e antes", e esses dois líderes ainda facilitaram o meu encontro com os outros oito pastores que, a princípio, haviam se recusado a me ver.

> Liderança é a capacidade de traduzir a visão em realidade.
>
> — WARREN BENNIS

Sou capaz de descrever todos os momentos em que fiquei rodeado de pessoas que ampliaram minha visão e me estimularam a superar meus limites, e, desde que conheci esses dois líderes, busquei voluntariamente pessoas e experiências que acentuassem meus dons da Liderança e ampliassem minha visão. E veja o que descobri:

- Estar com as pessoas certas nos lugares certos não significa gastar o meu tempo, e sim investi-lo, pois é aí que eu asseguro meu maior retorno de investimento.
- Encontrar um "fator sorte" é 90% voluntário e 10% involuntário. Você não pode simplesmente *esperar* para conhecer pessoas que irão acrescentar à sua vida, pois ter esperança não é uma estratégia.
- É impossível conviver com pessoas grandiosas e não se tornar grandioso, então, esse tipo de experiência pode revolucionar a sua vida.
- A melhor maneira de conhecer as pessoas certas é fazendo a pergunta certa: "Quem você conhece que eu deveria conhecer?"
- O planejamento prévio e a reflexão posterior otimizam essas experiências.
- Envolver os membros da minha equipe é a melhor maneira de crescermos juntos, portanto, sempre que possível, devemos levar nossos colaboradores conosco.
- O segundo encontro com a pessoa certa é a reunião mais importante, uma vez que indica que ambos reconhecem a importância de retomar o contato e pode indicar o início de um relacionamento contínuo.

Você está procurando ativamente por pessoas capazes de ampliar sua visão e contribuir para sua evolução? Essa é uma de suas principais prioridades? Bem, se não for, deveria ser.

4. Faça perguntas úteis para ampliar sua visão "além e antes"

No meu livro *Good Leaders Ask Great Questions* [Bons líderes fazem ótimas perguntas], escrevi que as perguntas são as chaves que abrem as portas da oportunidade.[13] Recentemente, ao visitar a cidade de Nova York, um entrevistador me perguntou: "Qual é a maior diferença entre sua experiência de liderança aos 30 anos e a atual?" Depois de refletir por um instante, respondi: "Quando tinha 30 anos eu dava muitas indicações. Hoje eu faço muitas perguntas".

Quando definimos nossa visão, encontramos nosso caminho, no entanto, há outra descoberta igualmente importante – as pessoas que se juntam a nós na jornada que concretiza essa visão. As perguntas nos permitem conhecer melhor as pessoas ao sermos apresentados a elas e indicam se devemos ou não empreender essa jornada juntos. Questionamentos também possibilitam a troca de ideias valiosas, que contribuem para moldar e a informar nossa visão.

Liderar a partir de suposições geralmente acaba por transformar a liderança num pesadelo e, nesse sentido, as perguntas certas eliminam as falsas premissas. Porém, quanto mais bem-sucedida for a pessoa que você for encontrar, mais elaboradas devem ser suas perguntas, e, consequentemente, mais elaboradas serão as respostas que você vai receber.

5. Busque crescer todos os dias para aumentar sua habilidade de ver "além e antes"

O crescimento pessoal se tornou uma paixão para mim por ampliar consistentemente a minha capacidade e a minha visão. Muitos anos atrás, quando ouvi Earl Nightingale dizendo: "Se uma pessoa investir uma hora por dia todos os dias por cinco anos em determinado assunto, ela se tornará especialista nesse assunto", decidi seguir esse conselho no campo da liderança e, então, passei a estudá-la todos os dias, por uma hora.

Durante os dois primeiros anos, eu ficava me perguntando: "Quanto tempo isso vai demorar?" Eu queria me tornar logo um especialista. Mas então aconteceu algo incrível: comecei a apreciar a alegria do crescimento pessoal. Eu conseguia claramente ver meu progresso, e, melhor ainda, outros também. Foi assim que eu me apaixonei pela jornada de crescimento, e então meu questionamento mudou de "Quanto tempo isso irá levar?" para "Até onde posso ir?" Tenho me feito essa mesma pergunta pelos últimos 45 anos, mas não descobri a resposta, e penso que nem descobrirei; aliás, nem quero descobrir. Continuo a me aprimorar e estou adorando.

> Quando trabalhamos em algo estimulante e com o qual realmente nos importamos, as cobranças são desnecessárias. A visão nos serve de impulso.
>
> — STEVE JOBS

Steve Jobs disse: "Quando trabalhamos em algo estimulante e com o qual realmente nos importamos, as cobranças são desnecessárias, uma vez que a visão nos serve de impulso". Ele estava certo. Continuo atraído pelo crescimento pessoal, e ele tem me feito evoluir como líder.

PROPRIEDADE INDIVIDUAL DA VISÃO

No meu livro *Você pode realizar seu sonho*, uma das perguntas que sugiro se refere à questão da propriedade: O meu sonho é realmente o meu sonho? Por quê? Porque não podemos realizar um sonho não sonhado.[14] Dê uma olhada nas diferenças às quais você vai experimentar quando seu sonho realmente for seu ou não:

Quando seu sonho pertence a outra pessoa	Quando você é dono do seu sonho
Não é adequado a você.	Você se sente confortável com ele.
Será um peso em seus ombros.	Dará asas ao seu espírito.
Drenará sua energia.	Ele o energizará.
Ele o fará dormir.	Ele o manterá acordado.
Ele esgotará suas forças.	Ele o tirará da zona de conforto.
Será gratificante para os outros.	Será autogratificante.
Você precisará ser convencido a realizá-lo.	Você sentirá que foi feito para isso.

Você nunca conseguirá concretizar um sonho ou uma visão que não sejam seus de fato; além disso, no papel de líder, você não conseguirá fazer com que os outros assimilem uma visão que você não possui.

Ao longo dos anos, uma das perguntas mais comuns que me foram feitas nas conferências sobre liderança é "Como desenvolver uma visão para minha organização?" Quando ouço essa pergunta, sinto-me mal pelo líder que a fez, porque indica que a pessoa foi colocada numa posição de liderança sem ter essa qualidade indispensável para a função. Até que a questão da visão seja solucionada, a liderança existirá somente no papel. Espero que você já tenha uma visão própria para sua equipe, do seu departamento ou da sua organização, mas, se não for esse o caso, eu quero ajudá-lo, e, ainda que não possa lhe dar uma visão, posso compartilhar com você e com os que estão à sua volta o meu processo de busca. Além disso, posso ajudá-lo também a refletir sobre o processo de como efetivar sua visão.

Olhe dentro de você: "como você se sente?"

Não é possível tomar emprestado a visão de outra pessoa, isto é, ela deve brotar de dentro de você. O que desperta sua visão é a paixão, então, pergunte-se: o que estimula você? O que é verdadeiramente importante para você a ponto de tirar o seu sono, fazer seu sangue fervilhar de agitação ou lhe trazer uma alegria imensa? Esses são indicativos sobre a visão.

Um dos líderes que mais admiro foi Winston Churchill. Sempre que visito Londres, vou ao Churchill War Rooms, os escritórios subterrâneos onde o primeiro-ministro e outros líderes britânicos fizeram seus planos para enfrentar os nazistas durante a Segunda Guerra Mundial. Contrariando todas as probabilidades, Churchill liderou a Grã-Bretanha por muitos de seus momentos mais sombrios, inspirando milhões de pessoas a "nunca, nunca, nunca desistir!" Ele disse: "Antes que consiga inspirar emoção, você precisa ser inundado por ela. Antes que possa provocar lágrimas nos outros, deve deixar as suas escorrerem. Para convencê-los, você precisa acreditar".

Na busca por uma visão, por que é importante começar introspectivamente? Há três motivos principais. Primeiro, haverá pressão externa que pode diluir a sua visão ou desviar o seu foco, e você pode até ser agraciado com uma visão, mas a jornada para realizá-la nunca é de graça. Todos os dias alguém ou algo vai se colocar como obstáculo à consecução de sua visão; e mais: obstáculos e oposição são ambos frequentes, além de desgastantes. O resultado? Muitas vezes, a visão sofre "vazamentos", e, quando isso acontece, você deve recorrer à sua força interior para se sustentar.

Em segundo lugar, uma visão nascida dentro de você soa mais verdadeira e reflete autenticidade ao ser compartilhada com outras pessoas, conforme afirma o ex-reitor da Universidade Notre Dame, Theodore Hesburgh: "Uma visão deve ser articulada com clareza e vigor em todas as ocasiões, e você não pode transmiti-la sem a confiança necessária". Em geral, essa falta de confiança é uma decorrência de um líder tentar promover a visão de outra pessoa sem de fato acreditar nela.

E, finalmente, somente uma visão que venha lá do fundo tem o "peso" necessário para produzir algo significativo, pois visões sem peso são facilmente descartadas — chegam rápido e vão rápido. Uma visão de peso não parece opcional; ela é fundamental, pois não apenas traz oportunidades, mas também consequências, caso seja ignorada pelo líder. Visões consistentes são sempre uma constante para líderes que as possuem, e o peso de uma visão pode se tornar uma estrela guia, a qual os orienta, confere credibilidade e compos-

> Sua visão se tornará nítida
> quando você olhar para dentro de si.
> Quem olha para fora, sonha.
> Quem olha para dentro, desperta.
>
> — CARL JUNG

tura aos líderes e promove satisfação durante a jornada. Uma visão sem peso normalmente corresponde a uma ilusão, ao passo que um peso sem visão costuma gerar depressão.

Nas palavras do psiquiatra Carl Jung: "Sua visão se tornará nítida quando você olhar para dentro de si. Quem olha para fora, sonha. Quem olha para dentro, desperta". Olhe dentro de si mesmo, preste atenção em como se sente e comece a despertar para o seu sonho, para sua visão de líder.

Olhe para trás: "o que você aprendeu?"

Toda visão significativa que os líderes possuem se fundamenta em seu passado – as lições aprendidas, as dores experimentadas, as observações pertinentes que fizeram. Por exemplo, quando comecei o meu pastorado, acreditei que devia concentrar meu tempo e minha atenção em tarefas administrativas, uma vez que os modelos de liderança que eu tinha observado durante a minha formação concentravam sua atenção nessa área. No entanto, logo descobri que nem tinha talento e muito menos paciência para a administração, então, não importava o tamanho do meu empenho nem o tempo que eu investia nisso, fui ficando muito frustrado. Finalmente, eu precisava admitir que nada iria melhorar e que eu precisava encontrar outras maneiras para que as tarefas administrativas essenciais da igreja fossem realizadas sem que eu tivesse de fazer tudo sozinho. Logo, comecei a recrutar a ajuda de voluntários habilidosos em administração e que se sentiriam realizados com a incumbência. Além disso, na minha segunda igreja consegui contratar um assistente administrativo. Ah, que dia feliz!

Aprendi minha lição naquele primeiro cargo da liderança. Analisando a forma como passei a liderar todas as organizações desde então, fica claro que eu sequer tentei assumir uma função administrativa; em vez disso, deixei isso para pessoas hábeis nessa área, o que me liberou para ser um líder melhor, pois tive a oportunidade de me concentrar em meus pontos fortes.

Que experiências do seu passado norteiam a sua visão? Que lições sobre liderança você recebeu com os seus sucessos – e, sobretudo, com suas falhas? Todos esses fatores devem integrar a sua visão como líder.

Olhe ao seu redor: "o que está se passando com os outros?"

Depois que a visão brota dentro de você, é a vez de focar a atenção nas pessoas que você escolheu para ajudá-lo a implementá-la. Por quê? A Lei da

Aceitação em *As 21 irrefutáveis leis da liderança* estabelece que "as pessoas primeiro aceitam o líder, depois os seus planos". Se você não conseguir a adesão das pessoas, a visão não o levará a lugar algum.

Os bons líderes observam as pessoas para saber como e quando apresentar a visão, e também as ouvem, aprendem com elas, e depois definem como liderá-las. Prestam atenção ao momento oportuno porque, como diz a Lei do Timing, "O momento certo no qual liderar é tão importante quanto o que fazer e para onde ir".[15]

Quando se trata de *timing*, gosto muitíssimo da história do menino que assistia ao seu primeiro concerto sinfônico. Ele ficou muito entusiasmado com a impressionante sala, as pessoas bem trajadas e a música executada pela orquestra profissional. De todos os instrumentos, os pratos eram seus favoritos. O primeiro impacto dramático da percussão o cativou, mas então ele percebeu o músico encarregado dos pratos permaneceu imóvel e em raros momentos deu sua contribuição musical, que inclusive foi bastante breve.

Após o concerto, os pais o levaram aos bastidores para conhecer alguns dos músicos. O garoto imediatamente procurou o percussionista encarregado dos pratos e perguntou: "Você precisa aprender muita coisa para tocar os pratos?"

O músico respondeu rindo: "Quanto os pratos, não há muito que aprender. Basta saber o momento exato".

Uma boa ideia pode se tornar incrível quando as pessoas estão prontas. Líderes impacientes com as pessoas e que tentam forçar uma ideia antes de ela ser aceita têm seus esforços frustrados antes de sua visão se concretizar, lembrando que a evidência de uma liderança forte não está em colocá-la em andamento por imposição, mas em adaptar sua passada ao compasso mais lento dos demais sem comprometê-la. No papel de líder, se estivermos muito adiante dos demais, perdemos o poder de influenciar as pessoas.

Olhe para o alto: "O que Deus espera de você?"

Antes de passar para o próximo e último lugar para onde olhar, no intuito de definir e estabelecer a propriedade do seu sonho, devo dizer como Deus opera em minha vida. Faço isso porque sou uma pessoa de fé e porque, para ser fiel a mim mesmo e a como a visão funciona em minha vida, não posso deixar de incluir Deus. Se isso o incomodar, ignore esta seção e vá para o próximo ponto.

Acredito que o meu potencial é o dom que Deus me deu, e minha retribuição a ele é o que eu faço com esse potencial. Acredito que grandes líderes sentem um chamado superior, que os faz se destacar acima da multidão e os obriga a tentar alcançar algo significativo, algo importante para os outros. Para pessoas de fé, esse chamado é uma ordem divina.

Que terrível desperdício de vida seria galgar a escada do sucesso e, ao chegar ao topo, descobrir que ela estava encostada no edifício errado. É por isso que peço a Deus que me guie. É também por isso que minha definição de sucesso é

- Conhecer a Deus e o que ele quer de mim.
- Evoluir até atingir 100% do meu potencial.
- Plantar sementes que beneficiam os outros.

Se você anseia que Deus o ajude com sua visão e o seu chamado, basta pedir a ele. Eu incentivo inclusive os meus amigos ateus a fazerem isso. Experimente e veja o que acontece.

Olhe adiante de você: "qual é o quadro geral?"

Se você prestou atenção em como você se sente, no que aprendeu, no que está se passando com os outros, em quais recursos estão disponíveis para você e no que Deus espera de você, então você está pronto para olhar no panorama geral. Esse é o último cuidado para concluir uma visão.

Recentemente, eu estava preparando um *podcast* para uma organização liderada por meu amigo Tim Elmore, chamada *Growing Leaders* [Desenvolvendo líderes]. O tema era "avanço rápido". O entrevistador perguntou o que eu achava sobre esse tema, e isso me fez pensar sobre o ritmo cada vez mais acelerado da vida. Olhando adiante, vemos o futuro chegar mais rápido, não mais lento, e quanto mais envelheço, mais me convenço de que a vida é como um rolo de papel higiênico, ou seja, quanto mais perto do fim, mais rápido ele se vai!

Era mais fácil observar o panorama geral 50 atrás, quando comecei na função de líder. Naquela época, éramos incentivados a fazer planos em longo prazo (10 anos), planos em médio prazo (cinco anos) e planos em curto prazo (um a dois anos). Hoje, a necessidade de mudança e de adaptação se tornou tão angustiante que, em muitas empresas, um plano em longo prazo é de apenas dois anos. Nesse compasso, a capacidade de um líder de enxergar além e antes dos outros permite que ele/a não se prenda ao hoje, mas se concentre no futuro. Quando comecei como líder, enxergar além era mais importante do que enxergar primeiro, mas acho que isso está mudando, e antecipar-se aos que os outros veem é vital para garantir o sucesso de um líder. Atualmente, está deixando de existir o primeiro, segundo e terceiro lugares, isto é, resta apenas quem termina em primeiro e todos os demais estão fora do páreo.

DESCREVA A VISÃO PARA ELES

Se você compreende o valor da visão, está comprometido a enxergar além e antes dos outros e se incumbiu do trabalho por vezes difícil de encontrar e desenvolver uma visão, então o que virá depois? Nada acontecerá até que você esteja disposto e seja capaz de descrever claramente sua visão para as pessoas e as mobilize para se que juntem a você. Como meu amigo Andy Stanley diz, se a visão não for clara, então a névoa em sua mente por fim se tornará uma neblina na sua organização.[16]

Uma imagem da sua visão vale mais que mil palavras, uma vez que as pessoas pensam e memorizam em figuras. Os líderes costumam fazê-lo através de palavras. O autor Donald T. Phillips, que tem pesquisado líderes e oradores há bastante tempo, observou: "De todos os sentidos humanos, o som é o principal estimulante intelectual, já a visão é secundária. Como combina ambos, o som *e* a visão, um discurso pode ser um método de comunicação excepcionalmente eficaz para o público em massa".[17]

> Se a visão não for clara, então a névoa em sua mente por fim se tornará uma neblina na sua organização.
>
> — ANDY STANLEY

A visão excelente apresenta certos componentes, e os grandes líderes se asseguram que seu pessoal os experimente, incluindo-os na imagem.

O HORIZONTE

A visão de um líder do horizonte distante permite às pessoas avaliar o alcance das suas possibilidades. Embora seja verdade que cabe aos indivíduos com os quais você se conecta determinar até onde e a que altura eles pretendem chegar, você, sendo líder, tem a responsabilidade de inserir uma porção suficiente de céu na imagem. Segundo Paul Harvey, o mundo de um homem cego é delimitado pelos limites de seu tato; o mundo de um homem ignorante, pelos limites de seu conhecimento; o mundo de um homem extraordinário, pelo limite de sua visão. E, no papel de um líder visionário, você pode ampliar os horizontes das pessoas ao conceber uma imagem do futuro para elas.

O sol

Todos almejam calor e esperança. Quando você pinta um futuro brilhante para as pessoas, elas sentem esse calor e sentem o otimismo que vem da "luz" que você emana. A função primordial de todo líder é manter a esperança viva.

Montanhas

Toda visão traz consigo seus desafios. Edwin Land, fundador da empresa Polaroid, disse: "A primeira coisa a fazer é mostrar às pessoas que a visão é essencial e quase impossível, o que desencadeia a motivação do vitorioso".

Como líder, não faça de conta que os desafios não existem, pois pessoas se sentirão enganadas; em vez disso, reconheça os desafios e os obstáculos, e assegure aos demais que vocês trabalharão juntos para resolvê-los em equipe.

Pássaros

Observar o voo de uma águia eleva o moral das pessoas, é a inspiração de que necessitam, pois precisam ser lembradas do potencial do espírito humano para se sentirem animadas. Em conformidade com o general George S. Patton, dizemos: "As guerras podem ser combatidas com armas, mas elas são vencidas pelos homens. É o moral dos homens que estão seguindo e do homem que lidera que obtém a vitória".[18]

Flores

Alcançar uma visão elevada leva tempo e requer muita disposição e esforço. Ela não pode ser concretizada com um único ímpeto, portanto, você precisa permitir a pausa para que as pessoas sintam o aroma das flores ao longo do caminho. Elas precisam de momentos de descanso, para sua restauração mental, emocional e física. Acredite: minha inclinação natural é seguir pressionando e pressionando, mas tive de aprender a permitir que as pessoas tomem fôlego sempre que necessário.

O CAMINHO

As pessoas precisam de referências e querem um caminho a seguir e ter certeza de que você conhece esse caminho e que pode levá-las do ponto onde estão aonde querem ir. Você deve ser como o guia indígena que, ao ser perguntado sobre como conseguia conduzir atravessando picos irregulares e florestas, ao longo de trilhas traiçoeiras, respondeu: "Eu vejo perto e enxergo longe. Primeiro, vejo o que está diretamente à minha frente; em seguida, norteio minha rota pelas estrelas".

VOCÊ MESMO

Nunca descreva uma visão sem se inserir nesse contexto, pois isso demonstrará seu compromisso com a visão e seu desejo de caminhar ao lado de seu pessoal ao longo do processo. Você não é apenas o guia, mas o modelo a ser seguido e a pessoa a estender a mão quando eles precisarem de ajuda para escalar, como afirmou o embaixador das Nações Unidas, Warren R. Austin: "Para conseguir me levantar, você precisa estar num patamar mais alto".

O QUE AS PESSOAS AMAM

Para conseguir me levantar,
você precisa estar num patamar mais alto.

— WARREN R. AUSTIN

Nunca esqueça de que as pessoas sentem-se mais motivadas por quem e por aquilo que amam, por isso, devemos nos lembrar de incluir ambos no quadro que pintamos. Um exemplo disso ocorreu nas fábricas de paraquedas durante a Segunda Guerra Mundial. Havia necessidade da produção de paraquedas aos milhares, mas aquele era um trabalho muito entediante, que exigia debruçar-se sobre uma máquina de costura de oito a dez horas por dia e cozer dezenas e dezenas de metros de tecido monocromático. Mesmo quando os costureiros e costureiras avançavam dando forma aos paraquedas, o aspecto de seu trabalho era apenas de um amontoado de tecido disforme.

O que fizeram os líderes então para eliminar o tédio e impedir os possíveis erros? Todas as manhãs, os funcionários eram lembrados que cada ponto executado por eles era parte de uma operação de salvamento; em outras palavras, eles foram estimulados a pensar que os paraquedas costurados ali poderiam vir a ser usados por um familiar deles, fosse o marido, ou o irmão ou o filho. Apesar do trabalho árduo e das longas horas, aquelas pessoas, mesmo longe dos campos de batalha, entenderam sua contribuição para o panorama geral e assumiram realizando uma visão que ajudaria seus entes mais queridos.

Admiro muito o modo como Colombo desafiou a sabedoria da época com sua ousadia. Quando navegou rumo oeste para cruzar o Oceano Atlântico, a bandeira da Espanha, que ele representou ao viajar, levava a inscrição *Ne Plus Ultra*, lema espanhol que significava "Nada mais além". Na época era uma referência ao Estreito de Gibraltar, na Espanha, também conhecido como os "Pilares de Hércules" e considerado o fim do mundo. Mas, depois das viagens de Colombo e sua descoberta do Novo Mundo, o rei Carlos V da Espanha alterou o lema para Plus Ultra, que significa "Mais além" ou "Algo mais". Toda a nação espanhola – e, na verdade, todo o mundo ocidental – mudou e mobilizou seus recursos, porque a visão das pessoas do mundo havia mudado.

O cofundador da Apple, Steve Jobs, disse: "A única maneira de fazer um excelente trabalho é amar o que você faz. Se ainda não encontrou, continue procurando. Não se acomode. Como em tudo mais relacionado ao coração, você saberá quando encontrar".[19] Quando um líder descobre sua visão, ela se torna a sua chama, sua inspiração e seu guia. Se você ainda não a encontrou, não desista, continue buscando. Você saberá quando encontrá-la, e, quando isso acontecer, deve nutri-la, compreendê-la e descrevê-la de forma convincente para os demais, porque a visão é uma qualidade indispensável à liderança e, sem ela, você não atingirá o potencial completo ao desenvolver o líder dentro de você.

DESENVOLVENDO O *VISIONÁRIO* DENTRO DE VOCÊ

A visão é uma qualidade indispensável à liderança, portanto, evite assumir um posto de liderança ou com responsabilidade de liderança sem tê-la.

Identifique sua visão

Se você não tem uma visão clara para sua liderança, então invista algum tempo refletindo e responda às cinco perguntas contidas no capítulo:

Olhe para dentro: Como você se sente?
Olhe para trás: O que você aprendeu?

Olhe ao seu redor: O que está acontecendo com os outros?
Olhe para o alto: O que Deus espera de você?
Olhe à frente: Qual é o quadro geral?

Amplie Sua Visão

Você enxerga antes e além das pessoas que lidera? Enxerga o quadro geral e detecta os problemas antes que outros o façam? Ou você costuma ser desatento? Você precisa ser informado por seu pessoal sobre os problemas e os desafios futuros?

Se você não estiver um passo adiante de seu pessoal, eventualmente perderá seu valor como líder perante eles. Você precisa aprimorar sua capacidade de enxergar além e antes, e, para fazer isso, concentre-se nas três áreas seguintes:

- ***Conviva com pessoas que o inspirem a sonhar alto:*** Quem você conhece que pensa e sonha grande? Solicite uma reunião com essa pessoa ou simplesmente acompanhe alguém que for vê-la quando possível.
- ***Faça perguntas para ajudá-las a ampliar o alcance do que você vê:*** Não considere as coisas por seu valor nominal; em vez disso, cultive uma mente inquisitiva e saia da sua zona de conforto.
- ***Desenvolva um plano de expansão da visão:*** O que você pode fazer para evoluir na esfera da visão? Você tem acesso a biografias de grandes líderes e inovadores? Precisa expandir suas habilidades técnicas? Deve se expor a outras culturas? Amplie seu raciocínio e suas expectativas e aprenda a pensar grande.

NOVE

O PREÇO DA LIDERANÇA: AUTODISCIPLINA

O presidente Harry S. Truman disse: "Lendo a biografia de grandes personagens da história, descobri que a primeira vitória que eles conquistaram foi o domínio sobre si mesmos... A autodisciplina era sua primeira preocupação". Isso é verdade não apenas para grandes empreendedores, mas também para os verdadeiros líderes. Os bons líderes praticam o autocontrole antes de tentar arregimentar os outros, pois a autodisciplina vem antes do sucesso da liderança. É o preço do liderar.

Estudei grego e hebraico na faculdade, e uma das palavras que significam autocontrole em grego é *egkráteia.* Acredito que esse termo oferece uma ótima ideia sobre o que um líder necessita para atuar efetivamente, uma vez que a palavra significa assumir o controle de si.[1] Ela descreve pessoas que estão dispostas a dominar sua vida e assumir o controle de áreas que lhes trarão sucesso ou fracasso, o que é vital, pois eu devo ter o domínio sobre mim mesmo antes de tentar controlar os outros.

O maior desafio referente à liderança reside em liderarmos primeiramente a nós mesmos. Não podemos esperar levar outros mais longe do que já conseguimos ir, ou seja, precisamos conhecer os limites antes de extrapolá-los. Diversos líderes muito talentosos ficaram muito longe de usar todo seu potencial por não estarem dispostos a pagar esse preço. Eles tentaram seguir o caminho mais curto até a liderança e acabaram constatando que os atalhos nunca compensam no longo prazo.

A AUTODISCIPLINA TORNA POSSÍVEL A ESCALADA DA LIDERANÇA

Temos que reconhecer uma grande verdade, não apenas com relação à liderança, mas em tudo na vida. Durante o último ano, tenho ensinado isso constantemente às pessoas onde quer que eu vá. Quer saber? Aqui está. *Tudo o que vale a pena fica morro acima.*

Você deve estar se perguntando: "Agora que você mencionou, eu concordo. Ótimo. Então, vamos prosseguir. O que mais?" Mas eu quero que você pare por um minuto e reflita sobre isso. *Tudo* o que vale a pena fica morro acima. A palavra *tudo* é inclusiva, abrange todas as coisas. Some-se isso *o que vale a pena* – coisas desejáveis, apropriadas, favoráveis, atraentes, benéficas; ou seja, pensando bem, é algo muito significativo. Tudo que você deseja na vida, qualquer coisa, tudo pelo que você almeja lutar está *morro acima*, resultando numa busca desafiadora, extenuante, exaustiva e difícil.

O maior desafio referente à liderança reside em liderarmos primeiramente a nós mesmos.

As implicações são simples: conquistas acidentais não existem. Nenhuma pessoa que subiu a montanha do sucesso declarou: "Não tenho ideia de como cheguei ao topo desta montanha; simplesmente acordei e aqui estava". Nenhum líder que conduziu seu pessoal a fazer algo significativo fez isso sem grande esforço. Toda escalada deve ser deliberada, consistente e perseverante, ou seja, é completamente intencional.

A afirmação "Tudo o que vale a pena fica morro acima" não só é um retrato fiel da vida, como também justifica a importância fundamental da autodisciplina para uma biografia bem-sucedida, e é por isso que eu quero aproveitar este capítulo para elucidar alguns fatos sobre autodisciplina porque, ao compreendê-la e adotá-la, você terá o poder de experimentar uma escalada instigante e conseguirá pagar o preço da liderança. Então, vamos começar.

1. A autodisciplina permite que você suba ao topo

Se eu lhe perguntasse: "Você quer melhorar de vida?", claro que sua resposta seria sim. A questão não é *se* você quer que isso aconteça, mas *como* tornar isso realidade? Simples, vivendo cada dia com determinação, o que requer um viver autodisciplinado.

A autodisciplina permite a você passar das boas intenções às boas ações e é o que distingue palavras e ideias de resultados reais. Uma das maiores lacunas na vida é a diferença entre soar bem e atuar bem. Por fim, somos avaliados pelo que fazemos e o modo pelo qual nossas ações definem o mundo que nos rodeia, o que significa que, sem produzir resultado, todas as melhores intenções do mundo não passam de um bom entretenimento ou, na pior das hipóteses, de uma ilusão. Nesse sentido, a autodisciplina abre caminho para os resultados.

Tudo o que vale a pena fica morro acima.

Você conhece pessoas que sempre se preparam para se preparar? Você conhece pessoas que começam alguma coisa, mas nunca terminam? Eu também. Eles deveriam prestar atenção ao conselho do poeta Edgar A. Guest, dado em seu poema *Keep Going* [Siga firme]. Que diz:

Quando as coisas dão errado, o que não é raro,
E você está penando para percorrer uma ladeira interminável,
Quando os meios são insuficientes e as dívidas são altas,
E você quer sorrir, mas tem de suspirar,
Quando as preocupações causam depressão,
Descanse, se for inevitável... mas não desista.
A vida é estranha, cheias de voltas e reviravoltas,
E cada um de nós às vezes aprende
E muitos somos confrontados com fracassos,
Quando poderíamos ter ganhado, caso tivéssemos perseverado.
Não desista embora o ritmo pareça lento –
Você pode ter outra chance.
O sucesso é um fracasso virado do avesso –
O fio de luz num túnel de dúvidas,
E você nunca saberá quão perto está,
Pode estar próximo e parecer longe;
Então continue lutando quando for atingido em cheio –
É quando as coisas parecem piores que você não deve desistir.[2]

Ainda jovem, iniciando minha jornada como líder, eu me concentrei totalmente em desenvolver a autodisciplina e vivia pensando e falando sobre o que estava passando. Estava sentindo o peso das obrigações que a liderança me obrigava a assumir, tinha dificuldade de subir morro acima e queria que as pessoas ao meu redor soubessem que eu estava disposto a pagar o preço para evoluir. Acho que naquela época eu torcia para chegar a

A autodisciplina permite a você passar das boas intenções às boas ações.

um ponto onde não precisasse mais escalar, mas não é assim que funciona, então, continuo escalando ainda hoje.

Contudo, a autodisciplina já não mais tem mais o gosto amargo do "Ninguém imagina os problemas pelos quais passei; ninguém imagina o meu sofrimento". Eu amadureci com o peso da jornada, que imagino sendo semelhante ao condicionamento adquirido por um alpinista experiente, e minha perspectiva mudou tanto que meu foco deixou de ser *no que ocorre comigo* e passou a ser no *para onde estou indo*! O topo da montanha está me chamando e me compelindo a subir.

Meu amigo Jim Whittaker escalou as mais altas montanhas do mundo. Um dia, durante o almoço, ele compartilhou comigo que sua maior realização como alpinista foi o número de pessoas que ele levou até o topo com ele e então me deu um conselho sobre escalada que eu quero compartilhar com você. Ele disse: "Você não conquista a montanha. Você apenas ruma à conquista de si mesmo". Essa é a jornada de liderança mais importante que cada um de nós deve trilhar.

2. A AUTODISCIPLINA É A DIFERENÇA ENTRE O SUCESSO TEMPORÁRIO E O SUCESSO DURADOURO

Quero adicionar algo importante à minha afirmação prévia de que tudo que vale a pena fica morro acima. Três palavras: *o caminho todo*. Por que isso é significativo? Qualquer um pode realizar uma escalada por um curto período de tempo, e quase todo mundo faz isso pelo menos uma vez, mas você consegue manter o ritmo? Você é capaz de escalar todos os dias, dia após dia, ano após ano? Não perguntei para desencorajá-lo de continuar, mas para que você entenda o que precisa para atingir seu potencial como pessoa e como líder, por isso digo que o preço imposto pela liderança é a autodisciplina.

Brian Tracy escreveu sobre um encontro casual com o célebre autor de livros sobre sucesso Kop Kopmeyer, a quem perguntou qual seria, dentre os milhares de princípios do sucesso por ele descobertos, o mais importante, ao que Kopmeyer respondeu: "O princípio de sucesso mais importante de todos foi definido por Thomas Huxley há muitos anos, quando disse: 'Faça o que deve fazer, quando deve fazê-lo, independentemente da sua vontade'". E Kopmeyer completou: "Em minhas pesquisas e na minha experiência encontrei outros 999 princípios do sucesso, mas, sem autodisciplina, nenhum deles funciona".[3]

Meu amigo Kevin Myers, pastor da 12Stone Church, diz o seguinte: "Todo mundo busca respostas rápidas, mas, na verdade, precisam é de condicionamento. Os que procuram respostas rápidas param de fazer o que é certo tão logo a pressão a que estavam submetidos se dissipa; por outro lado, as pessoas que buscam o condicionamento fazem o que tem de ser feito independente de quais forem as circunstâncias".

> Faça o que deve fazer, quando deve fazê-lo, independentemente da sua vontade.
>
> — THOMAS HUXLEY

A cada dia temos de decidir se aceitamos pagar o preço da liderança. Eu gosto das reflexões de Rory Vaden sobre esse tema em seu livro *Take the Stairs* [Suba a escada], no qual chamou isso de *O paradoxo da dor*. Vamos usar o meio fácil e nos *sentir* bem no curto prazo? Ou vamos fazer o que é difícil, mas que, na verdade, será *bom* no longo prazo? Rory diz que devemos nos perguntar:

Devo comprar mesmo este item ou reservo o dinheiro para um momento de aperto?"

"Devo comer aquela sobremesa extravagante ou encerrar a noite?"

"Devo aplicar o esforço máximo aqui ou ir levando com o menor esforço exigido?"[4]

Rory afirma que essas perguntas revelam o paradoxo da dor da tomada de decisão:

> O curto prazo fácil leva ao longo prazo difícil, enquanto o curto prazo difícil leva ao longo prazo fácil. O grande paradoxo é que o que achávamos tratar-se do meio fácil; o que parece ser fácil, muitas vezes nos leva a criar uma vida que não poderia ser mais oposta à facilidade. E, de modo inverso, as coisas que acreditávamos que eram muito difíceis, os desafios aparentemente mais duros e as exigências que parecem mais rigorosas são as atividades que nos conduzem à vida fácil que todos nós queremos.[5]

Segundo Vaden, nossa batalha é entre nossas emoções, que normalmente têm mais poder no momento, e a lógica, que requer uma percepção mais duradoura da vida. Eu me identifico com isso porque tenho uma personalidade otimista, e, para mim, é muito fácil aproveitar o momento e me divertir. Não demorei a des-

> O curto prazo fácil leva ao longo prazo difícil, enquanto o curto prazo difícil leva ao longo prazo fácil.
>
> — RORY VADEN

cobrir essa minha característica pessoal, então precisei de uma estratégia que me ajudasse a focar no longo prazo e a lutar pelo sucesso futuro, e escrevi sobre a minha resposta a essa busca em meu livro *Today Matters* [O hoje é importante]. Deixe-me explicar a essência do meu conceito: identifiquei doze principais áreas de decisão para minha vida, baseadas em meus valores, e tomei uma decisão lógica bem planejada para cada uma delas. Chamo essas decisões de minha Dúzia Diária, pois o meu objetivo é fazer minhas decisões de momento diárias com base nestes doze valores:

Só por hoje... Vou escolher e demonstrar as atitudes corretas.
Só por hoje... Vou adotar e praticar valores superiores.
Só por hoje... Vou me comunicar com minha família e zelar por ela.
Só por hoje... Vou buscar e seguir recomendações saudáveis.
Só por hoje... Vou definir e atuar sobre as principais prioridades.
Só por hoje... Vou assumir e demonstrar responsabilidade.
Só por hoje... Vou fazer e manter os votos apropriados.
Só por hoje... Vou iniciar e investir em relacionamentos sólidos.
Só por hoje... Vou acumular e gerenciar adequadamente minhas finanças.
Só por hoje... Vou fortalecer e viver minha fé.
Só por hoje... Vou desejar e experimentar o autoaperfeiçoamento.
Só por hoje... Vou instigar e praticar a generosidade.
Só por hoje... Vou colocar em prática essas decisões e exercitar essas áreas.
Então, um dia... Vou colher os resultados de um dia bem vivido.

Quando, com base no meu estado emocional, sou dominado pelo ímpeto de fazer o que não é o melhor para mim, escolho exercitar minha autodisciplina e realizar essas doze atitudes que são adequadas para mim. Se eu fizer isso com consistência, então, num determinado momento, vou colher o sucesso nessas áreas. A ênfase aqui é a consistência, porque a consistência soma.

3. A autodisciplina faz do hábito o seu servo em vez de o seu mestre

Todas as pessoas têm grandes esperanças e aspirações, todos nós sonhamos alto, mas também temos um problema: todos nós também temos hábitos destrutivos, e, em geral, esses hábitos nos impedem de fazer a escalada da autodisciplina para chegar a um patamar mais elevado. Por quê? Porque eles exercem poder sobre nós. Dê uma olhada nesta peça perspicaz escrita por Dennis P. Kimbro que encontrei há vários anos:

> Sou seu companheiro constante.
> Sou seu maior ajudante ou seu fardo mais pesado.
> Vou impulsioná-lo para frente ou arrastá-lo para o fracasso.
> Estou inteiramente ao seu comando.
> Metade das coisas que você faz,
> Pode deixar comigo, se quiser,
> e eu as farei rápida e corretamente.
> Sou facilmente administrado –
> Você só precisa ser firme comigo.
> Mostre-me exatamente como quer que algo seja feito
> E depois de umas poucas lições
> Passarei a fazer isso automaticamente.
> Sou servo das pessoas importantes.
>
> E, infelizmente, de todos os fracassados também.
> Aqueles que são ótimos,
> Eu tornei excelentes.
> Aqueles que são um fracasso,
> Eu tornei fracassados.
> Não sou uma máquina,
> Embora eu trabalhe com a precisão de uma máquina,
> Somada à inteligência de um ser humano.
> Você pode me explorar para tirar lucro ou para obter a ruína.
> Isso não faz diferença para mim.
> Pegue-me, treine-me, seja firme comigo,
> E colocarei o mundo a seus pés.
> Seja displicente comigo, e vou destruí-lo.
> Quem sou eu?
> Eu sou um hábito.[6]

Os hábitos ou nos ajudam ou nos derrotam, cabe a nós escolher.

Todo líder enfrenta dois desafios: O primeiro é saber como transformar os hábitos destrutivos em construtivos; o segundo é saber como ajudar as pessoas que conduz a fazerem o mesmo. Então, a questão é: Como podemos substituir os hábitos negativos por hábitos positivos que se coloquem a nosso serviço, em lugar de nos escravizar?

Para mudar hábitos, o primeiro passo é alterar o nosso modo de pensar; ou seja, se você for capaz de ajudar os outros a mudar de mentalidade, então poderá ajudá-los a mudar seus hábitos também. Nossos pensamentos determinam quem nós somos, e quem somos determina o que fazemos. Maus pensamentos resultam em maus hábitos, mas bons pensamentos geram bons hábitos. Se eu pudesse escolher uma coisa a fazer pelos outros, seria ajudá-los a raciocinar de modo que suas escolhas resultem em hábitos construtivos.

O pensamento "morro acima" é deliberado, consistente e intencional, mas o pensamento "morro abaixo" é involuntário, inconsistente e frívolo. Aquele possibilita uma escalada bem-sucedida, ao passo que este leva a uma descida ladeira abaixo. Veja só a diferença:

Escalada morro acima	Descida morro abaixo
Tudo vale a pena	Nada vale a pena
Vitórias	Derrotas
Preparação	Reparação
Moral alto	Moral baixo
Autoestima elevada	Baixa autoestima
Autoaperfeiçoamento	Sem aprimoramento
Resoluto	Sem propósito
Gratificante	Sem sentido
Faz a diferença	Não faz diferença
Propósito (agir com)	Boas intenções (ilusão)
Hábitos construtivos	Hábitos destrutivos

Deixe-me explicar como isso acontece. Quando tenho um problema ou um desafio e não vejo uma solução positiva, como devo responder? Provavelmente vou procrastinar ou começar logo me desculpando por não agir. No entanto, as desculpas são sinais de saída que nos desviam do caminho do progresso. Por vezes, os resultados são trágicos; por vezes, são cômicos. Veja alguns exemplos de justificativas apresentadas em solicitações de sinistros de empresas de seguros de automóveis:

"Quando cheguei ao cruzamento, havia uma cerca viva que atrapalhou a minha visão". (Você não odeia essas cercas vivas que aparecem de repente?)

"Um carro invisível surgiu do nada, bateu no meu carro e desapareceu". (Como um super-herói.)

"Vi o poste de telefone se aproximando muito rápido. Tentei me desviar dele, mas ele me atingiu a frente do carro em cheio." (Esses postes de telefone não têm jeito. São tão imprevisíveis...)

"A causa indireta desse acidente foi um homem baixinho em um carro pequeno com uma boca enorme". (Eu posso imaginar a figura.)

"Eu dirijo este mesmo carro há quatro anos, quando peguei no sono e sofri um acidente". (Esse com certeza bateu o recorde.)

"Para evitar bater no para-choque do carro à minha frente, acertei o pedestre!" (Que escolha curiosa!)

"Eu estava no caminho para o médico, mas tinha um problema na traseira, quando a junta do cardã soltou e provocou acidente". (Essa daí eu não vou arriscar por nada!)

Os pensamentos negativos resultam em maus hábitos como procrastinar e inventar desculpas; por outro lado, quando penso positivamente, assumo a responsabilidade e ajo — ou seja, meus pensamentos determinam meus hábitos.

No cerne do modo como pensamos está a nossa atitude em relação à vida. Muitas pessoas julgam que a vida deve ser fácil, e essa mentalidade faz com que elas esperem que tudo aconteça sem qualquer esforço. Elas observam e aguardam, na esperança de que o sucesso venha encontrá-las, mas a verdade é que irá. Sendo assim, podemos nos acomodar e presumir que tudo estará à nossa disposição ou podemos assumir o controle da nossa vida e concretizar os acontecimentos, pois, se não o fizermos, alguém o fará, e pode acontecer que o resultado não seja bem o que esperávamos.

Numa conversa recente com Dan Cathy, presidente e CEO da rede de *fast-food* Chick-fil-A, ele comentou comigo que o compasso de mudança interna deve ser mais rápido do que o compasso de mudança externa, e essa é a estratégia certa para pensar nisso. Continue crescendo e mudando por dentro, começando pelo seu modo de pensar, porque exercitar a autodisciplina ao raciocinar possibilitará passar dos hábitos destrutivos à esperança construtiva. A sabedoria dos antigos tem razão: Pois, como imaginou em sua alma, assim ele é.[7]

4. A autodisciplina é desenvolvida – não vem de graça

Um dos meus campos de golfe preferidos é o Highlands Country Club, em Highlands, na Carolina do Norte — esse é o campo de golfe no qual Bobby Jones jogou durante muitos anos. Em 1928, no ponto a partir do qual se dá a primeira tacada em cada buraco, ele abriu os percursos batendo a primeira bola fora.

> Exercitar a autodisciplina ao raciocinar possibilitará passar dos hábitos destrutivos à esperança construtiva.

Bobby Jones foi um prodígio do golfe e se tornou uma lenda. Em 1907, ele começou a jogar quando tinha cinco anos de idade e, aos 12, ele já marcava abaixo do *par*, uma conquista que a maioria dos golfistas não consegue realizar jogando a vida toda. Aos 14 anos, ele se qualificou para o campeonato amador norte-americano, mas não ganhou aquela competição. Seu problema pode ser apropriadamente descrito pelo apelido que ele adquiriu: "arremessador de tacos". Ele quase sempre perdia a paciência – e sua capacidade de jogar bem. Seu temperamento o impediu de explorar ao máximo seu verdadeiro potencial como golfista, nada relacionado à sua habilidade. Em outras palavras, a falta de autodisciplina levou à sua derrocada.

Outro golfista mais velho que Bobby chamava de vovô Bart desistiu de jogar por causa de uma artrite, mas continuou trabalhando meio período na loja de artigos esportivos profissionais. Um dia, ele disse a Jones, "Bobby, você é bom o suficiente para ganhar esse torneio, mas nunca o fará se não controlar esse temperamento. Você erra uma tacada, fica chateado, e daí você perde".

Bobby Jones ouviu os conselhos daquele homem experiente e se esforçar para disciplinar suas emoções. Com 21 anos, Jones desabrochou e se tornou um dos maiores golfistas da história. Ele tinha apenas 28 anos quando se aposentou, logo depois de conquistar o Grand Slam do golfe. O comentário do vovô Bart resumiu bem: "Bobby tinha 14 anos quando dominou o jogo de golfe, mas foi somente aos 21 que conseguiu dominar a si mesmo".

A falta de disciplina é como uma tampa que retém o potencial de muitas pessoas, essa é a má notícia; mas, há boas notícias também: a autodisciplina não é uma qualidade nata, mas sim algo podemos desenvolver. Ela é conquistada, não dada. Em outras palavras, se a falta de autodisciplina tem sido uma tampa para você, como foi para Bobby Jones, você tem o poder de remover essa contenção, ou seja, isso está ao seu alcance.

O passo inicial para desenvolver a autodisciplina é a conscientização, isto é, você precisa avaliar as áreas de sua vida em que carece dela. Jones teve a sorte de ter alguém disposto que voluntariamente se abriu com ele e apontou seu problema, mas nem todos nós temos essa sorte. Talvez seja necessário procurar pessoas que nos conheçam bem e que estejam dispostas a nos dizer a verdade.

Caso esta seja uma área crítica para você, sugiro três dicas úteis para desenvolver a autodisciplina:

Pessoas autodisciplinadas evitam tentações

Recentemente, passei um bom período me esforçando para perder peso, e minha amiga e treinadora Traci Morrow disse: "John, o sucesso de sua dieta começa no supermercado. Não traga alimentos para casa que possam prejudicá-lo, ou seja, deixe-os nas prateleiras da loja, não nas prateleiras da sua cozinha".

As pessoas que desenvolvem autodisciplina e hábitos positivos não se colocam na linha de fogo; se o desejo delas é perder peso, não podem deixar as gavetas do escritório cheias de guloseimas; se economizar é o objetivo delas, não vão passear no shopping. Com isso, elas vão evitar conscientemente a tentação.

Pessoas autodisciplinadas sabem quando gastar sua energia

É impossível estar bem 100% do tempo durante o dia todo, todos os dias, e nem é necessário. Saber quando dar 100% é essencial para a autodisciplina. Por quê? Porque sua nossa quantidade de energia é limitada e você precisa decidir quando usá-la.

Todos os dias eu olho para a minha agenda e me pergunto: "Quando terei de estar no meu melhor?" Depois de identificar tais períodos, monitoro minha energia e me esforço para dar o meu máximo durante esses momentos cruciais, aplicando a energia necessária para praticar a autodisciplina nos momentos em que mais preciso.

Gary Keller, fundador da imobiliária Keller Williams Realty, disse: "Certifique-se de saber todos os dias... o que realmente importa".[8] Esse é um ótimo conselho. Pense adiante e dispenda sua energia no que for mais importante.

Pessoas autodisciplinadas compreendem e praticam o princípio do invista agora, aproveite mais tarde

Existem dois tipos de pessoas quando o assunto é disciplina. Um tipo adia o que deve ser feito e aproveita o momento, preferindo evitar suas obrigações, e outro tipo investe no agora fazendo o necessário, ainda que seja desagradável, e está disposto a adiar diversão e desfrutar mais tarde. O que você precisa saber é que todo mundo tem de pagar, então, tudo o que você adiar até mais tarde sempre se acumula. Se você adiar a diversão, poderá se divertir mais tarde, mas, se adiar as obrigações, uma hora terá de dar conta delas pagando mais caro, pois não há como trapacear na vida.

> Certifique-se de saber todos os dias... o que realmente importa.
>
> — GARY KELLER

Intuitivamente, todos sabem que isso é verdade. Se você contribuir o necessário para a sua aposentadoria e investir suas economias no início da vida, terá mais dinheiro disponível na velhice, mas se gastar tudo enquanto é jovem, não poderá aproveitar tão bem sua velhice. Se investe comendo direito e se exercitando ao longo da vida, vai enfrentar o envelhecimento de maneira mais saudável, mas, se negligenciar essas coisas, vai pagar o preço mais tarde. A escolha é sua.

Recentemente eu compartilhei com um grupo de alunos: "Se você apenas fizer o que deseja fazer, jamais conseguirá fazer o que realmente quer fazer". A autodisciplina é desenvolvida dizendo sim quando queremos dizer não, e dizendo não quando queremos dizer sim. Existem dois tipos de dor na vida: a dor da autodisciplina, que é aliviada ao fazer o que é certo, e a dor do arrependimento, que dói até morrermos.

5. A autodisciplina é mais facilmente desenvolvida nos âmbitos da força e da paixão

O dramaturgo alemão Carl Zuckmayer disse: "A metade da vida é sorte; a outra metade, disciplina, e esta é a metade que importa, pois, sem disciplina, é difícil saber o que fazer com a sorte". E como desenvolver a disciplina que leva ao sucesso? Fazendo a coisa certa todos os dias, a qual geralmente representa seus pontos fortes e sua paixão. Aquilo que você ama e aquilo que você costuma fazer bem apontam na direção certa.

A autodisciplina sempre precisa de combustível, e o mais potente deles vem da inspiração e da motivação, que normalmente estão relacionadas aos seus pontos fortes. O que você faz bem costuma inspirar você mesmo e os demais. Além disso, a motivação é um subproduto da sua paixão, então, se alguém gosta de fazer algo, estará sempre motivado a fazê-lo.

Se você está se concentrando em desenvolver a autodisciplina nos seus pontos fortes e em sua paixão, a corrida de viver fica mais fácil, e você vai correr mais rápido. Mas, ao tentar desenvolver a disciplina em áreas para as quais não tem talento nem sente atração, a corrida se torna longa e árdua. A disciplina estimulada por seus pontos fortes e por sua paixão é mais fácil de ser convertida em hábitos positivos, e, mesmo que você não seja ótimo em alguma coisa que faz pela primeira vez, se a tarefa estiver relacionada ao seu talento ou à sua paixão, você aprenderá a fazê-lo com muita rapidez e com maior habilidade.

Durante anos, passei boa parte do meu tempo desenvolvendo a autodisciplina nas áreas relativas aos meus pontos fortes, uma vez que eles complementam meus objetivos. Quando trabalho no âmbito de meu *motivo de vida*, da razão de eu estar neste planeta, sou capaz de permanecer entusiasmado mesmo depois que desaparece a primeira onda de energia e de euforia. Acredito que você poderia chamar isso *força de razão*, a qual pode levá-lo para adiante quando somente a força de vontade não é suficiente.

Se, no momento presente, você vem dedicando seu tempo, sua energia e seus recursos pessoais em áreas que não estão relacionadas aos seus pontos fortes ou à sua paixão, sugiro que você repense o que está fazendo. Talvez seja hora de

- Desistir de algo que você não faz bem para fazer algo que você domina.
- Desistir de algo que não desperta sua paixão para fazer algo apaixonante.
- Desistir de algo que não faz diferença para fazer algo que importa.
- Desistir de algo que não estava em seus sonhos para fazer algo com que você sempre sonhou.

Será sempre fácil ou agradável mudar o que estamos fazendo? Não. Mas todo mundo deve dizer não ao “bom” para poder dizer sim ao que há de “melhor”.

6. Autodisciplina e respeito estão relacionados

Poucas coisas constroem o respeito próprio do mesmo modo como a autodisciplina faz. Segundo o autor e orador Brian Tracy, "Disciplinar-se para fazer o que você sabe, ainda que difícil, é certo e importante, e também é o caminho mais elevado para o orgulho, a autoestima e a satisfação pessoal".

O respeito é fruto de uma vida disciplinada, tanto para consigo mesmo quanto com relação aos outros. Ao falar sobre o desenvolvimento de relacionamentos com os outros, costumo dizer que o respeito é adquirido em situações difíceis; todavia, as dificuldades também geram respeito próprio, e a autodisciplina é sua própria recompensa.

Pessoa guiada pela disciplina	Pessoa guiada pela emoção
Faz o certo para sentir-se bem	Sente-se bem para depois fazer o certo
É dirigida pelo compromisso	É dirigida pela conveniência
Decide-se com base em princípios	Toma decisões que agradam a todos
A ação define a atitude	A atitude define a ação
Acredita, então vê	Vê, então acredita
Cria a oportunidade	Aguarda a oportunidade
Pergunta: "Quais são minhas responsabilidades?"	Pergunta: "Quais são meus direitos?"
Persiste quando surgem problemas	Desiste quando surgem problemas
É estável	É temperamental
É talhada para ser líder	É talhada para ser seguidora

O falecido Louis L'Amour é um dos autores mais vendidos de todos os tempos. Seus livros venderam mais de 900 milhões de cópias no mundo todo e, mesmo tendo morrido em 1988, todos os seus livros continuam a ser reimpressos.[9] Quando perguntado sobre o segredo do seu estilo de escrita, ele respondeu: "Comece a escrever, não importa o quê. A água não flui sem que a torneira esteja ligada", então, ligar a torneira é o começo. Assim acontece com o respeito, que é resultado de sua própria manutenção, e a autodisciplina permite que você faça isso.

O respeito é adquirido em situações difíceis.

7. A AUTODISCIPLINA VIABILIZA A CONSISTÊNCIA E ESTA SÓ TEM A SOMAR

Consistência não é uma palavra sexy. Por quê? Porque ela não se prova com rapidez e não é recompensada imediatamente. Na cultura atual, as pessoas são mais cativadas pelo carisma, pela gentileza, pelo entusiasmo, pela criatividade e pela inovação, mas, depois de passar 50 anos me esforçando em busca da consistência, posso atestar que os dividendos podem ser extraordinários. Aqui estão apenas algumas das benesses que a consistência pode lhe trazer:

A consistência sustenta sua reputação

Qualquer um pode ser bom de vez em quando, mas somente os autodisciplinados são bons consistentemente, e essa consistência faz com que as pessoas o notem – e criem expectativas sobre seu desempenho. Em 6 de agosto de 1999, viajei com meu genro, Steve Miller, para Montreal, Canadá, por conta da reputação de alguém que constantemente correspondeu às expectativas. O nome dele era Tony Gwynn, um *outfielder* que jogava para o time do San Diego Padres. Um dos maiores batedores que já jogou na liga principal do beisebol, Tony estava prestes a obter o seu 3.000º hit contra o Expos. Apenas 30 jogadores da história do beisebol profissional já realizaram esse feito,[10] e quase todos eles integram o Hall da Fama. Como Tony conseguiu? Um hit por vez, jogo após jogo, ano após ano.

A consistência é um pré-requisito da excelência

Sempre que você tentar alguma coisa pela primeira vez, não se sairá muito bem. É assim que é. Então, por que tentar algo novo? Porque temos que começar por algum lugar. O primeiro passo é dominar o básico. Mas, e depois? Não se salta meramente para a excelência, e o caminho para chegar lá é a consistência, pois o aprimoramento só é possível através da prática consistente.

A consistência oferece segurança aos outros

Na condição de líderes, uma das coisas que podemos oferecer às pessoas é uma sensação de estabilidade. Talvez o melhor elogio que pode ser feito a um líder seja: "Eu posso contar com você". Quando as pessoas reconhecem a sua consistência e percebem que podem confiar em você, isso lhes dá uma sensação de segurança.

A consistência reforça sua visão e seus valores

A liderança efetiva é altamente visual. Por quê? As pessoas agem pelo que veem, e os líderes são modelos de comportamento para seus liderados. Quando os membros da equipe observam seu líder fazendo alguma coisa, normalmente seguem seus passos – para o bem ou para o mal. Se o líder usa atalhos, eles usam atalhos; se o líder chega tarde, eles chegam tarde; se o líder age segundo seu impulso, eles agem segundo seus impulsos. Por outro lado, quando o líder assume a responsabilidade, chega cedo, cumpre suas promessas e produz consideravelmente, então a maioria das pessoas da equipe se esforça para fazer o mesmo.

A consistência vem para somar

Comecei a falar em público em 1968, comprometi-me a treinar líderes em 1976, passei a escrever livros em 1979 e comecei a desenvolver e elaborar pesquisas em 1984. Cada vez que acrescentei um novo objetivo de liderança, não passei a negligenciar o anterior; antes, continuei trabalhando neles. Não me causa surpresa tudo o que realizei: já ministrei mais de 12 mil palestras, minhas organizações treinaram mais de cinco milhões de líderes de todos os países do mundo e escrevi mais de 100 livros. Meu sucesso veio porque eu comecei jovem, trabalhei de forma consistente, e agora tenho 70 anos — esse é o potencial resultado agregado da consistência.

Eu lembro dos momentos em que me senti tentado a recorrer a atalhos. Quando tinha 23 anos, percebi que podia falar de improviso em vez de trabalhar arduamente na preparação do texto antes de falar para o público. Eu poderia ter me safado tomando esse caminho mais fácil. Eu *queria* ter usado essa estratégia simplificada, pois assim sobraria tempo para me dedicar a outras coisas que eu queria fazer, mas, no fundo, eu sabia que seria um erro. Se eu me valesse apenas de meu talento para me comunicar, não seria capaz de desenvolver esse talento e me aprimorar, então, eu me preparava, e essa decisão valeu muito a pena ao longo dos anos.

Pessoas bem-sucedidas fazem diariamente o que as pessoas malsucedidas fazem de vez em quando. Os pilares do início do sucesso são começar e terminar bem. E o que há entre os dois pilares? Consistência. Para se tornar um líder de acordo com o seu potencial para liderar, você precisa pagar o preço da autodisciplina.

Uma última palavra sobre a autodisciplina antes de avançarmos para o último capítulo: a maioria dos bons líderes que conheço tem um forte ímpeto para ajudar outros. Eles querem investir nos membros de sua equipe, querem progredir em suas organizações e querem levar os outros a realizar algo significativo. É provável que você também almeje essas coisas e talvez tenha um grande impulso de fazer a diferença neste mundo. Se esse for o caso, há algo que você precisa saber: os líderes são responsáveis por ajudarem e se aprimorarem a si mesmos antes de tentar ajudar outros.

Pessoas bem-sucedidas fazem diariamente o que as pessoas malsucedidas fazem de vez em quando.

Se você já voou em um avião, certamente ouviu as instruções de segurança dos comissários de bordo. O que eles dizem? Coloque a máscara de oxigênio primeiro em você, antes de colocá-la em seu filho ou em alguém que possa precisar de sua assistência. Por quê? Porque é impossível ajudar os outros eficientemente sem que você tenha assegurado o seu próprio bem-estar. A autodisciplina é o que permite que você faça isso. Se há uma qualidade que um líder deve buscar com afinco, é a autodisciplina, pois ela abre a porta para várias outras habilidades: caráter, prioridades, influência e a capacidade de servir aos outros. Se você ganhar as batalhas internas, todas as outras vitórias estarão ao seu alcance.

DESENVOLVENDO O SER *AUTODISCIPLINADO* DENTRO DE VOCÊ

A autodisciplina não é fruto de uma única batalha, depois da qual se diga: "Uau, estou contente que acabou". É algo pelo qual você precisa se esforçar no dia a dia. Mas aqui estão as boas notícias: quanto mais batalhas de autodisciplina você ganhar, menos difíceis se tornarão as batalhas seguintes.

Uma vitória se embasa na outra, e cada disciplina que você adquirir irá possibilitar o desenvolvimento de outras que você almeja para si.

Comece de algum modo – acumule vitórias

Como mencionei anteriormente, a autodisciplina não é concedida; antes, deve ser desenvolvida por cada indivíduo que a adquire. Se a disciplina é algo que você negligenciou ou pelo qual se esforçou no passado, será necessário se preparar para o sucesso com pequenas vitórias. Experimente começar nessas áreas:

- **Evite a tentação**: Em que área de sua vida você pode traçar uma linha de segurança longe da fonte de tentação? Minha treinadora, Traci, me instruiu a não comprar guloseimas no supermercado para que eu não ficasse tentado a comer o que não podia em casa. Qual limite você deve estabelecer e em que áreas?
- **Invista agora, desfrute mais tarde**: Escolha tarefas pequenas e nas quais possa sair-se bem, e as conclua antes de se recompensar com a diversão ou o relaxamento. Sempre que for possível atrasar a gratificação e praticar a autodisciplina, você ganhará. Permita-se sentir satisfação nisso e use-a como estímulo para querer praticar a autodisciplina.
- **Volte ao ritmo**: Todos nós falhamos, e isso pode ser desencorajador. Não permita que um erro ou um lapso de disciplina o leve a desistir. Reconheça o fracasso, aprenda com isso, identifique as tentações a serem evitadas e retorne ao ritmo da autodisciplina.

Desenvolva a disciplina em seus pontos fortes

Enquanto você desenvolve ou fortalece uma base sólida de disciplina em sua vida, procure aprimorar seus pontos fortes. O que você sabe fazer bem? Que talentos você tem? O que desperta o seu interesse? Como você pode tirar proveito dessas coisas para sua vida e sua liderança?

Escolha uma área de sua vida em que possa vencer com maior facilidade e identifique uma disciplina que possa praticar para fortalecer essa área. Planeje-a, inclua-a na sua agenda e pratique-a consistentemente.

DEZ

O APRIMORAMENTO DA LIDERANÇA:

CRESCIMENTO PESSOAL

No meu quadragésimo aniversário, preparei uma aula intitulada "Eu tenho 40 anos e sigo contando". A aula foi, na verdade, uma reflexão, na qual examinei minha vida, avaliei meus erros e acertos, e terminei por ensinar as 10 coisas que eu acreditava que todas as pessoas deveriam conquistar até completar 40 anos. Redigir essa palestra foi muito gratificante, e a resposta foi tão positiva que, quando fiz 50 anos, elaborei uma aula chamada "Eu tenho 50 anos e sigo refletindo: As lições mais importantes que aprendi na minha vida". Quando fiz 60... Você pode imaginar aonde isso vai levar! Vou direto ao ponto. Preparei duas outras aulas: "Eu tenho 60 anos e sigo em formação" e "Tenho 70 anos e sigo em transformação". Se eu chegar aos 80, você já sabe o que vou fazer no meu aniversário.

Essas lições foram marcos na minha vida. Olhando para trás, ao longo das décadas, acho que adquiri um melhor controle sobre o que realmente importa. Tenho menos certezas hoje depois dos 70 do que eu tinha aos 40; no entanto, nunca estive tão seguro delas antes na vida. Um fato que não deixa dúvidas – e que tem sido a minha maior fonte para essas lições – é que esse crescimento é fundamental. Minha capacidade de crescer determinou minha capacidade de liderar, e hoje lidero de forma diferente e mais eficaz do que eu fazia aos 40. E não é apenas porque eu tenho liderado há mais tempo, e sim porque eu fiz do crescimento pessoal uma prioridade todos esses anos.

Há vários anos, numa de minhas conferências um homem de minha idade veio até mim durante um intervalo e disse: "Eu gostaria de ter ouvido a sua mensagem 20 anos atrás".

"Não, você não iria querer", respondi.

"Você não entende", ele respondeu. "Eu disse que queria ter ouvido sua palestra há 20 anos".

"Não, na verdade, você está enganado", insisti.

A essa altura, ele estava começando a ficar frustrado. "Se eu tivesse ouvido o que você acabou de dizer há 20 anos, isso teria mudado minha vida".

"Mas esse é o problema", respondi. "Vinte anos atrás eu não poderia ter ensinado o que você aprendeu hoje, pois ainda não tinha aprendido isso naquela época". A expressão dele então passou da frustração para a compreensão, e ele riu. Nós dois rimos.

Adoro conversar e escrever sobre o crescimento pessoal, essa é uma das minhas paixões. Eu comprovei em primeira mão com que eficácia uma vida comprometida com o crescimento pessoal contínuo produz resultados além de nossas fantasias mais loucas. Por ter conhecido o poder do crescimento, sempre me sinto estimulado a compartilhar os princípios e as práticas que ajudarão as pessoas a adquirir um hábito. É assim que se cresce, mas antes que alguém esteja pronto para aprender *como* crescer, eles precisam compreender o *porquê* disso.

O CRESCIMENTO É FUNDAMENTAL

Sua capacidade de crescimento determinará sua capacidade de liderar. O crescimento é fundamental, e se você tenta liderar sem considerar o que aprendeu no passado e não está evoluindo no presente, seus dias como líder estão contados e se esgotando. O desenvolvimento, a expansão e o futuro da sua liderança dependem da sua dedicação ao crescimento pessoal. É por isso que insisto que:

1. O crescimento é a única garantia de que o amanhã será melhor

Em julho de 2015, fui ao meu quinquagésimo encontro da escola secundária em Circleville, Ohio. Como eu não havia visto a maioria dos meus colegas desde a formatura, fiquei animado para retomar as relações com aquelas pessoas depois de tantos anos e imaginei os rostos dos amigos que eu esperava ver.

Minha esposa Margaret e eu chegamos tarde à festa, e, ao entrar no salão principal, olhei em volta e me detive: será que estava no lugar errado?

"Margaret, há muitos velhos aqui!", eu comentei, e ela riu.

"John, acho que você devia se olhar no espelho", ela se limitou a dizer.

Naquele dia, eu gostei de rever meus colegas e tirar fotos com eles. No entanto, ao final da noite, eu me senti um pouco deprimido, pois passei três horas escutando aquelas pessoas falarem sobre si, sobre os bons velhos tempos e sobre os remédios que estavam tomando. É a isso que nós nos resumimos? Eu pensei. Quando chegamos até nosso carro alugado, eu também estava me sentindo velho.

A passagem do tempo garante que vamos envelhecer, mas não assegura que vamos melhorar. Eu sei que estou envelhecendo, mas não estou sucumbindo à minha idade. Eu quero seu melhor no futuro, e isso requer um crescimento pessoal contínuo. Naquela noite, no hotel, eu me sentei e escrevi o seguinte:

Cinco formas voluntárias de não agir como um velho

6. **Pergunte**: As pessoas idosas não são curiosas. Quando deixamos de fazer perguntas, perdemos o interesse pela vida. Eu serei interessado.
7. **Mantenha o nível de excelência elevado**: Os idosos reduzem seus padrões e se tornam cansados e complacentes. Eu vou manter o nível elevado.
8. **Concentre-se nas pessoas**: As pessoas idosas tornam-se centradas em si mesmas e só falam de si, de suas doenças e de seus medicamentos. Vou focar nos outros.
9. **Cuide de sua postura**: As pessoas idosas ficam curvadas, então, ficar ereto rejuvenesce. Eu cuidarei da minha postura.
10. **Mantenha o foco no presente**: Os mais velhos falam muito sobre o ontem. Eu olharei para o futuro e falarei sobre o presente.

No mesmo fim de semana, saí para jantar com meus companheiros do time de basquete da escola. O jantar estava ótimo, e ficamos relembrando várias histórias da nossa equipe de basquete. Quanto mais falávamos, melhores jogadores nos tornávamos. Falamos sobre nossa proeza nos arremessos, a rapidez do nosso ataque e nossa defesa arrasadora, e chegamos à conclusão de que éramos um time excelente. Então, Tom Smith anunciou:

"Pessoal, eu trouxe um vídeo de um de nossos jogos."

"Vamos assistir ao vídeo!" – concordamos animados, levantando os punhos no ar e nos cumprimentando.

Tom colocou o vídeo para rodar, e em segundos caímos na real. Aonde tinha ido parar a tal velocidade sobre a qual tínhamos falado havia pouco? Alguém chegou inclusive a perguntar:

"Este vídeo está em câmera lenta?"

"Não", disse o Smitty.

Eu me vi aos 17 anos de idade dando um passe horrível. Nossas jogadas eram péssimas: entregávamos a bola, arremessávamos de qualquer jeito, desperdiçávamos cesta após cesta, e nossa defesa se desmantelou. Nada do que vimos no vídeo correspondia à grandeza do jogo conforme havíamos relembrado. Na metade do primeiro quarto, John Thomas se levantou dizendo:

"Vou buscar uma sobremesa, alguém quer?" – Todo mundo foi atrás dele.

Naquela noite, percebemos que os bons e velhos tempos não tinham sido assim tão bons, e se houve um lado positivo nessa experiência, foi o fato de o ontem não nos parecer assim tão bom ser uma indicação de que havíamos crescido.

Existem boas razões para buscar o crescimento pessoal: ele abre portas, Ele nos torna melhores, nos ajuda a alcançar nossas metas profissionais e, com o tempo, ele dá ímpeto à nossa vida. Isso, por sua vez, estimula-nos a crescer cada vez mais. Passar a dar uma ênfase maior ao crescimento do que ao resultado facilita o aprendizado com o nosso fracasso, mas todas essas coisas são ofuscadas pelo motivo mais importante, que é a busca pelo crescimento, já que ele tem o maior potencial de mudar nossa vida em todos os aspectos. O crescimento pessoal alimenta a esperança e mostra-nos que o amanhã pode ser melhor do que o hoje. Veja como:

O crescimento pessoal alimenta a esperança. Mostra-nos que o amanhã pode ser melhor do que o hoje.

Uma mentalidade voltada para o crescimento é uma semente da esperança

Considere o mundo da natureza. Um arbusto se transforma em um carvalho grandioso depois de crescer lentamente por um longo período. Um bebê nasce, vira criança, e então se torna um adulto. A esperança opera da mesma maneira, ela se projeta adiante. Quando temos esperança, conseguimos imaginar um futuro melhor. Além disso, a esperança não é apenas desejar coisas que possam vir a ser, mas sim a convicção sobre coisas que serão; ela em enxergar além das circunstâncias atuais na certeza de que o futuro será positivo.

Plantar a semente do crescimento não é complicado; pelo contrário, é tão simples quanto uma mudança de mentalidade. Quando decidimos acreditar que o crescimento é possível e nos comprometemos a buscá-lo, a esperança começa a crescer dentro de nós. A mudança de foco é apenas o primeiro passo, mas pode ser o início de uma jornada longa e gratificante.

O hábito de crescer fortalece a esperança

Escolher crescer é importante, mas essa decisão sozinha não é suficiente para produzir mudanças. Precisamos compreender que o crescimento é um processo gradual e tornar esse processo parte da nossa rotina, o que significa que precisamos desenvolver o *hábito* de crescer de forma consistente.

Ao praticar a disciplina de crescer um pouco todos os dias, você estará contribuindo para fortalecer sua esperança, e a cada pequeno passo dado, você progride no seu aprimoramento e faz seu mundo evoluir. É como o humorista Garrison Keillor disse: "Há muito a fazer, mas você deve dar conta de tudo – mesmo sem saber o quanto isso representa". Crescer é colocar seu futuro em movimento, e a cada passo para o futuro, a esperança é reforçada e fortalecida, processo este que se torna sustentável quando você faz do crescimento um hábito.

O crescimento sustentado ao longo do tempo concretiza a esperança

Com o tempo, o crescimento nos permite viver nossa esperança, e, quando damos pequenos passos visando crescer todos os dias, com o passar do tempo o progresso se torna visível. Ao acumular dias suficientes de crescimento consistente, você começa a se transformar como pessoa e se torna melhor, mais forte, mais habilidoso ou tudo isso junto. E, ao evoluir, você consegue mudar suas circunstâncias, o que inicia um ciclo positivo no qual o crescimento fortalece sua esperança e sua esperança fortalece seu crescimento. Depois de fazer isso semana após semana, mês após mês, ano após ano, você passa gradualmente da esperança concebida para a esperança realizada.

2. Crescimento significa mudança

Durante um intervalo em uma conferência onde eu estava ensinando, um jovem veio até mim e disse: "Eu gostaria de fazer o que você faz". Não surpreende que ele tenha achado interessante, pois fazia parte de um público considerável de duas mil pessoas com ânsia de aprender. Graças à minha equipe, a conferência fluiu sem problemas, e as pessoas inundaram o *lobby* comprando livros e buscando meu autógrafo. Acredito que ele se imaginou no palco, comunicando sua mensagem para uma plateia numerosa e interessada.

"Naturalmente", eu disse. "Quem não gostaria de tudo isso?" Olhei para o auditório, tentando capturar o ambiente completo ao nosso redor. "Mas preciso lhe fazer uma pergunta", continuei: "Você gostaria de fazer tudo o que eu fiz para poder fazer o que eu faço?"

A expressão dele mudou, pois não acho que tenha ocorrido a ele que eu percorri um longo, e por vezes doloroso, caminho para chegar onde eu estava.

Isso é próprio de todos nós. Vemos estrelas do esporte e músicos talentosos no seu auge e não pensamos no sacrifício e no trabalho árduo que fizeram para chegarem a essa condição. Somente a pessoa que teve um sonho e foi em busca dele sabe de fato tudo de que necessitou. Muitas vezes, o custo da mudança é o divisor de águas entre os que evoluem e os que não evoluem; entre aqueles que dão vida a seus sonhos e os que sonham, mas permanecem onde estão.

Por anos eu quis escrever um livro que ajudasse as pessoas a realizar seus sonhos, mas não queria que esse livro representasse uma inspiração vazia. Eu queria ser estimulante, mas queria também ajudar as pessoas a construir seu futuro com base na realidade, e não em aspirações superficiais. Levei algum tempo até descobrir a abordagem certa, mas finalmente consegui escrever um livro chamado *Você pode realizar seu sonho*, o qual traz 10 questionamentos que você deve se fazer para definir se o seu sonho tem potencial para se tornar realidade.

Uma dessas 10 questões está acima de todas as outras quanto a avaliar o potencial de realização de seu sonho: a Questão do custo: Estou disposto a pagar o preço do meu sonho? Às vezes, acho que deveria ter modificado a "Questão do custo" para, digamos: "Estou disposto a pagar o preço do meu sonho *até o fim*?" Como meu amigo Gerald Brooks costuma dizer: "Todo estágio de crescimento exige um novo estágio de mudança", e ele também exige mais de você. Descobri que o preço da mudança geralmente chega mais cedo do que pensamos, e o custo é mais elevado do que imaginamos, além de ter de ser pago mais vezes do que o previsto. Na verdade, continuar a crescer resulta em continuar a pagar o preço desse crescimento.

A vida começa no limite da nossa zona de conforto, e, para crescer, devemos aceitar a mudança e aprender a nos sentirmos confortáveis com o desconforto. A zona de conforto se caracteriza por fazer as mesmas coisas da mesma maneira, com as mesmas pessoas, ao mesmo tempo e obtendo os mesmos resultados. As pessoas não deixam sua zona de conforto e ainda assim se perguntam por que sua vida nunca melhora. Isso é insano. Fazer a mesma coisa todos os dias não colabora para atingir o sucesso, pois o crescimento invariavelmente exige mudança.

> Todo estágio de crescimento exige um novo estágio de mudança.
>
> — GERALD BROOKS

A Lei do elástico de borracha em *The 15 Invaluable Laws of Growth* [As 15 leis inestimáveis de crescimento] afirma que o crescimento para quando se perde a tensão entre o lugar onde você está e onde poderia estar.[1] E qual a utilidade de todo elástico de borracha? A elasticidade, a capacidade de esticar. Não há uso prático para um elástico, a não ser esticá-lo. O mesmo pode se dizer sobre nós. O filósofo e sociólogo Eric Hoffer observou: "Em um momento de mudanças drásticas, são os aprendizes que herdam o futuro. Eles geralmente são preparados para viver em um mundo que já não existe mais".[2]

Isso serviria bem para descrever o universo em que me situei durante os meus primeiros anos de liderança. A organização à qual eu estava ligado resistia a mudanças e, por conseguinte, perdeu grande parte do seu potencial de crescimento. (O conceito deles de progresso era regredir lentamente.) Eu me senti dividido entre as pessoas que eu amava e que queriam que eu permanecesse inalterado, e o novo crescimento que eu estava experimentando e que me impulsionava a mudar e a me arriscar para realizar o meu potencial. Após meses experimentando um conflito emocional, decidi seguir o caminho do crescimento pessoal. As palavras do autor Gail Sheehy refletem o meu modo de pensar:

> Se não mudamos, não crescemos, e se não crescemos, não estamos vivendo de verdade. O crescimento implica abrir mão temporariamente da segurança, e isso pode significar desistir de padrões conhecidos, mas que nos limitam; de um trabalho seguro, mas não recompensador; de valores em

que já não se acredita e, ainda, de relacionamentos que perderam o significado. Como bem colocou Dostoiévski: "Dar um novo passo, pronunciar uma nova palavra é o que as pessoas mais temem". O medo real deve ser o caminho oposto.[3]

O processo que atravessei inicialmente foi um desafio e teve seus altos e baixos. Meu crescimento gradual ia revelando o quanto ainda eu tinha a aprender. O psicólogo Herbert Gerjuoy disse: "Os analfabetos do futuro não serão os que não conseguem ler nem escrever, mas aqueles incapazes de aprender, desaprender e reaprender".[4] Era isso que eu deveria continuar fazendo: aprender, desprender e reaprender. A mudança tornou-se uma constante, porque cada novo desafio e cada novo estágio de crescimento exigiam um novo "eu", diferente e aprimorado.

Um bom exemplo disso é a forma como aprendi a me aprimorar como escritor. Em 1977, meu mentor, o autor Les Parrott Jr., compartilhou comigo que, se a minha intenção fosse influenciar as pessoas além do meu alcance pessoal, então eu deveria começar a escrever livros. No exato dia em que ele me disse isso, eu decidi me tornar um escritor. A decisão foi instantânea, mas o caminho para aprender a escrever satisfatoriamente foi árduo e longo. Para conseguir me sair bem, eu segui o processo de aprender, desaprender e reaprender:

Aprender: "O que preciso aprender hoje que não sabia ontem?"

Eu mergulhei de cabeça no mundo da escrita: fiz um curso de redação, entrevistei escritores, pedi aos autores que fossem meus mentores, li muitos livros e estudei seu estilo, desenvolvendo um estilo próprio que parecia mais adequado para mim, e ainda escrevi consistentemente. Em 10 anos produzi sete livros, e todos com uma coisa em comum: não venderam bem.

Desaprender: "O que eu retive ontem e que devo abandonar hoje?"

Antes de eu decidir escrever livros, tudo o que eu fazia era redigir minhas palestras. Tive de aprender um conjunto diferente de habilidades, e, para isso, foi preciso separar minhas palestras da minha escrita. Eu não tinha dificuldade para falar, minha oratória era eficiente mesmo quando bem jovem. Aprendi a usar minha voz para chamar atenção e a tirar o máximo proveito da minha personalidade e do meu carisma. Aprendi a decifrar uma multidão e me conectar com ela, mas nenhuma dessas habilidades foi transposta para a escrita de livros.

Reaprender: "O que eu preciso mudar hoje em relação ao que estava fazendo até ontem?"

Tive de desenvolver conexões com o leitor a partir da escrita e aprender a considerar o modo como um leitor pensa e antecipa as respostas dos outros, sentado na minha escrivaninha, em vez de no palco. Isso foi difícil. Enquanto trabalhava duro para descobrir e desenvolver uma nova forma de escrever, eu sempre me perguntava: "Será que o leitor iria virar a página?" Após anos de trabalho árduo e de muitas mudanças, posso afirmar com segurança que aprendi a me conectar com o leitor.

A jornada de crescimento daqui até lá muitas vezes é solitária porque você tem de se dispor a errar e se dispor a mudar. O crescimento surge como resultado de abandonar os maus hábitos, alterar as prioridades erradas e adotar novas formas de pensar. As pessoas que não crescem ficam presas porque não estão dispostas a abrir mão do que sabiam e praticavam para fazer algo melhor. Elas não estão dispostas a se arriscar a estar erradas para poder descobrir o que é certo. Ironicamente, elas se apegam ao certo e, no entanto, sua vida dá errado.

Para crescer como pessoa e como líder, você deve se dispor a abandonar a sensação de estar certo, a fim de encontrar o que realmente está certo, mas conseguir isso não requer brilhantismo, tampouco talento ou sorte. Na verdade, requer tão somente que você se disponha a mudar e a se sentir desconfortável.

3. O crescimento é o grande divisor de águas entre os que alcançaram e os que não alcançaram o sucesso

Se você deseja ser bem-sucedido, não pode se conformar em ser mediano. Por quê? Você já se animou sobre sair para jantar em um restaurante mediano? Alguma vez você já se gabou para outros sobre férias banais? Você encontra a satisfação plena em um relacionamento mediano? Você recomenda amplamente um filme mediano para seus amigos? É evidente que não, pois a média nunca é boa o bastante, então, você deve se esforçar para alcançar a excelência.

Recentemente, encontrei um artigo do executivo em telecomunicações e líder de equipe, David Lewis, em que ele descreve o que significa ser mediano:

> "Medianos" é o que os fracassos alegam ser quando seus amigos lhes indagam o porquê de eles não serem mais bem-sucedidos.
>
> "Mediano" é o topo da parte inferior, o melhor dentre os piores, a parte inferior do topo, o pior do topo. Qual desses é você?
>
> "Mediano" significa ser banal, medíocre, insignificante, um retardatário, uma não entidade.
>
> Ser "mediano" é o pretexto dos preguiçosos; a falta de coragem para assumir uma posição na vida; é levar uma vida padrão.
>
> Ser "mediano" é ocupar espaço sem propósito; tomar o trem da vida, mas não pagar a passagem; é o investimento de Deus em você sem que você produza rendimentos.
>
> Ser "mediano" é perder tempo deixando a vida passar em vez de desfrutar o tempo ao longo da vida; é matar o tempo em vez de aproveitar o tempo trabalhando até morrer.
>
> Ser "mediano" significa ser esquecido ao deixar esta vida. Os bem-sucedidos são lembrados por suas contribuições; os fracassados são lembrados porque tentaram; mas a maioria silenciosa – os "medianos" – é simplesmente ignorada.
>
> Ser "mediano" é cometer o maior crime que se pode contra si mesmo, a humanidade e o próprio Deus. O epitáfio mais triste diz assim: "Aqui jazem o Sr. e a Sra. Medianos – aqui estão os restos do que poderia ter sido, menos sua crença de que eram 'medianos".[5]

É uma perspectiva um tanto dura, não? Talvez. Mas se ela for desafiadora e inspiradora o bastante para tirar você de sua zona de conforto, terá cumprido um propósito nobre. É bom sentir-se contente com o que você tem, mas não é positivo sentir-se satisfeito com quem você é a ponto de desistir de crescer.

> A maior recompensa do crescimento não é o que conquistamos em decorrência dele, mas o que nos tornamos por causa dele.

A maior recompensa do crescimento não é o que conquistamos em decorrência dele, mas o que nos tornamos por causa dele. Estabeleci meu crescimento pessoal como uma meta no dia em que aprendi que o crescer não é algo automático, que não crescemos simplesmente passando pela vida. O início da minha jornada de crescimento foi marcado por muitos objetivos, contudo, conforme fui amadurecendo e evoluindo em decorrência do crescimento, fui perdendo o entusiasmo pelas metas e me apaixonando mais pelo crescimento. O resultado? Hoje, tornei-me convicto do crescimento de modo consistente. Veja a diferença.

Convicto dos objetivos	Convicto do crescimento
Focado no destino	Focado no percurso
Motiva os demais	Amadurece as pessoas
As metas são sazonais	O crescimento ocorre durante toda vida
Desafia as pessoas	Modifica as pessoas
Quando a meta é alcançada, nós desistimos	Quando a meta é alcançada, seguimos crescendo
Indaga à meta: Quanto vai demorar?	Indaga ao crescimento: Até onde posso chegar?

Gosto de dizer aos outros que sou um alpinista, e as pessoas que me conhecem bem acham graça disso, pois meu corpo não parece de alguém que escala montanhas. Mas, antes que façam algum comentário, eu digo a elas: "A montanha que eu escalo se chama Crescimento", e a cada dia eu dou alguns passos em direção ao meu potencial. Mesmo aos 70 anos, ainda estou subindo. O resultado?

Superei ontem e evoluí para o amanhã.
Superei velhas expectativas, evoluí e criei novas expectativas.
Superei as vitórias passadas e evoluí na forma das vitórias atuais.
Superei os relacionamentos comuns e evoluí buscando relacionamentos melhores.
Superei o que eu fui e evoluí me tornando o que poderia ser.
Superei o sucesso, evoluí e me tornei significativo.

Espero que você esteja começando a entender o que o crescimento pode gerar, e espero também ter começado a despertar em você o desejo de crescer. A Lei do Enfraquecimento da determinação diz que, quanto mais tempo você espera para fazer algo que você deveria ser feito naquele momento, maior a probabilidade de nunca fazê-lo.[6] Se você ainda não iniciou a jornada, comece a escalar hoje mesmo. Venha juntar-se a mim enquanto avançamos em direção ao topo da montanha, e faremos uma escalada lenta, mas num ritmo constante muito acima da média.

4. Para ser maximizado, o crescimento deve ser estratégico

O maior e mais importante projeto de todos que você assumirá é a sua própria vida. Infelizmente, a maioria das pessoas planeja melhor as férias do que planeja a própria vida, entretanto, como disse o autor e orador Jim Rohn: "Se você não elaborar seu próprio plano de vida, é provável que você acabe fazendo parte do plano de outra pessoa. E adivinhe o que esse alguém pode ter planejado para você? Nada demais!" Por esse motivo, você precisa agir com deliberação e estratégia.

Michael Gerber, autor do livro The *E-Myth* [O mito eletrônico], disse: "Os sistemas permitem que as pessoas comuns obtenham resultados extraordinários". Estratégias não são mais do que sistemas para obter resultados específicos, e penso que os sistemas são como estradas, que me levam para onde eu quero ir com rapidez e eficiência. No período de alguns anos, passei de "O que é um plano de crescimento?" para "Eu tenho um plano, aqui está como ele funciona, e aqui, o que está fazendo por mim". Esse é o poder de ter sistemas estratégicos.

Quando for desenvolver suas estratégias de crescimento pessoal, certifique-se de incluir esses quatro elementos:

O panorama geral – em que eu devo focar meu crescimento?

Meu plano de crescimento inicial poderia ser resumido em uma palavra: crescer. Isso não é muito específico, mas foi por aí que eu comecei. A boa notícia é que, conforme eu crescia, o panorama da minha liderança também evoluía. Minha mente foi tomada por dúvidas, como: em quais áreas devo tentar crescer? De quais recursos eu preciso? Onde posso obtê-los? Quanto tempo devo gastar em cada área de crescimento? Que mentores devo buscar? De quais experiências eu preciso para me ajudar a evoluir? Todas essas perguntas ampliaram o meu conceito de crescimento, e quanto mais eu crescia, maior era minha perspectiva de crescimento.

Logo no início aprendi que a atividade nem sempre gera realização. Eu precisava me concentrar, e comecei a priorizar o que fiz e quando o fiz. Por exemplo, sou uma pessoa matutina, e a manhã é o meu melhor momento para pensar e produzir, então, comecei a agendar os meus projetos de crescimento mais relevantes no início da manhã. Reservei o melhor do meu tempo para as minhas prioridades de crescimento de destaque.

Além disso, também comecei a refinar o que fazer e como proceder para me aprimorar, e, para tanto, passei a me concentrar em três áreas principais:

- **Meus pontos fortes – as áreas de talento que me destacam da média.** Aprimorar meus pontos fortes me permite atingir os 10% de pessoas seletas com um determinado conjunto de habilidades. Quase todo o sucesso é resultado de tomar parte nos 10% no topo de uma determinada área. Estar entre os 20% no topo significa que você será notado e admirado pelos outros, mas, se estiver nos 10% no topo, será procurado e seguido pelas pessoas.
- **Minhas escolhas – as áreas de fraqueza que precisam mudar para minha evolução geral.** Assumir o comando das suas escolhas e fazer as opções corretas é a maneira mais rápida de crescer, e o aprimoramento nessa área agrega valor aos seus pontos fortes. Escrevi um livro intitulado *Talent is Never Enough* [O talento nunca é suficiente]. Continuando com a mesma opinião, mas também acredito que o talento somado a boas escolhas sejam mais do que suficientes para torná-lo bem-sucedido.
- **Minha fé – meu relacionamento com Deus influencia meus relacionamentos com os outros.** Minha fé é a essência de tudo o que sou e tudo o que faço. O crescimento nesta área enriquece minha vida e daqueles aos quais influencio.

O que constitui seu panorama geral? Aonde você quer chegar? Quais pontos fortes você pode desenvolver? Que escolhas você pode fazer nas áreas fundamentais para se aprimorar? Quais valores essenciais você deve incluir no seu processo de crescimento? Responder a todas essas perguntas prontamente será útil para você agir com maior sagacidade em seu crescimento pessoal. No entanto, você pode ser como eu era logo no início quando estreei – eu não tinha ideia do que eu não sabia. Tive de iniciar o processo de crescimento para começar a enxergar o panorama geral; então, se você se encaixa nessa descrição, comece a partir de onde você está, permita que o panorama geral vá se desenrolando e faça ajustes às suas prioridades de crescimento conforme a clareza do processo for aumentando.

Avaliação – Como posso avaliar e impactar meu crescimento?

O que é medido é realizado. Como você pode medir seu progresso até encontrar uma maneira de acompanhar seu crescimento? Devo confessar que, além de importante, isso é uma tarefa muito difícil e exige avaliação e reflexão.

Descobri que é mais fácil acompanhar o progresso periodicamente em vez de tentar avaliá-lo diariamente, porque tentar avaliar seu próprio crescimento constantemente é como tentar comprovar se as crianças estão crescendo. Quem convive com os filhos todos os dias não se dá conta do quanto eles cresceram. Já para quem não vê uma criança, digamos, há três meses ou, quem sabe, um ano, tais mudanças tornam-se evidentes.

Faço minha avaliação geral de crescimento no final de cada ano. Na ocasião, invisto um tempo refletindo e analisando os apontamentos em minha agenda anual e me faço duas perguntas: "Quem me tornou maior?" e "O que me tornou maior?"

Ao refletir sobre a primeira pergunta, relaciono os nomes das pessoas que foram catalisadoras do crescimento na minha vida e tento imaginar como passar mais tempo com elas no ano seguinte. Também anoto os nomes de pessoas que tomaram meu tempo, mas nosso relacionamento foi infrutífero para ambas as partes, e, nesse caso, penso em como posso gastar menos tempo com elas.

Enquanto analiso o calendário do ano que passou, penso na segunda pergunta e procuro definir quais conceitos, experiências, acontecimentos, histórias, pesquisas e pensamentos me expandiram, e uso minhas respostas para avaliar experiências passadas, estabelecer metas futuras e começar a planejar experiências de crescimento vitais para o ano seguinte. Nos meus primeiros anos de crescimento, tudo e todos me desafiaram a prosseguir. Conforme fui evoluindo e adquirindo experiências, tive de me tornar mais decidido e seletivo sobre como empregar meu tempo de crescimento. No entanto, a intenção é sempre a mesma: eu quero ser *desafiado*, e aqui está o porquê:

- Uma vez testada, a mente não recobra a dimensão original.
- Uma vez testado, o coração não recobra a dimensão original.
- Uma vez testada, uma ideia não recobra a dimensão original.
- Uma vez testada, a esperança não recobra a dimensão original.
- Uma vez testada, a paixão não recobra a dimensão original.
- Uma vez testado, o trabalho não recobra a dimensão original.
- Uma vez testada, uma equipe não recobra a dimensão original.

Uma vez que tenha crescido, você será impactado para sempre, e quando seu progresso aparecer, você não vai mais querer parar de evoluir. Uma borboleta não pode voltar a ser lagarta. Depois de 45 anos de trabalho de crescimento, não posso mais regredir, e nem quero. E você também não.

Consistência – como posso crescer diariamente?

Durante anos eu ensinei que o segredo do sucesso de uma pessoa é determinado pelo que ela faz diariamente. Recentemente, ouvi a ex-primeira-dama dos Estados Unidos Laura Bush dizer: "Tudo o que temos é o agora". Uau! Simples, mas profundo. Nunca haverá outro agora. Zelar pelo hoje e por todos os dias de alguma forma vai garantir que o seu *agora* algum dia se transforme em *uau*!

> O segredo do sucesso de uma pessoa é determinado pelo que ela faz diariamente.

Sou determinado na minha busca pelo crescimento, e há certas coisas que faço todos os dias:

- ***Faço do crescimento minha prioridade número um***. Um dia sem crescer não é aceitável para mim. Estou consciente da minha necessidade de aprender 24 horas por dia, sete dias por semana.
- ***Procuro oportunidades de crescimento em todas as situações.*** Sei que as oportunidades estão lá, então eu as procuro com determinação e me pergunto: "Aquilo é uma oportunidade? Como posso aproveitá-la?"
- ***Faço perguntas que me ajudarão a crescer.*** O crescimento não virá ao meu encontro, devo ser proativo e procurá-lo, por isso busco me aprimorar me questionando o tempo todo.
- ***Eu arquivo o que aprendo todos os dias.*** O auge do desperdício de tempo é procurar coisas que estão perdidas. Eu organizo os conceitos,

ideias, citações e histórias de modo que possa encontrá-los rapidamente.

- ***Passo adiante o que estou aprendendo.*** Penso constantemente em como compartilhar minhas descobertas, pois reforça o aprendizado, além de agregar valor a quem as recebe.

O que você deve fazer para garantir que continua aprendendo e crescendo todos os dias? Use minhas etapas ou crie as suas próprias. Apenas se certifique de tornar o crescimento uma *rotina*, e não algo *eventual*.

Aplicação – posso agir com relação a isso?

O conhecimento não torna ninguém melhor, mas a aplicação do conhecimento o faz. Tudo o que não é posto em prática permanece como teoria, entretanto, o objetivo do crescimento pessoal é tornar-se melhor – tornar-se melhor como pessoa, como pai ou mãe, cônjuge, empregado, empregador ou líder. Podemos passar por mudanças e continuarmos passivos, mas apenas se formos ativos experimentamos o crescimento.

Temos de assumir o controle do nosso crescimento pessoal, aceitar a responsabilidade por isso e fazer algo com ele. Muitos podem levar uma vida medíocre; nós, não. Muitos podem se definir como vítimas, mas nós não faremos isso. Muitos entregarão seu futuro nas mãos de outra pessoa, mas nós não o faremos. Muitos se restringirão a apenas passar pela vida, mas eu vou passar a vida crescendo. Faça essa escolha e não se entregue.

Sempre que preparo um livro ou uma aula, eu me pergunto: "As pessoas estão aptas a receber este conteúdo? Elas conseguirão reproduzir o que eu faço? Poderão aplicar o que aprenderam? Isso vai ajudá-las?" Por que me pergunto tudo isso? Porque a aplicação estimula a transformação, e as informações cairão no vazio se não forem aplicadas. Toda vez que aprendo algo, eu me pergunto: "Onde posso usar este conhecimento? Quando posso usá-lo? Quem precisa saber disso?" Quanto mais rápido eu fizer essas perguntas e agir com relação a elas, maior será o retorno obtido para mim e para os demais.

5. O crescimento é alegria

Eu já tinha passado dos 30 quando um dos meus mentores me falou: "O crescimento é felicidade". Essa afirmação realmente me marcou, e por muitos anos eu tenho repetido. No entanto, minha perspectiva sobre isso mudou um pouco, e hoje meu apreço pelo crescimento aumentou. Para mim, o crescimento é mais do que felicidade. É júbilo.

Por que eu digo isso? Para começar, o crescimento preencheu minha vida, e isso engrandece muito mais o meu eu interior do que meu exterior. A maioria das pessoas da minha idade se deixou esgotar pelo trabalho, mas eu, em vez disso, como venho enriquecendo minha vida com pensamentos, ideias, experiências e mudanças há mais de 50 anos, não me sinto cansado. Sinto como se eu estivesse apenas no aquecimento.

Em segundo lugar, eu me alimento da minha missão e da minha paixão, que é valorizar aos líderes que irão multiplicar e retransmitir esse valor aos outros. Vivo minha paixão todos os dias, e meu crescimento está voltado a me ajudar a cumprir melhor minha missão.

Segundo o autor Napoleon Hill: "Não é o que você fará, mas sim o que você está fazendo agora que conta". Todos os dias durante 45 anos eu foquei meu "neste instante" na minha missão, e isso é o que faço de mais gratificante e me dá uma grande alegria. Sou capaz de fazê-lo porque fiz do crescimento meu companheiro constante. A cantora Dolly Parton disse certa vez: "Descubra quem você é de verdade, mas faça isso com propósito".[7] Foi o que eu fiz, e continuo a sentir uma alegria imensa com isso. Por quê? Porque isso se alinha com quem eu sou:

Eu quero continuar fazendo a diferença.
Eu jamais quero parar de crescer.
Eu quero usar meus melhores dons.
Eu sigo o meu chamado.
Eu amo minha equipe.
Eu tenho um forte senso de responsabilidade.
Eu adoro novos desafios.
Eu estou sendo recompensado financeiramente.
Eu estou criando um legado.
Eu ainda sinto prazer no que eu faço.

Eu também quero isso para você. Quero que você encontre a alegria do crescer e aplique esse crescimento ao seu propósito. Quero que você faça a diferença. E desejo que você

> Não é o que você fará, mas sim o que você está fazendo agora que conta.
>
> — NAPOLEON HILL

faça isso desenvolvendo o líder que há dentro de você, até que você atinja seu potencial não apenas como líder, mas em todas as áreas da sua vida.

Como disse Paul Harvey: "Dá para perceber que estamos no caminho do sucesso porque é o percurso todo é uma ascendente". A jornada pode ser uma longa subida, mas, como mencionei no capítulo anterior, tudo o que vale a pena fica morro acima.

Crescer para poder desfrutar do seu potencial de liderança requer tempo e muito esforço, e você terá de ser extremamente dedicado. E mais: terá de trabalhar duro para isso e investir seu tempo e seus recursos para alcançá-lo. O crescimento não virá ao seu encontro, o que significa que você deve persegui-lo. A liderança efetiva não acontece por acaso, você deve ir atrás dela, e a jornada é tão importante quanto o destino. Cada passo do seu percurso levará a novas descobertas e lhe mostrará que há muito mais para aprender.

A maioria quer saber o fim da história antes de dar o primeiro passo, e isso os limita. Eles ouviram: "Não há nada novo sob o sol"[8], então preferem ficar em casa e não buscam o crescimento; ficam esperando que as descobertas da vida cheguem até eles e normalmente ficam desapontados.

A verdadeira alegria da jornada é que cada passo que damos nos revela novas descobertas, e é só depois de aprendermos coisas novas que podemos olhar para trás e nos dar conta daquilo que não sabíamos – e de quanto ainda há para aprender. E, assim, nossos novos conhecimentos e novas descobertas se tornam a motivação para que possamos continuar a jornada. Em pouco tempo, passamos a notar que o destino não era o que desejávamos; mas o crescimento que experimentamos ao longo do caminho. Por fim, descobrimos que não há linha de chegada.

Aonde sua jornada de crescimento o levará? Eu não sei. Fui mais longe e fiz muito mais do que jamais poderia ter sonhado na minha infância e juventude na pequena cidade de Circleville, Ohio. Naquela época, eu não teria como imaginar onde estou agora.

Então, pegue o caminho disponível diante de você, dê um passo e faça do crescimento pessoal um hábito. Primeiro, deixe a estrada guiá-lo, e, conforme você vai se aprimorando, comece a fazer escolhas a cada intersecção. Ao longo do tempo, você vai conquistar mais proatividade e mais determinação, e navegará com planejamento para onde o caminho aponta. Mas permaneça sempre aberto e disposto a aprender, e continue a se surpreender todos os dias. Evolua até se tornar quem você tem potencial para ser e nunca se arrependerá, eu aposto.

DESENVOLVENDO O *APRENDIZ* DENTRO DE VOCÊ

Uma vez que o crescimento pessoal é a algo a ser desenvolvido ao longo da vida, o que você faz para crescer nessa área será apenas o início de uma longa e agradável jornada. Comece aqui, mas revisite este processo a cada seis a 12 meses.

Adote uma mentalidade de aprendizado

Os bons líderes são aprendizes. Eles são determinados; querem aprender com todos os que conhecem; nunca param, nunca sentem que aprenderam tudo o que há disponível; e não se furtam a desaprender determinadas coisas e a reaprender outras tantas.

Qual é a sua postura com relação ao crescimento? O que você deve mudar em sua atitude para se tornar um melhor aprendiz? Tome a decisão de aprender algo hoje e a cada dia, e, em seguida, deixe que todos saibam dessa seu compromisso para que possam cobrá-lo por isso.

Desenvolva uma estratégia específica de crescimento

O crescimento não é automático. Você deve lutar por ele e tem de fazer dele um hábito. Use as diretrizes deste capítulo para planejar sua estratégia de crescimento:

- ***Panorama geral: Em que deve estar o foco de meu crescimento?*** Se um plano de crescimento for novidade para você, comece pelo básico. (O que seria? Comece com o que você acha que seria e peça a opinião de um mentor ou de um colega respeitado sobre o que ele considera ser o básico, e use esse resultado como ponto de partida.) Caso você seja experiente em crescimento pessoal, concentre-se em seus pontos fortes e escolha de uma a três áreas nas quais você deseja se aprimorar. Em seguida, mergulhe a fundo em uma delas.
- ***Avaliação: Como posso medir e influenciar meu crescimento?*** Como você saberá se está evoluindo? Como medirá seu progresso? Se você tem apenas uma ideia vaga, algo como "Eu quero crescer como um líder", será difícil avaliar se você está se aprimorando. Mas, se você se esforçar para melhorar sua capacidade de comunicação como líder

e disser, por exemplo, "Em seis meses, quero fazer uma apresentação esmerada e impactante de 15 minutos no meu trabalho, que seja elogiada pelos meus colegas, e pretendo falar de forma clara e decisiva sempre que eu for solicitado durante uma reunião", nesse caso, então, você terá um alvo fácil de avaliar.

- ***Consistência: Como posso crescer diariamente?*** O crescimento pessoal deve passar de uma atividade diária para um hábito diário. Se você não planejar, agendar e fornecer os recursos para tal, nunca conseguirá cumprir esse objetivo. Divida sua meta mensurável por etapas de crescimento que você consiga aferir diariamente.
- ***Aplicação: Posso agir sobre isso?*** Conforme você revisa os materiais, busca as oportunidades de aprendizagem, identifica as experiências de crescimento, recruta mentores e desenvolve diversas estratégias para o seu crescimento diário, sempre decida como investir seu tempo com base na possibilidade de colocar em prática o que está aprendendo.

Recomendo que você reavalie suas metas de crescimento com regularidade – por trimestre ou semestre, ou anualmente – e, durante cada período de avaliação, meça o progresso realizado com relação às suas metas de crescimento anteriores e determine se você precisa estabelecer objetivos novos. Como mencionei, costumo fazer isso anualmente, na última semana de dezembro, e o encorajo a encontrar seu próprio ritmo. E lembre-se, esta não é uma atividade única e definitiva, mas sim algo que você pode fazer todos os anos da sua vida.

O QUE VEM A SEGUIR?

Quando escrevi a versão original de *Você nasceu para liderar*, 25 anos atrás, pensei que seria o meu único livro sobre liderança. Não me ocorreu que eu poderia ter outras coisas mais a dizer sobre o assunto, no entanto, isso não me causa surpresa. Afinal, sigo trabalhando continuamente para crescer e me desenvolver, como eu poderia não ter mais a acrescentar sobre o assunto? Por isso me senti grato pela oportunidade de atualizar este livro. E, ainda, desde 1993, escrevi outros tantos livros sobre liderança.

O processo de desenvolvimento do líder dentro de você é uma jornada vitalícia. Se você dedicou seu tempo para ler este livro e realizou as atividades propostas ao final de cada capítulo, não tenho dúvidas de que começou a ver mudanças na sua habilidade para liderar. Sua influência sobre os outros aumentou, suas prioridades estão mais claras e você as está implementando de forma mais incisiva. Você ganhou as batalhas referentes ao caráter, deu início às mudanças e vem solucionando os problemas com maior habilidade, e sua atitude o está ajudando a acreditar nas pessoas e a servi-las melhor. Você definiu uma visão para sua liderança e desenvolveu mais autodisciplina para concretizá-la. E está aprendendo mais todos os dias.

Mas este é apenas o começo. A jornada à sua frente pode ser emocionante, e desejo que você continue expandindo e aprimorando suas habilidades como líder. Continue a se dedicar nas dez áreas principais que foram tratadas neste livro e leia livros sobre liderança de outros autores. E também recomendo a leitura de *As 21 irrefutáveis leis da liderança*, pois assim você conhecerá os princípios específicos da liderança para adotar por toda a vida.

Não acho possível que alguém chegue a um ponto em que tenha aprendido tudo o que há para conhecer sobre liderança. Tenho 70 anos, passei quase 50 anos dedicados a estudar esse tema e praticando o que aprendi, e continuo a evoluir. Sinto que sou como o violoncelista Pablo Casals que, aos 80 anos de idade, quando lhe foi perguntado por que ele seguia praticando diariamente por horas a fio, respondeu: “Porque acho que estou fazendo progressos.”.[1]

Adote uma atitude semelhante à de Pablo Casals e continue desenvolvendo o líder dentro de você, pois esse sem dúvida será um dos melhores investimentos que você pode fazer.

Sobre o Autor

John C. Maxwell é um mentor, palestrante e um celebrado autor de best-seller – já ocupou o posto de número 1 da lista de títulos do New York Times –, que vendeu mais de 26 milhões de livros em cinquenta idiomas. Em 2014, ele foi identificado como líder número 1 em negócios pela American Management Association® e foi considerado o especialista em liderança mais influente do mundo pelas revistas Inc. e Business Insider. Maxwell fundou a John Maxwell Company, a John Maxwell Team, a EQUIP e a John Maxwell Leadership Foundation, organizações responsáveis por treinar milhões de líderes. Em 2015, juntas elas estabeleceram o marco de terem treinado líderes de todos os países do mundo. Beneficiário do Prêmio Madre Teresa de Paz Global e Liderança, que é oferecido pela Luminary Leadership Network, o Dr. Maxwell discursa anualmente para empresas listadas na Fortune 500, presidentes de vários países e muitos dos principais líderes empresariais do mundo. Siga-o no Twitter.com/JohnCMaxwell. Para mais informações, visite JohnMaxwell.com.

NOTAS

CAPÍTULO 1: A DEFINIÇÃO DE LIDERANÇA

1. James C. Georges, em uma entrevista publicada em *Executive Communication*, janeiro de 1987.
2. J. R. Miller, *The Every Day of Life* (Nova York: Thomas Y. Crowell, 1892), p. 246–247.
3. Warren G. Bennis e Burt Nanus, *Leaders: Strategies for Taking Charge* [Líderes: Estratégias para assumir o comando] (Nova York: Harper Business Essentials, 2003), p. 207.
4. Robert L. Dilenschneider, *Power and Influence: Mastering the Art of Persuasion* (New York: Prentice Hall, 1990), p. 8.
5. E. C. McKenzie, *Quips and Quotes* (Grand Rapids: Baker, 1980).
6. Fred Smith, *Learning to Lead: Bringing Out the Best in People* (Waco: Word, 1986), p. 117.
7. James Kouzes e Barry Posner, *The Leadership Challenge: How to Make Extraordinary Things Happen in Organizations*, 5a. ed. (San Francisco: Jossey-Bass, 2012), p. 38.
8. "Influence", in: Roy B. Zuck, ed., *The Speaker's Quote Book* (Grand Rapids: Kregel, 2009), p. 277.

CAPÍTULO 2: A CHAVE PARA A LIDERANÇA

1. Jamie Cornell, *Time Management: It's NOT About Time*, Blog do *The HuffPost*, 10 de outubro, 2016, disponível em http://www.huffingtonpost.com/jamie-cornell/time-management-its-not-a_b_12407480.html?utm_hp_ref=business&ir=Business.
2. William James, *The Principles of Psychology* (Nova York: Henry e Holt, 1890), cap. 22.
3. Robert J. McKain, citado pela Tejgyan Global Foundation, *Great Thinkers Great Thoughts: One Thought Can Change Your World...* (N.p.: O! Publishing, 2012), cap. 44.
4. Dan S. Kennedy, "5 Time Management Techniques Worth Using", *Entrepeneur*, 8 de novembro de 2013, https://www.entrepeneur.com/article/229772.
5. Richard A. Swenson, *Margin: Restoring Emotional, Physical, Financial, and Time Reserves to Overloaded Lives* (Colorado Springs: NavPress, 2004), p. 69.
6. Ver John Maxwell, *The 21 Irrefutable Laws of Leadership*, Ed. de 10º aniv. (Nashville: Thomas Nelson, 2007), cap. 12.
7. "About Emotional Intelligence", TalentSmart, disponível em http://www.talentsmart.com /about/emotional-intelligence.php.
8. Tony Schwartz, "Relax! You'll Be More Productive," *New York Times*, 9 de fevereiro, 2013, disponível em http://www.nytimes.com/2013/02/10/opinion/sunday/relax-youll--be-more-productive.html.
9. Ibid.

Capítulo 3: A base da liderança

1. Paul Vallely, *Pope Francis: Untying the Knots: The Struggle for the Soul of Catholicism*, ed. rev. e exp. (Nova York: Bloomsbury, 2015), p. 155.
2. Resumos de Gary Hamel, "The 15 Diseases of Leadership, According to Pope Francis," *Harvard Business Review*, 14 de abril, 2015, disponível em https://hbr.org/2015/04/the-15-diseases-of-leadership-according-to-pope-francis.
3. Ibid.
4. David Kadalie, *Leader's Resource Kit: Tools and Techniques to Develop Your Leadership* (Nairobi: Evangel, 2006), p. 102.
5. Stephen M. R. Covey e Rebecca R. Merrill, *The Speed of Trust: One Thing That Changes Everything* (Nova York: Free Press, 2006), p. 14.
6. James M. Kouzes e Barry Z. Posner, "Without Trust You Cannot Lead", *Innovative Leader* 8, no. 2 (fevereiro 1999), disponível em http://www.winstonbrill.com/bril001/html/article_index/articles351_400.html.
7. Rob Brown, *Build Your Reputation: Grow Your Personal Brand for Career and Business Success* (West Sussex, Reino Unido: Wiley, 2016), p. 22–23.
8. Tim Irwin, *Derailed: Five Lessons Learned from Catastrophic Failures of Leadership* (Nashville: Thomas Nelson, 2009), p. 17.
9. Rosalina Chai, "Beauty of the Mosaic", Awakin.org, 22 de fevereiro, 2016, disponível em http://www.awakin.org/read/view.php?tid=2138.
10. David Gergen, "Character vs. Capacity", *U.S. News & World Report*, 22 de outubro, 2000.
11. Robert F. Morneau, *Humility: 31 Reflections on Christian Virtues* (Winona, MN: St. Mary's Press, 1997).
12. David Brooks, *The Road to Character* (Nova York: Random House, 2015), xii.
13. Ibid.
14. Parker J. Palmer, *A Hidden Wholeness: The Journey Toward an Undivided Life* (São Francisco: Wiley, 2004), p. 5.
15. Brooks, *Road to Character*, p. 14.
16. John Ortberg, *Soul Keeping* (Grand Rapids: Zondervan, 2014), p. 43.
17. Ibid., p. 46.
18. *Webster's New World Dictionary*, 3a. ed., s.v. "integrity" [integridade]
19. Ortberg, *Soul Keeping*, p. 103.
20. Tom Verducci, "The Rainmaker: How Cubs Boss Theo Epstein Ended a Second Epic Title Drought", publicado na revista *Sports Illustrated*, 19 de dezembro de 2016, disponível em https:// www.si.com/mlb/2016/12/14/theo-epstein-chicago-cubs-world-series--rainmaker.

Capítulo 4: O teste de fogo da liderança

1. Gordon S. White Jr., "Holtz Causes Orderly Success", *New York Times*, 23 de outubro de 1988, disponível em http://www.nytimes.com/1988/10/23/sports/college -football--holtz-causes-orderly-success.html.
2. Eric Harvey and Steve Ventura, *Forget for Success: Walking Away from Outdated, Counterproductive Beliefs and People Practices* (Dallas: Performance, 1997), p. 12.

3. Ibid., p. 2–3.
4. Malcolm Gladwell, "The Big Man Can't Shoot" (podcast), Revisionist History, episódio 3, disponível em http://revisionisthistory.com/episodes/03-the-big-man-cant--shoot, acesso em 10 de fevereiro de 2017.
5. "Wilt Chamberlain," Basketball Reference disponível em http://www.basketball-reference.com/players/c/chambwi01.html, acesso em 10 de fevereiro de 2017.
6. "Rick Barry", Basketball Reference disponível em http://www.basketball-reference.com /players/b/barryri01.html, acesso em 10 de fevereiro de 2017.
7. "Transcript: Choosing Wrong", This American Life do website WBEZ, 24 de junho de 2016, disponível em https://www.thisamericanlife.org/radio-archives/episode /590/ transcrição, acesso em 10 de fevereiro de 2017.
8. Gladwell, "The Big Man Can't Shoot."
9. Adaptação a partir de Lightbulbjokes.com, http://www.lightbulbjokes.com /directory/a.html, acesso em 10 de fevereiro, 2017.
10. Rick Warren, "Why Your Way Isn't Working", Crosswalk.com, 12 de julho de 2016, disponível em http://www.crosswalk.com/devotionals/daily-hope-with-rick-warren / daily-hope-with-rick-warren-july-12-2016.html.
11. "Madmen They Were. The Greatest Pitch of Them All. True Story", *StreamAbout* (blog), 23 de março de 2012, disponível em http://streamabout.blogspot.com/2012/03/ madmen-they-were-greatest-pitch-of-them.html.
12. "Peter Marsh, Advertising Executive–Obituary", *Telegraph*, 12 de abril de 2016, disponível em http://www.telegraph.co.uk/obituaries/2016/04/12/peter-marsh-advertising--executive-obituary/.
13. Samuel R. Chand, *8 Steps to Achieve Your Destiny: Lead Your Life with Purpose* (New Kensington, PA: Whitaker House, 2016), Kindle edition, loc. 997 of 1895.
14. Mac Anderson, *212 Leadership: The 10 Rules for Highly Effective Leadership* (Napierville, IL: Simple Truths, 2011), edição para Kindle, p. 33–34.
15. Paráfrase de um pronunciamento feito por Robert Kennedy em maio de 1964 durante de uma palestra na Universidade da Pensilvânia.
16. Mac Anderson e Tom Feltenstein, *Change Is Good.... You Go First: 21 Ways to Inspire Change* (Napierville, IL: Sourcebooks, 2015). A parte em itálico é uma tradução livre do original.
17. Winston Churchill, *His Complete Speeches, 1897–1963*, ed. Robert Rhodes James, vol. 4 (1922–1928) (N.p.: Chelsea House, 1974), p. 3706.
18. Maxwell, *The 21 Irrefutable Laws of Leadership*, p. 169.

Capítulo 5: A maneira mais rápida de conquistar a liderança

1. M. Scott Peck, *The Road Less Traveled* (Nova York: Touchstone, 1978), p. 15.
2. Rev. Paul Larkin, "3 Principles of Pragmatic Leaders", LinkedIn, 19 de julho de 2015, disponível em https://www.linkedin.com/pulse/3-principles-pragmatic-leaders-paul--larkin/.
3. Jim Collins, *Good to Great*, (Nova York: Harper Collins, 2001), p. 81.

4. "Expectancy-Value Theory of Motivation, Psychology Concepts", disponível em http:// www.psychologyconcepts.com/expectancy-value-theory-of-motivation/, acesso em 14 de fevereiro de 2017.
5. Louis E. Bisch, "Spiritual Insight", *Leaves of Grass*, Clyde Francis Lytle, ed. (Fort Worth: Brownlow, 1948), p. 14.
6. John Maxwell, *The 21 Irrefutable Laws of Leadership*, p. 103.
7. Victor Goertzel e Mildred Goertzel, *Cradles of Eminence*, 2a. ed. (Boston: Great Potential Press, 1978), p. 282.
8. Glenn Llopis, "The 4 Most Effective Ways Leaders Solve Problems", *Forbes*, 4 de novembro de 2013, http://www.forbes.com/sites/glennllopis/2013/11/04/the-4-most-effective-ways-leaders-solve-problems/#397e9edf2bda.
9. Max De Pree, *Leadership Is an Art* (N.p.: Crown Business, 2004), p. 11.
10. Adaptado de uma piada de Henny Youngman incluída em Warren Buffett's Berkshire Hathaway, Inc., 1991 Letter to Shareholders, disponível em http://www.berkshire hathaway.com/letters/1991.html, acesso em 9 fevereiro de 2017.
11. Llopis, "The 4 Most Effective Ways Leaders Solve Problems".
12. Larkin, "3 Principles of Pragmatic Leaders."
13. "John F. Kennedy e PT 109," John F. Kennedy Presidential Library and Museum, https://www.jfklibrary.org/JFK/JFK-in-History/John-F-Kennedy -and-PT109.aspx, acesso em 9 fevereiro de 2017.

Capítulo 6: O diferencial na liderança

1. "Charles R. Swindoll: Quotes: Quotable Quote", Goodreads, disponível em http:// www.goodreads.com/quotes/267482-the-longer-i-live-the-more-i-realize-the-impact, acessado em 25 de setembro de 2017.
2. Robert E. Quinn, *Deep Change: Discovering the Leader Within* (São Francisco: Jossey-Bass, 1996), p. 21.
3. Nell Mohney, "Beliefs Can Influence Attitudes", *Kingsport Times-News*, 25 de julho de 1986, p. 48.
4. Danny Cox with John Hoover, *Leadership When the Heat's On*, 2a. ed. (New York: McGraw-Hill, 2002), p. 88.
5. "Elisha Gray and the Telephone", ShoreTel website, https://www.shoretel .com/elisha-gray-and-telephone, acesso em 1 de março de 2017.
6. Adapted from his article "Success Principles: Do You Feel Lucky–or Fortunate?" SuccessNet.org, disponível em http://successnet.org/cms/success-principles17/lucky-fortunate, acesso em 5 de junho de 2017.
7. Richard Jerome, "Charlton Heston 1923–2008", *People* magazine, 21 de abril de 2008, disponível em http://people.com/archive/charlton-heston-1923-2008-vol-69-no-15/.
8. Tim Hansel, *Through the Wilderness of Loneliness* (Chicago: D. C. Cook, 1991), p. 128.
9. T. Boone Pickens, *The Ultimate Handbook of Motivational Quotes for Coaches and Leaders*, ed. Pat Williams com Ken Hussar (Monterey, CA: Coaches Choice, 2011), cap. 2.
10. Diane Coutu, "Creativity Step by Step", *Harvard Business Review*, abril de 2008, disponível em https://hbr.org/2008/04/creativity-step-by-step.

11. Allison Eck, "Don't Just Finish Your Project, Evolve It", 99U, disponível em http://99u.com/articles/52033/do-you-have-a-jazz-mindset-or-a-classical-mindset, acesso em 25 de setembro de 2017.
12. Ibid.
13. Sarah Rapp, "Why Success Always Starts with Failure", 99U, disponível em http://99u.com/articles/7072/why-success-always-starts-with-failure, acesso em 21 de fevereiro de 2017.
14. Heidi Grant Halvorson, "Why You Should Give Yourself Permission to Screw Up", 99U, disponível em http://99u.com/articles/7273/why-you-should-give-yourself-permission-to-screw-up, acesso em 6 de março de 2017.
15. Kouzes and Posner, *The Leadership Challenge*.
16. Mark Batterson, *Chase the Lion: If Your Dream Doesn't Scare You, It's Too Small* (Nova York: Multnomah, 2016), p. ix.

Capítulo 7: A essência da liderança

1. Efésios 4:11,12 (NVI).
2. "The Servant as Leader", Robert K. Greenleaf Center for Servant Leadership, disponível em https://www.greenleaf.org/what-is-servant-leadership/, acesso em 9 de março de 2017.
3. Eugene B. Habecker, *The Other Side of Leadership* (Wheaton, IL: Victor Books, 1987), p. 217.
4. 1 Timóteo 6:17–19 MSG.
5. S. Chris Edmonds, *The Culture Engine: A Framework for Driving Results, Inspiring Your Employees, and Transforming Your Workplace* (Hoboken: John Wiley and Sons, 2014), p. 67.
6. Ann McGee-Cooper and Duane Trammell, "From Hero-as-Leader to Servant-as-Leader", *Focus on Leadership: Servant-Leadership for the Twenty-First Century*, ed. Larry C. Spears and Michele Lawrence (Nova York: John Wiley and Sons, 2002), Kindle edition, loc. 1623 of 4168.
7. "Pope to Deacons: 'You Are Called to Serve, Not Be Self-Serving'", Vatican Radio, 29 de maio de 2016, disponível em http://en.radiovaticana.va/news/2016/05/29/pope_to_deacons_'you_are_called_to_serve,_not_to_be_self-se/1233321.
8. Música usada com permissão.
9. Dan Price, "Become a Servant Leader in 4 Steps", *Success*, 25 de janeiro de 2017, disponível em http://www.success.com/article/become-a-servant-leader-in-4-steps.
10. Alan Loy McGinnis, *Bringing Out the Best in People: How to Enjoy Helping Others Excel* (Minneápolis: Augsburg Books, 1985), p. 177.
11. Jim Heskett, "Why Isn't 'Servant Leadership' More Prevalent?", Working Knowledge (Harvard Business School), 1 de maio de 2013, disponível em http://hbswk.hbs.edu / item/why-isnt-servant-leadership-more-prevalent.

Capítulo 8: A qualidade indispensável à liderança

1. Andy Stanley, *Visioneering: God's Blueprint for Developing and Maintaining Vision* (Colorado Springs: Multnomah, 1999), p. 9.

2. James Allen, *As a Man Thinketh* (N.p.: Shandon Press, 2017), edição para Kindle, loc. 329 de 394.
3. Ibid., loc. 75 de 394.
4. William P. Barker, *A Savior for All Seasons* (Old Tappan, NJ: Fleming H. Revell, 1986), p. 175–176.
5. Luis Palau, *Dream Great Dreams* (Colorado Springs: Multnomah, 1984).
6. Kenneth Hildebrand, *Achieving Real Happiness* (Nova York: Harper & Brothers, 1955).
7. Rick Warren, "The Crucial Difference Between Managing and Leading", Pastors.com, 31 de julho de 2015, disponível em http://pastors.com/the-crucial-difference-between--managing-and-leading/.
8. Napoleon Hill, como citado em Barry Farber, *Diamond Power: Gems of Wisdom from America's Greatest Marketer* (Franklin Lakes, NJ: Career Press, 2003), p. 53.
9. Conforme citado em Michael Nason e Donna Nason, *Robert Schuller: The Inside Story* (Waco: Word Books, 1983).
10. Judith B. Meyerowitz, "The Vocational Fantasies of Men and Women at Mid-life", (dissertação de doutorado, Columbia University, 1989).
11. Rev John Maxwell, *The 15 Invaluable Laws of Growth* (Nova York: Center Street, 2012), cap. 7.
12. Conforme citado em Dianna Daniels Booher, *Executive's Portfolio of Model Speeches for All Occasions* (Nova York: Prentice Hall, 1991), p. 34.
13. John Maxwell, *Good Leaders Ask Great Questions* (Nova York: Center Street, 2014), p. 6.
14. Ver capítulo 1 em John Maxwell, *Put Your Dreams to the Test* (Nashville: Thomas Nelson, 2011).
15. Ver Maxwell, *The 21 Irrefutable Laws*, cap. 19.
16. "Andy Stanley–Chick-Fil-A Leadercast 2013", The Sermon Notes, 10 de maio de 2013, disponível em http://www.thesermonnotes.com/andy-stanley-chick-fil-a-leadercast-2013/.
17. Donald T. Phillips, *Martin Luther King, Jr. on Leadership: Inspiration and Wisdom for Challenging Times* (Nova York: Warner Books, 1998), p. 97.
18. George S. Patton, "Mechanized Forces: A Lecture," *Cavalry Journal* (Setembro–outubro de 1933), in: J. Furman Daniel III, ed., *21st Century Patton: Strategic Insights for the Modern Era* (Annapolis, MD: Naval Institute Press, 2016), p. 142.
19. Tim Worstall, "Steve Jobs and the Don't Settle Speech", *Forbes*, 8 de outubro de 2011, disponível em https://www.forbes.com/sites/timworstall/2011/10/08/steve-jobs-and--the-dont-settle-speech/#4a2544f87437.

Capítulo 9: O preço da liderança

1. "Temperance (1466) egkráteia", SermonIndex.net (Greek Word Studies), acessado em 17 de abril de 2017, disponível em http://www.sermonindex.net/modules/articles/index.php?view=article&aid=35940.
2. Edgar A. Guest, "Keep Going", *Brooklyn Daily Eagle*, 24 de fevereiro de 1953, p. 8, disponível em https://www.newspapers.com/clip/1709402/keep_going_poem_by_edgar_a_guest/.

3. Brian Tracy, *The Power of Discipline: 7 Ways It Can Change Your Life* (Naperville, IL: Simple Truths, 2008), p. 6–7.
4. Rory Vaden, *Take the Stairs: 7 Steps to Achieving True Success* (Nova York: Perigee, 2012), p. 35–36.
5. Ibid. p. 38.
6. Atribuído a Dennis P. Kimbro in: Jeorald Pitts e Lil Tone, "Can You Identify What I Am?", *Los Angeles Sentinel*, 16 de dezembro de 2010, disponível em http:// www.lasentinel.net/can-you-identify-what-i-am.html.
7. Provérbios 23:7.
8. Gary Keller com Jay Papasan, *The ONE Thing: The Surprisingly Simple Truth Behind Extraordinary* (N.p.: Bard Press, 2013).
9. "Biografia", LouisLamour.com, disponível em http://www.louislamour.com/aboutlouis / biography6.htm, acesso em 20 abril de 2017.
10. "3,000 Hits Club", MLB.com, disponível em http://mlb.mlb.com/mlb/history/milestones/index.jsp?feature=three_thousand_h, acessado em 19 de abril de 2017.

Capítulo 10: O aprimoramento da liderança

1. John Maxwell, *The 15 Invaluable Laws of Growth*, p. 156.
2. Eric Hoffer, *Reflections on the Human Condition* (NovaYork: Harper & Row, 1973), p. 22.
3. Gail Sheehy, *Passages: Predictable Crises of Adult Life* (Nova York: Ballantine, 2006), p. 499.
4. Quoted in Alvin Toffler, *Future Shock* (New York: Bantam Books, 1970), p. 414.
5. David D. Lewis Jr. Personal Development Page, Facebook, 12 de novembro de 2014, disponível em https://www.facebook.com/DreamUnstuck/posts/743099232444718.
6. Maxwell, *The 15 Invaluable Laws of Growth*, 5.
7. Dolly Parton, Twitter, 8 de abril de 2015 disponível em https://twitter.com/dollyparton/ status /585890099583397888?langen.
8. Eclesiastes 1:9.

Este livro foi impresso no Rio de Janeiro, em 2025,
pela Cruzado, para a Thomas Nelson Brasil.
A fonte usada no miolo é Goudy Oldstyle Std, corpo 11/14,5.
O papel do miolo é pólen natural 70g/m², e o da capa é Cartão 250g/m².